筑摩選書

土田陽介
Tsuchida Yosuke

基軸通貨

ドルと円のゆくえを問いなおす

基軸通貨　ドルと円のゆくえを問いなおす　目次

基軸通貨

ドルと円のゆくえを問いなおす

はじめに——基軸通貨としての米ドルの位置づけを問い直す意義

本書の狙いは、基軸通貨としての米ドルの位置づけを問い直すことにある。それと同時に、新興国を中心とする「ドル離れ」や「脱ドル化」と呼ばれる経済現象に対して、本書なりの独自の評価を与えることを目的としている。それに先立ち、検討の前段階として、二〇二〇年以降の世界経済の流れを整理してみたい。同年以降の世界経済は近年稀に見る激動を経験しており、基軸通貨としての米ドルの役割を再認識させる好機となった。

二〇二〇年二月、新型コロナウイルス（ＣＯＶＩＤ―19）の世界的流行（パンデミック）が発生した。このコロナショックに伴って世界の需要は腰折れしたため、各国はかつてない規模で経済対策を強化した。世界経済の頂点に立つ米国の二〇二〇年度の連邦歳出は、前年比五割増となる六兆五五三六億米ドルにも達した。加えて、米国の中銀である連邦準備制度理事会（ＦＲＢ）は、政策金利をゼロに引き下げ、国債を無制限で購入する大規模な金融緩和に努めた。

こうした大規模な経済対策もあって、コロナショックの悪影響は二〇二一年に入ると緩和し、世界経済は成長軌道に戻った。コロナショックに伴う景気悪化は極端だったため、需要もまた急

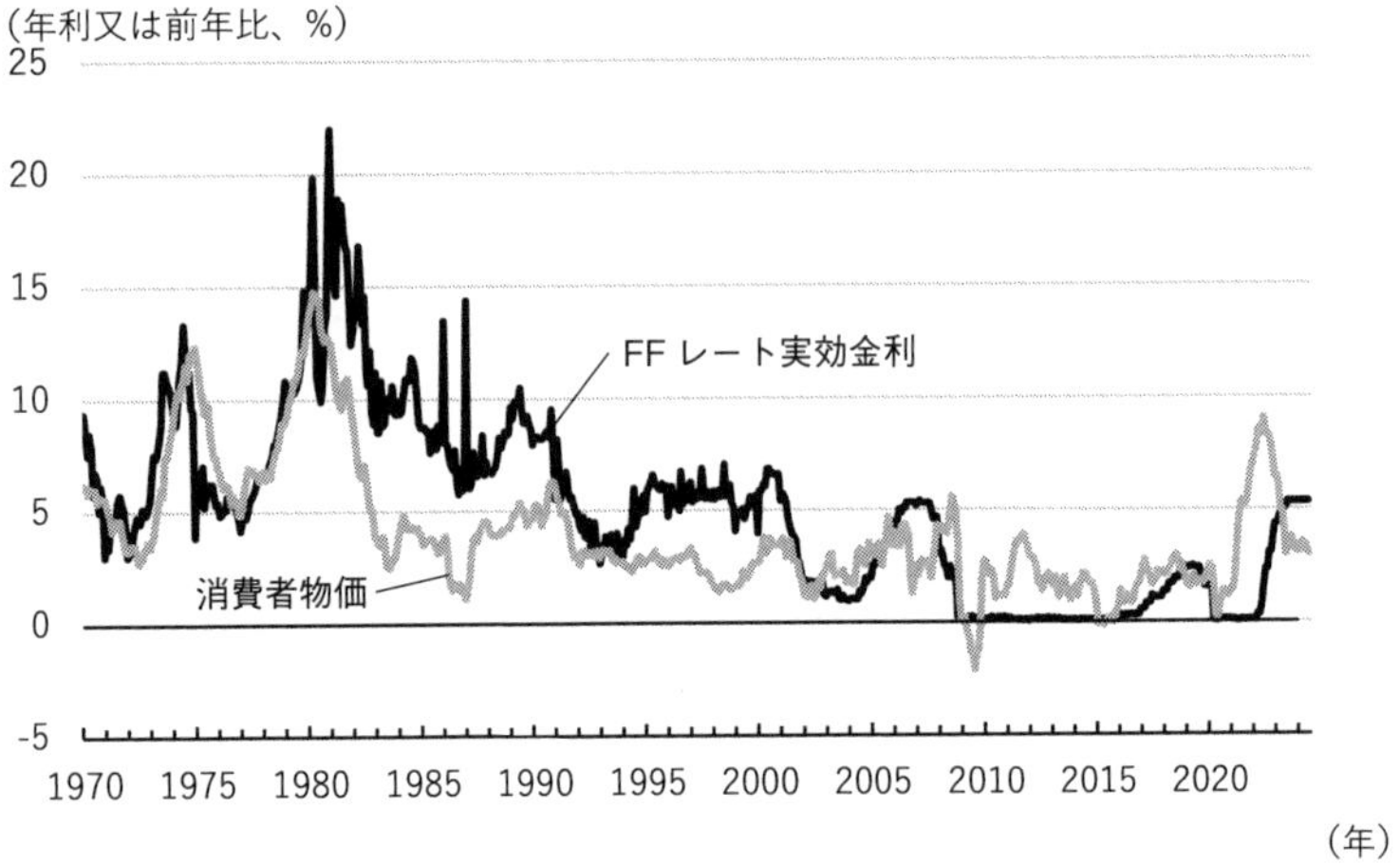

図表序－1　歴史的なピッチで進んだ米国の利上げ
(出所) 米連邦準備制度理事会 (FRB) 及び米労働省

ピッチで回復することになった。一方で、パンデミックに伴い供給が絞り込まれてしまったため、世界の需給バランスが崩れてしまい、インフレがグローバルに急加速した。加えて、翌二二年には、ロシア発のエネルギーショックが世界を駆け巡った。

二〇二二年二月二四日、ロシアはウクライナに軍事侵攻を仕掛けた。その結果、化石燃料の価格が急騰し、世界経済は一九七三年の第一次オイルショック以来となる本格的なエネルギーショックに直面した。こうした中、米FRBは同年三月に開催した連邦公開市場委員会（FOMC）で、政策金利であるFFレートの誘導目標を、それまでの年〇・〇〇～〇・二五パーセントから〇・二五～〇・五〇パーセントに引き上げた（図表序－1）。

そもそもエネルギーショックは「負の供給ショック」であるから、それに伴うインフレの加速を利上げによる需要の抑制で落ち着かせることはできない。とはいえ、国民の間で強いインフレ期待が根付いてしまえば、今後のマクロ経済運営に禍根を残すことになる。ゆえにＦＲＢは、国民のインフレ期待を鎮めるために利上げを断行したのである。その後もＦＲＢは、過去の利上げ局面に比べてもハイピッチでの追加利上げに努めた。

ＦＲＢは通常、〇・二五パーセントポイントずつ利上げを行う。しかしＦＲＢは、二〇二二年六月のＦＯＭＣから同年一一月のＦＯＭＣまで四会合連続で、〇・七五パーセントポイントという、通常の三倍のピッチでの追加利上げに臨んだ。その後もＦＲＢは追加利上げを進め、二三年七月のＦＯＭＣまでにＦＦレートを五・二五～五・五パーセントへと引き上げた後、政策金利をようやく据え置くに至った。

この米国による急速な利上げを前に、各国の対応は分かれた。米国に追随して利上げを進めることができた経済の代表は欧州だ。欧州連合（ＥＵ）の欧州中央銀行（ＥＣＢ）やスウェーデン中央銀行（リクスバンク）、英国のイングランド銀行（ＢＯＥ）などは、ＦＲＢが先頭を走るこの利上げレースに参戦し、二番手、三番手として必死に食い下がった。そのほかにも、カナダ中銀やオーストラリア準備銀などが利上げレースに追随した。

他方で、利上げレースに参加できなかった経済も存在する。その典型がわが国、日本だ。日本の二〇二三年の消費者物価は前年比三・一パーセント上昇と、一九八二年以来四一年ぶりとなる高い伸びになった。これは日銀が定めた二パーセントの物価目標を大きく上回るものだったが、日銀は利上げに慎重な姿勢を示した。その結果、円安が急速に進み、二二年一月に一一五円台だ

図表序－2　急速に進んだ円安
(出所) 日本銀行

ったドル円レートは二四年六月に一六〇円台を突破したのである（図表序－2)。

新興国の雄である中国も、利上げレースへの参加を放棄した国の一つである。中国でもパンデミック後にインフレは加速したが、それは一時的だった。供給超過の経済である中国はデフレ圧力を抱えているため、中銀である中国人民銀行が利上げを行わなくても、高インフレは定着しなかった。むしろ中国では、需要の低迷や過剰な住宅ストックの問題が深刻化したため、人民銀が金融緩和を強化する事態となった。

同時にこの過程で、米国のマクロ経済運営による影響を緩和しようと、一部の新興国でドル離れ、つまり米ドル以外の手段で国際決済を模索するが動きが加速した。とりわけ米国と敵対するロシアやブラジルは、いわゆるＢＲＩＣＳで独自の貿易決済通貨を発行しようという構想を打ち立てた。ただその形式は大きく異なり、ブラジルが中国の信用力による裏付けに期待した一方で、ロシアは金（ゴールド）の信用力を裏付けにしようした。

しかし、新興国の雄である中国は、いずれのプランからも距離を置いている。中国は人民元の国際化というかたちでドル離れを図っているためである。とはいえ中国は、二〇一五年の人民元ショックを受けて、人民元の国際化を進めるためにそれまで段階的に緩和してきた資本規制を再び強化するようになっている。それにグローバルサウスの盟主を自称するインドは、ＢＲＩＣＳという枠組みから距離を取りつつある。こうした中でＢＲＩＣＳ共通通貨など発行できるのだろうか。

いっそのこと、自国通貨を廃止して米ドルを法定通貨にしてしまおうという動きも出て来た。南米の大国であるアルゼンチンで二〇二三年末に誕生したミレイ政権は、独自通貨ペソを廃止して、米ドルを法定通貨にすること（公式なドル化）を公約に掲げた。相場の下落に歯止めがかからないペソを維持するよりも、国民の多くが資産防衛の観点から保有している米ドルを法定通貨にした方が合理的だという判断だ。

こうした各国の反応は、かえって米ドルの基軸通貨としての強さを我々に意識させる好機となった。それではなぜ、米ドルは基軸通貨になったのだろうか。米ドルの前は大英帝国の通貨ポンドが基軸通貨の役割を担っていたが、米ドルがポンドに代わった理由はどこにあったのか。そして、米ドルはいつまで基軸通貨のままであるのか。そもそも基軸通貨とは、いったいどのような通貨であるのか。

本書は基軸通貨の条件として、**①その通貨を発行する国が圧倒的な国力を持つこと、②その通貨を発行する国が高度な金融市場を有していること、③その国の通貨の交換量が突出して多いこと**の三つを設定する。これらの条件を満たす国の通貨は、今のところ米ドルしか存在しない。そのため本書は、今後も当面の間は米ドルが基軸通貨の役割を担い続けると結論付ける。とはいえ、米ドルが永久の基軸通貨であるとは考えない。

米ドルの信用力は今のところ強いままである。しかしながら、近年の米国はマクロ経済運営の健全性を失っている。今後もそれが改善されなければ、基軸通貨としての米ドルの信用力は着実に悪化する。言い換えると、米国経済それ自体が地盤沈下を起こしたとき、米ドルは基軸通貨としての役割を終えることになるだろう。そしてそのときに、米国に代わって覇権国になりえる国が登場する必要がある。

基軸通貨が英ポンドから米ドルに切り替わったときも、それは段階的な移行だった。そうした歴史の経験に照らし合わせれば、基軸通貨は米ドルからいきなり次の通貨に代わるわけではなく、同時並行的にその役割を果たしつつ、徐々にバトンタッチが行われることになると考えるのが自然だ。そして米ドルが基軸通貨としての役割を終えるとしても、早くともそれは、向こう数十年先のことになるのではないか。

基軸通貨としての米ドルの位置づけを問い直すことは、ともすれば願望論や感情論に陥りがちなドル離れという経済現象を冷静に分析することにもつながるだろう。そうした意図から、本書は基軸通貨の基本的な性質を解説するとともに、基軸通貨としての米ドルの軌跡と近年におけるドル離れの取り組みについて概観・分析するものである。本書が基軸通貨としての米ドルの位置づけを理解するうえでの一助となれば幸いである。

本書の構成は以下のとおりである。第1章では、本書が検討する基軸通貨に関して、その定義や役割、歴史を明らかにする。世界最古の基軸通貨はスペイン帝国の八レアル銀貨だった。その座を英ポンドが引き継ぎ、さらに米ドルが引き継いで、今日の国際通貨体制が構築されるに至る。そうした基軸通貨の一連の流れを概観したうえで、米ドルを中心に構築された現代の世界経済体制の基本を整理したい。

第2章では、歴史的に米ドルの覇権に挑戦してきた国際通貨の歴史を振り返ってみたい。対象となる通貨はソ連ルーブル、日本円、そしてユーロの三つである。いずれの通貨も米ドルに挑戦してきた国際通貨だが、それぞれの問題点を克服できず、米ドルの覇権の前に屈してきた歴史がある。それぞれの歴史を振り返ることによって、なぜ米ドルが基軸通貨のままであり続けているかが浮き彫りとなる。

第3章では、いわゆるＢＲＩＣＳと呼ばれる有力な新興国における「ドル離れ」の取り組みや構想に関して概観してみたい。ドル離れとは、米ドル以外の手段で国際決済を試みることを意味する。まず、通貨・人民元の国際化を通じてドル離れを目指す中国の取り組みを分析したい。続いて、ロシアで急速に進む「人民元化」について検討し、さらにＢＲＩＣＳの間で検討されている共通通貨構想の問題点について考えてみたい。

第4章では、ＢＲＩＣＳ以外の諸国において実施されている「脱ドル化」の試みに関して分析してみたい。脱ドル化とは、高度にドル化した経済がその脱却を図る試みであり、米ドル以外での国際決済を模索するドル離れの動きと重なるところが大きい。この章では、暗号資産（エルサルバドルやベネズエラ）、資本規制の強化（トルコ）、ルールベースのマクロ経済運営の徹底（メキシコ）で脱ドル化を試みた国々の事例を分析する。

第5章では、米ドルを取り巻く環境の変化に注目し、将来的に米ドルの基軸通貨としての位置づけが揺らぐ可能性について検討してみたい。近年、米国のマクロ経済運営、特に財政政策が不健全化している。そして米国は、敵対国に対して米ドルの利用を制限する経済・金融制裁を科しており、そのいずれもが米ドルの基軸通貨としての信用力の悪化を招くリスクを有していることを議論してみたい。

以上の検討を踏まえて、終章では、基軸通貨と日本円の関係を考えることにしたい。将来的に米ドルに代わる基軸通貨が誕生しても、残念ながらそれは日本円ではない。日本円と新たな基軸通貨の為替レートを安定化させるには、日本もまたルールベースのマクロ経済運営を徹底するしかない。それができない限り、日本は基軸通貨を発行する国のマクロ経済運営に左右されるし、日本円の価値は下がり続けるだろう。

第1章

基軸通貨とは何か

ブレトンウッズ会議が開かれたマウントワシントンホテル。1944年7月に開催されたこの会議で米ドルが世界の基軸通貨になった。

本章では、基軸通貨の性質を整理するとともに、その歴史を概観してみたい。基軸通貨（キーカレンシー）とは、国際通貨または決済通貨（ハードカレンシー）の一種だが、うち世界で最も利用されている国際通貨こそが基軸通貨である。そして基軸通貨の条件は、**①その通貨を発行する国が圧倒的な国力を持つこと、②その通貨を発行する国が高度な金融市場を有していること、③その国の通貨の交換量が突出して多いこと**に集約される。

世界最古の基軸通貨は、スペイン帝国の通貨ペソ（正式名称は八レアル銀貨）だ。その後、大英帝国の通貨ポンドを経て、さらに第二次世界大戦後は米ドルが基軸通貨として機能することになる。米ドルは当初、金との交換が保証されていたが、一九七一年のニクソンショックで金との交換が停止され、不換紙幣となった。にもかかわらず、現在に至るまで米ドルは基軸通貨であり続け、世界の経済取引の基礎をなしている。

その米ドルの基軸通貨としての信用力は、これまでおおむね三〇年スパンで変化してきたと考えられる。一九四〇年から七〇年までの第一次サイクルでは、米ドルの基軸通貨としての信用力は保たれていた。その後の七〇年から二〇〇〇年までの第二次サイクルでは米ドルの信用力は悪化したが、二〇〇〇年から現在（三〇年まで）に至る第三次サイクルでは、米ドルの信用力は改善することになる。

1　基軸通貨の定義と条件

基軸通貨の定義

まず、いくつか有名な経済辞書を手に取って、基軸通貨の項目を確認し、その定義を整理したい。高橋・増田編（一九八四）の『体系　経済学辞典』（第六版）には基軸通貨の項目がなく、国際通貨の項目の中で、基軸通貨に関して以下のような記載がなされている。つまり「国際通貨とは、国際間の交換手段および対外支払準備のため利用される通貨を意味している」（前掲書、七四一頁）。

そのうえで「①金または他の通貨への自由交換性が付与されていること。②その通貨価値が安定していること、（中略）③その国の金融市場が国際金融市場としての機能と組織を十分に備えており、多額の資金需要に応ずることができること、④上記の事実が広く認められ、その通貨に対する需要が大きく、またその需要に応じて通貨の供給が行われること」と説明されている。

つまり、列挙された四つの性質を最も満たしている通貨こそが基軸通貨になるわけだが、一方で「今日最も代表的な国際通貨はドルであるが、これは必ずしも前述の条件をすべて満たしているわけではない。（中略）現代の国際経済社会において圧倒的な支配力をもつアメリカの国内通貨たるドルが代表的な国際通貨となっているのである」としてある。米国が「覇権国」であるため、米ドルが基軸通貨になったと解説しているわけだ。

金森・荒・森口編（二〇〇二）の『経済辞典』でも、基軸通貨は国際通貨の項目の中で説明されている。具体的には「（国際通貨とは）米ドルや英ポンドのように国際間の決済に広く使用される通貨のこと。基軸通貨（キーカレンシー）、準備通貨ともいう。また、各国は対外支払準備として金と並んで国際通貨を保有するので準備通貨ともいわれる」（前掲書、三九〇頁）と説明している。

一方、都留編（二〇〇二）の『岩波小辞典　経済学』の説明は以下の通りだ。「通常、貨幣または通貨は、計算単位（価値尺度）、支払い手段、価値保存の三つの機能を果すとされているが、国際的取引においてこのような機能を果す通貨を、国民通貨と区別して〈国際通貨〉という。（中略）通常、国際通貨のなかで最も国際通貨の諸機能を果している通貨を基軸通貨と呼んでいる」（前掲書、一三七～一三八頁）。

こうしたことから、基軸通貨とは、国際通貨（インターナショナルカレンシー）の一種であり、その中心を担う通貨だと整理できる。国際通貨は、国際間の貿易取引や金融取引の決済に用いることができる通貨のことだ。要するに米欧日といった主要国の通貨であり、米ドルのみならずユーロや英ポンド、スイスフラン、日本円などがこれに属するが、その主導役を担うのが米ドル、すなわち基軸通貨となる。

つまるところ、基軸通貨とは、世界の経済取引の基盤をなす通貨だ。戦後の世界経済では、一九四四年に成立した「ブレトンウッズ体制」の下で米ドルが基軸通貨の役割を担い、経済活動を円滑に進める責務を果たしてきた。東西冷戦下では、世界はソ連率いる東側陣営と米国率いる西側陣営に二分化されたが、東西間の貿易は米ドルで決済がなされていた。冷戦もまた、米ドルを基軸通貨とする国際通貨体制の下で進行したわけだ。

東側陣営内での貿易は、主に国際経済協力銀行（コメコン銀行）が発行する清算ルーブル（後に振替ルーブル）で決済された。とはいえ第2章で説明するように、清算ルーブルはあくまで概念上の通貨であり、実際に東側諸国の通貨と交換することはできなかった。加えてソ連は、ルーブルに金平価を定めたにもかかわらず、東側諸国からの金交換の要求を断り続けた。このような通貨では、米ドルの覇権を脅かすことなど不可能だった。

一九七一年にブレトンウッズ体制が崩壊し、米ドルと金の交換が停止された。これで米ドルは金の裏打ちを失ったが、その後も、今に至るまで基軸通貨として使用され続けている。九九年に欧州統一通貨ユーロが創設され、米ドルの基軸通貨としての座を脅かすかに見えたが、そうはならなかった。その後も中国が米国に次ぐ経済圏として台頭したにもかかわらず通貨人民元の利用はそれほど広がっておらず、米ドルは今日に至るまで基軸通貨であり続けている。

基軸通貨の条件

続いて、基軸通貨になるために必要な条件について整理してみたい。基本的には、ある国際通貨が、高橋・増田編（一九八四）に代表される経済辞書などが指摘する諸条件を満たしている場合に、世界経済によって基軸通貨に選ばれると考えられる。しかし一九七一年のニクソンショックによって金ドル交換は停止されたし、米国が巨額の経常収支赤字を抱えているなど、経済辞書による解説は現代の世界経済の実情から外れている面も大きい。

そこで、基軸通貨に求められる条件を改めて整理してみたい。基軸通貨に求められる条件は、質的な条件と量的な条件に大別できると考えられる。そして、両者は相互に密接に関係している。まず質的な条件として重要なことは、①**その通貨を発行する国が圧倒的な国力を持つこと**である。つまり基軸通貨を発行する国は、極めて強大な経済力と政治力、そして軍事力を持つ必要がある。

極めて強大な経済力・政治力・軍事力を持つ国とは、国際政治学でいうところの「覇権国」だ。その覇権国が発行する基軸通貨は、国際公共財（便益がグローバルに広がる公共財）にほかならない。東西冷戦下でも、ソ連を含む東側諸国は米ドルを利用していた。いわゆる冷戦の下、米ソの勢力は均衡していた印象があるが、実際は米国が有利であったため、ソ連は米ドルを利用せざるをえなかったのである。

次に重要な条件は、②**その通貨を発行する国が高度な金融市場を有していること**である。高度な金融市場とは、通貨のみならず債券や株式、派生商品などの多様な金融商品が自由かつ公正に交換される市場のことを意味する。そうした金融市場を有していなければ、その国に世界中から資金は流入しない。基軸通貨を発行する国は、誰もが共通したルールの下で公平に参加することができる金融取引の場を提供しなければならないのである。

高度な金融市場を有している国の通貨の価値は安定する。あらゆる金融商品がその国の通貨で取引されるため、その国の通貨と各国通貨の交換量が増え、為替レートの乱高下が防がれるからだ。そして、価値が安定した通貨を持つ国の金融市場には、さらに多額の資金が流入する。つまり③**その国の通貨の交換量が突出して多いこと**が、その国の通貨が基軸通貨に選択されるための量的な条件となる。

再びソ連を引き合いに出すと、ソ連経済は一九七〇年代以降に停滞が深刻化し、その国力は徐々に衰えていった。さらにソ連の場合、そもそも計画経済を追求していたため、金融市場自体を有していなかった。加えて、第2章で詳しく説明するが、ソ連と東欧諸国との間の貿易決済で利用されたルーブル（清算ルーブル、後に振替ルーブル）は、あくまで概念上の通貨に過ぎず、実際に他の東側諸国の通貨と交換されることがなかった。

つまりソ連ルーブルは、基軸通貨になるための三つの条件のいずれも満たしていなかった。これでは、ソ連ルーブルが東側諸国に限定した基軸通貨にさえなれなかったのは当然である。言い換えれば、三つの条件をすべて満たす通貨が現れるなら、それが米ドルに代わる新たな基軸通貨になりえるということである。とはいえ、そうした通貨は今のところは現れていない。そのため、世界経済は米ドルを基軸通貨に選択し続けていることになる。

基軸通貨の便益

ではどうして、基軸通貨は誕生したのだろうか。別の表現をするなら、なぜ世界経済は基軸通貨を必要とするのだろうか。明確にいえることは、基軸通貨があることで、世界経済はスムーズに貿易取引を行うことができている。つまり、基軸通貨とは、世界経済の基盤であるし、また血液そのものだ。基軸通貨が存在しなければ、世界の経済活動は円滑に行われず、大いに停滞することになる。

まず、基軸通貨がない世界を想定してみたい（図表1－1）。A国とB国、C国、D国という四つの国が、それぞれ各国と取引を行う。各国の通貨をaとb、c、dとすると、A国が各国と取引を行う際、a／b、a／c、a／dという三つの為替レートが生じる。同様にB国、C国、D国について、それぞれの国と取引を行うと考えると、発生する為替レートは

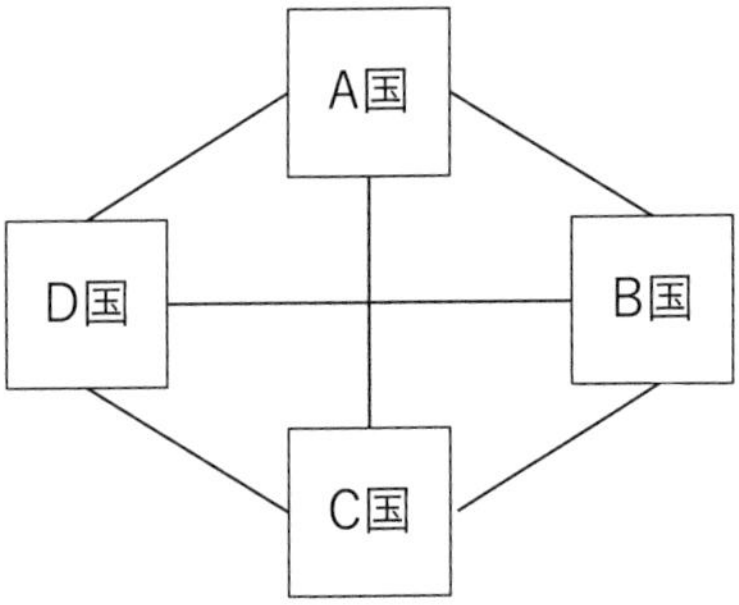

図表1－1　基軸通貨が存在しない世界
（出所）筆者作成

a／b、a／c、a／d、b／c、b／d、c／dの六種類となる。

次に、A国の通貨aを基軸通貨とする世界を考える（図表1－2）。この場合、為替レートはa／b、a／c、a／dの三種類に集約される。B国はA国との取引にa／bという為替レートを用いるが、C国やD国との取引の際も、a／bという為替レートを経由したうえで、a／cとa／dという為替レートで通貨を交換する。C国とD国にも同じ理屈が適用されるため、各為替レートでの通貨の交換量は三倍になる。

この場合、aの交換量が増えて流動性が高まるため、aの為替レートは安定し、aの通貨としての信用力が改善する。B国やC国、D国にすれば、A国の通貨であるaを用いればあらゆる相

手先と取引ができる。一方で、bやc、dを保有する必要がなくなるため、通貨保有のコストが削減される。このように、A国が発行するaという基軸通貨は、B国やC国、D国にとっても非常に便利な存在となる。

これら三カ国以外にも、E国やF国、G国が、続々と基軸通貨であるaを利用すれば、aの流動性はますます高まり、通貨の信用力がさらに改善する。そしてどの国も、aという基軸通貨を用いることで、他のあらゆる国と取引をすることが可能となる。こうした基軸通貨の特徴は「ネットワーク外部性」（普及度が高まるほど利便性が高まること）と呼ばれ、世界経済にとって大きな便益となっている。

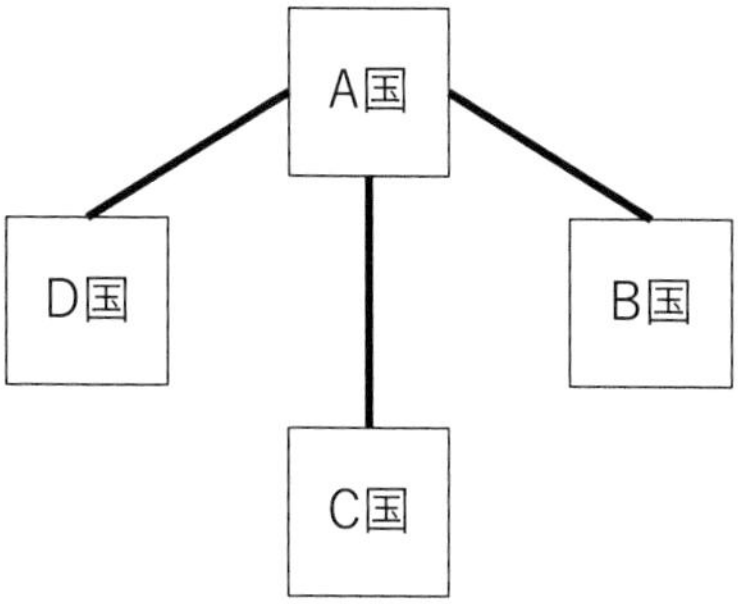

図表1－2　基軸通貨が存在する世界
（出所）筆者作成

そして各国は、基軸通貨の利用で得る便益を維持しようと、基軸通貨を使い続ける。こうした性質は、基軸通貨の「慣性」と呼ばれる。いったん基軸通貨となった国際通貨が長期にわたって利用され続けるのは、その方が世界経済にとって利益が大きいからである。基軸通貨が移り変わるときは、この「慣性」が薄らいだときだといえる。しかしそれは急激に弱まるわけではなく、徐々に弱まるものである。

2　基軸通貨の歴史

ペソと銀本位制

続いて、基軸通貨の歴史的な変遷をオーバービューしてみたい。一六世紀から一七世紀にかけて「太陽の沈まぬ国」と称されたスペイン帝国（一四九二〜一九七六年）の通貨ペソ（正式な呼称は八レアル銀貨）が、世界で初めての基軸通貨としての役割を担ったことで知られる。当時のスペイン帝国は、強大な経済力、政治力、軍事力を背景に、大西洋から太平洋にわたる巨大な交易網を形成した、世界初の覇権国だった。

スペイン帝国の前身国家であるカスティーリャ王国では、少なくとも一三世紀までは、経済活動の決済に金貨が用いられていたようだ。イベリア半島は八世紀からイスラム系王朝の影響に入り、カスティーリャを除いてイスラム化が進んでいた。イスラム系王朝は金貨で決済を行っており、その影響をカスティーリャも受けたため、金貨による決済が行われていた。そのカスティーリャ王国が一五世紀末にアラゴン王国と合併し、スペイン帝国となる。

そしてスペイン帝国は、オーストリアのハプスブルク家と婚姻関係を結び、一六世紀初頭に事実上、一体化した。このことで、イベリア半島の経済はハプスブルク帝国を中心とする大陸欧州の経済に組み込まれることになる。当時、ハプスブルク帝国の経済を支えていたのは、チロルにあるシュヴァーツ銀山で採掘される銀だった。この銀がイベリア半島にも多く流入したため、スペイン帝国もまた銀貨を鋳造するようになったのである。

一六世紀半ばになると、八レアル（一レアル≒三・四三三グラム）の銀を含む銀貨、通称「八レアル銀貨」がスペイン帝国で鋳造されるようになった。そしてほぼ同時に、スペイン帝国が所有する新大陸の植民地で、銀鉱脈が相次いで発見されることになった。この時期に発見された銀鉱脈のうち、とりわけ有名なのは現在のボリビアにあるポトシ銀山である。新大陸で採掘された豊富な銀がスペイン帝国の財政と軍事を支えたことは有名な話だ。

そしてこの過程で、スペイン帝国の新大陸の植民地でも、八レアル硬貨が鋳造されるようになる。この新大陸で鋳造された八レアル硬貨が、重さを意味する単語である「ペソ」と呼ばれるようになり、スペイン帝国の通貨の俗称となった。初期のスペイン帝国領の新大陸で交換手段として用いられたのは砂金などであり、その交換価値が重量で決められたことの名残で、八レアル銀貨はペソと呼ばれるようになったという。

8レアル銀貨

新大陸産の豊富な銀に支えられたペソは、常に高い銀含有量を持つ質の高い銀貨となった。同時に、スペイン帝国が大西洋から太平洋にわたる交易網を形成したことで、主に南北アメリカと東アジアを中心に、ペソは共通した貯蓄や決済の手段として用いられるようになった。かくして、スペイン帝国の通貨ペソは、銀本位制度の下で、世界で初めて基軸通貨の役割を担うことになったのである。

しかしながら一八世紀初めのスペイン継承戦争や一九世紀初めのナポレオン戦争などに伴う混乱を受けて、スペイン帝国の国力は衰退することになる。加えて新大陸の植民地が相次いで独立し、スペインは新大陸産の銀を利用しにくくなったため、高い銀含有量を維持できなくなったペソは信用力を失い、基軸通貨としての役目を終えた。電解精錬法が開発されるなど技術革新が進み、銀の生産量が飛躍的に増えて価格が暴落したことも、銀本位制に基づくペソの信用力の低下につながった。

このペソの歴史は、価値を貴金属に裏付けした通貨、つまり本位貨幣（または正貨）が基軸通貨になることの限界をよく示している。つまり、貴金属を基にした本位貨幣は、確かに高い信用力が望めるが、そもそもその貴金属がある程度の量で産出されなければ、普及もしないし利用もされない。その意味で、本位貨幣は流動性に乏しい。一方で、技術革新などで産出量が増え過ぎると、価値が失われて信用力が一気に悪化する。

ポンドと金本位制

ペソから基軸通貨の役割を引き継いだのが、大英帝国の通貨ポンドだった。大陸欧州の諸国が金銀複本位制（金と銀の両方を正貨とする通貨制度）を採用していた一八一六年、大英帝国は金一トロイオンス＝三ポンド一七シリング一〇ペンス半を平価とする貨幣法を制定、翌一七年よりソブリン金貨（一ポンド金貨）の鋳造を開始した。このいち早い金本位制への転換が、ポンドをペソに代わる基軸通貨の座に押し上げたのである。

大英帝国が金本位制を導入した直接的なきっかけは、ナポレオン戦争（一八〇三〜一五年）後のデフレにあった。ナポレオン戦争時、イングランド銀行が戦時経済を支えるために不換紙幣（正貨である金との交換を保証しない紙幣）を大量に発行した結果、不換紙幣の価値が急落した。しかし戦後のデフレの下で金価格が下落、兌《だ》換《かん》紙幣と不換紙幣の価格差が縮小したため、大英帝国は金本位制の導入に踏み切ったわけだ。

金本位制に立脚した通貨ポンドは、抜群の信用力を武器に、大英帝国の貿易取引を強くサポートした。加えて、首都ロンドンのシティが国際金融都市としての性格を強め、ポンドを通じた金融取引が隆盛を極めることになった。一八五八年のインド帝国成立で大英帝国は名実ともに世界の覇権国となるが、この大英帝国による覇権を貿易と金融の両面で支えたのが、金本位制に基づく通貨ポンドだったわけだ（図表1－3）。

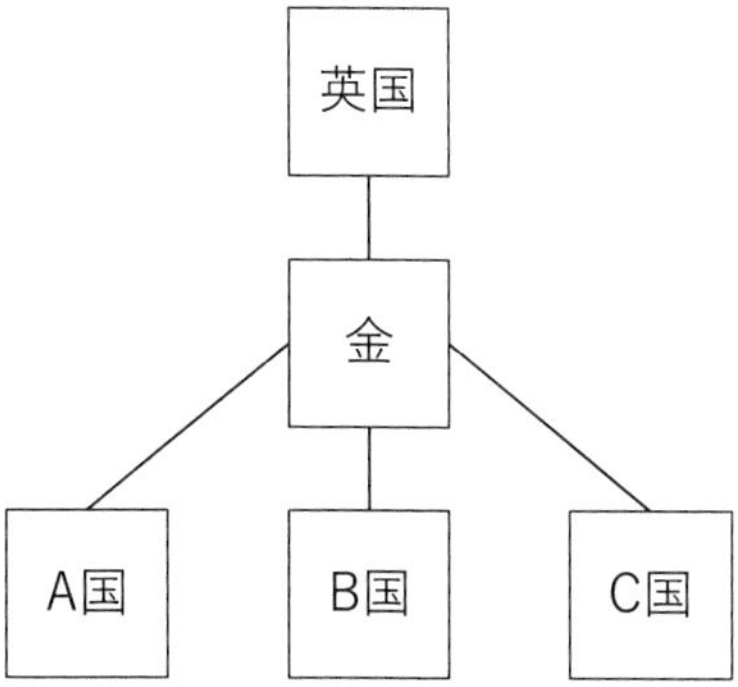

図表1－3　ポンドと金本位制
（出所）筆者作成

なおポンドがグローバルに広がっていく過程で、日本もまた、銀本位制から金本位制へ移行することになる。一八九七年、日本は日清戦争（一八九四〜九五年）で得た賠償金二億両（テール）の金塊を元手に、金本位制に移行した。金本位制への移行に成功したことで、日本は大英帝国を中心とする当時の世界経済体制に自らを組み込むことに成功し、産業近代化の流れを加速させることができたのである。

とはいえ、この金本位制に基づくポンドの信用力は、一九一四年の第一次世界大戦の勃発で大きく揺らぐことになった。大英帝国は戦争に際して、米国から武器を中心に輸入を増やした。その支払いに大量の金を用いたため、大英帝国は金不足に陥り、金本位制の停止と金の輸出の禁止に追い込まれた。一方で、イングランド銀行は金融緩和で戦時経済を支えたため、不換紙幣と化したポンドの価値は下落を余儀なくされたのである。

大英帝国は戦後の一九二五年に金本位制へと復帰し、金の輸出を解禁したが、その際、戦前の水準で平価（一ポンド＝四・八六米ドル）を定めた。国際的威信を保とうとしたことに加えて、米国に対する対外債務の支払いを有利にしようとしたことがその主な理由だったが、戦争を経て国力が疲弊した大英帝国にとってこの設定は割高だったため、貿易収支が悪化するとともに、米国に支払う金の量がかえって増える事態となった。

一九二九年一〇月には米国で株価が大暴落し、いわゆる世界恐慌が発生した。三一年五月にオーストリアの大銀行クレディット・アンシュタルトの経営が破綻すると、同国とドイツで金融危機が生じ、大英帝国の金融機関の資産が凍結された。さらに七月に公表された『マクミラン委員会報告書』で、大英帝国が巨額の対外債務を背負っていることが分かると、大英帝国から資金逃避が生じ、イングランド銀行の金準備が急減した。

結局、大英帝国は、『マクミラン委員会報告書』が公表された三カ月後の一九三一年一〇月に、金本位制の再停止に追い込まれた。さらに米国も三三年に金本位制を停止したことで、金本位制に基づくポンド通貨体制は完全に崩壊、世界経済は管理通貨制度（中銀が国債を裏付けに通貨の発行を管理する制度）に移行することになった。一方でこの間、主要国は、急減した輸出を増やすために通貨の切り下げ競争に邁進することになる。

米ドルと金ドル本位制

主要国による通貨切り下げ競争は、為替相場のグローバルな不安定化につながり、世界の貿易取引をかえって減少させることになった。この事態を受けて、主要国は植民地との間で経済圏（ブロック）を結成し、生き残りを図ることになる。例えば大英帝国は、一九三一年一二月に英連邦に改称し、そのうえでカナダやオーストラリアなどの旧植民地とインドなどの直轄植民地から構成されるポンドブロックを形成した。

一方で、ナチス・ドイツは中東欧の広範におよぶマルクブロックを形成、日本も大東亜共栄圏構想の下で東アジアから東南アジアにかけて円ブロックを形成した。こうしたブロック間の抗争が、ひいては第二次世界大戦（一九四一～四五年）の開戦を招くことになったことへの

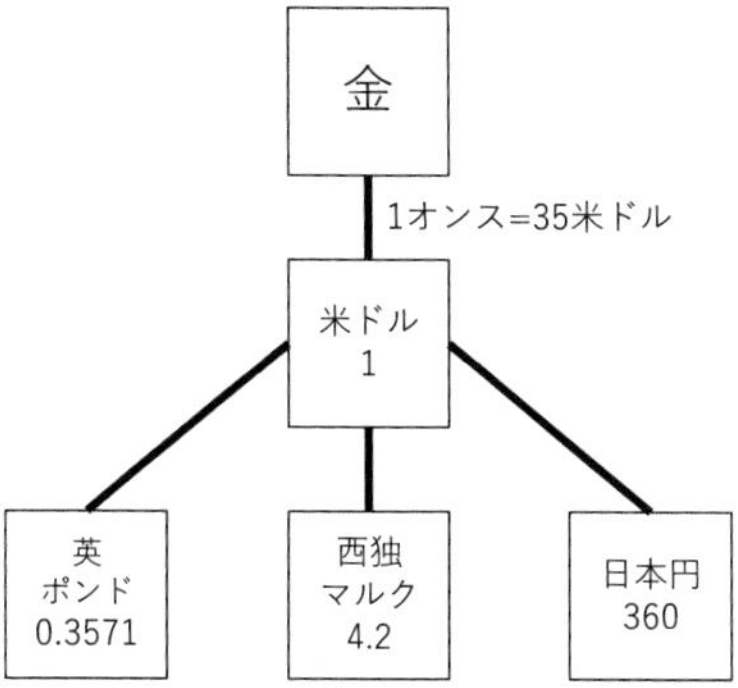

図表1－4　ブレトンウッズ体制
（出所）筆者作成

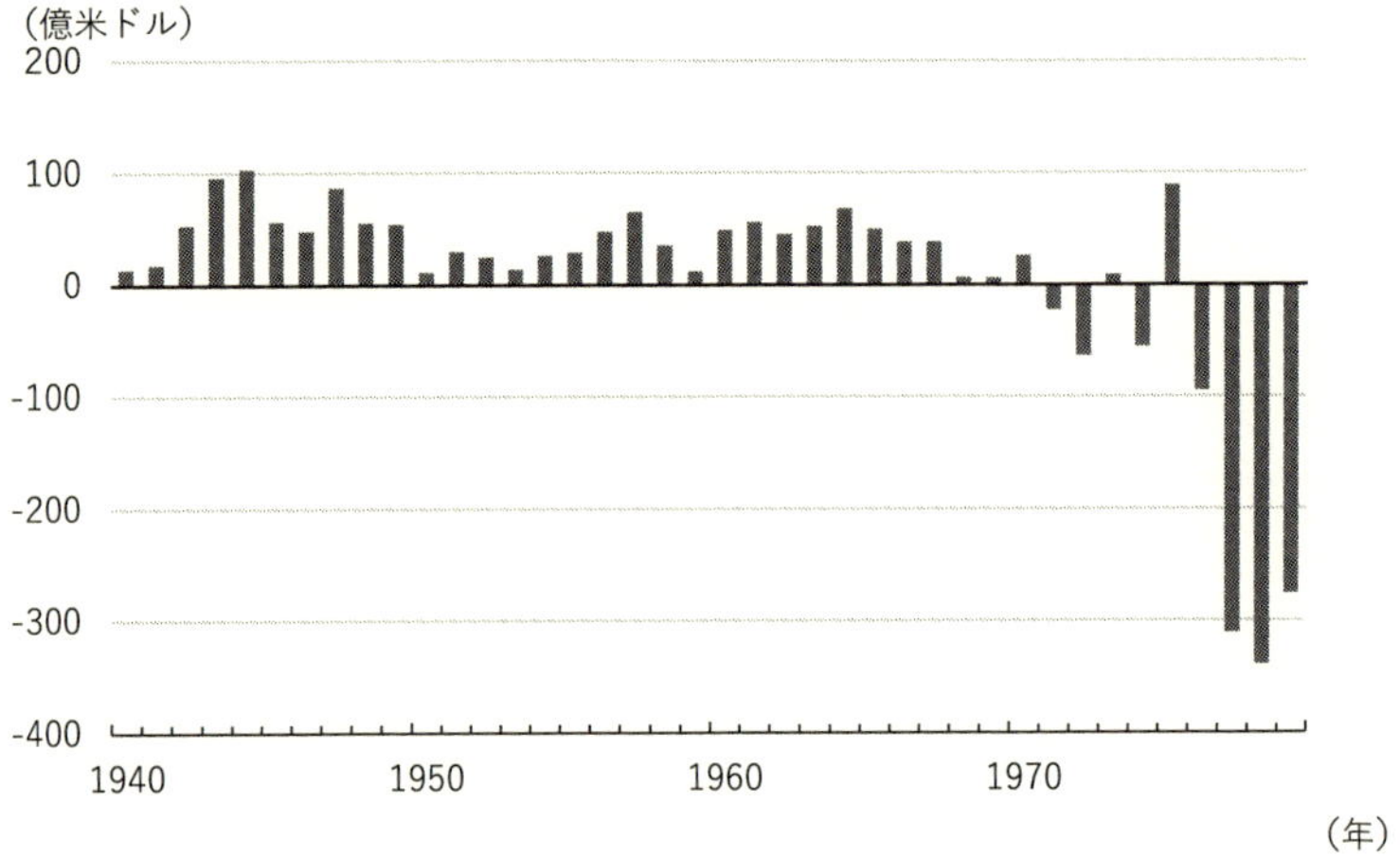

図表1－5　米国の貿易収支（1940-79年）
（出所）セントルイス連邦準備銀行

反省から、一九四四年七月、米国のニューハンプシャー州ブレトンウッズで、米国を中心とする戦後の国際通貨体制が議論されることになる。

一九四五年に発足したこの国際通貨体制こそが、いわゆる「ブレトンウッズ体制」である。この体制の下で、米国は米ドルと金との交換を一トロイオンス＝三五米ドルで保証するとともに、各国は米ドルとの間で為替レートを固定することになった（図表1－4）。名実ともに覇権国に上り詰めた米国の下で、金本位制に基づく米ドルが新たな基軸通貨となり、世界経済の成長を牽引することになったわけだ。

この安定した国際通貨体制（金ドル本位制）は、各国の戦後復興やその後の高度成長を後押しする。確かに日本やドイツを中心とする西欧諸国の戦後復興やその後の高度成長は、復興需要もさることながら、米国の旺盛な内需や朝鮮戦争に伴う特需によるところも大きかった。と

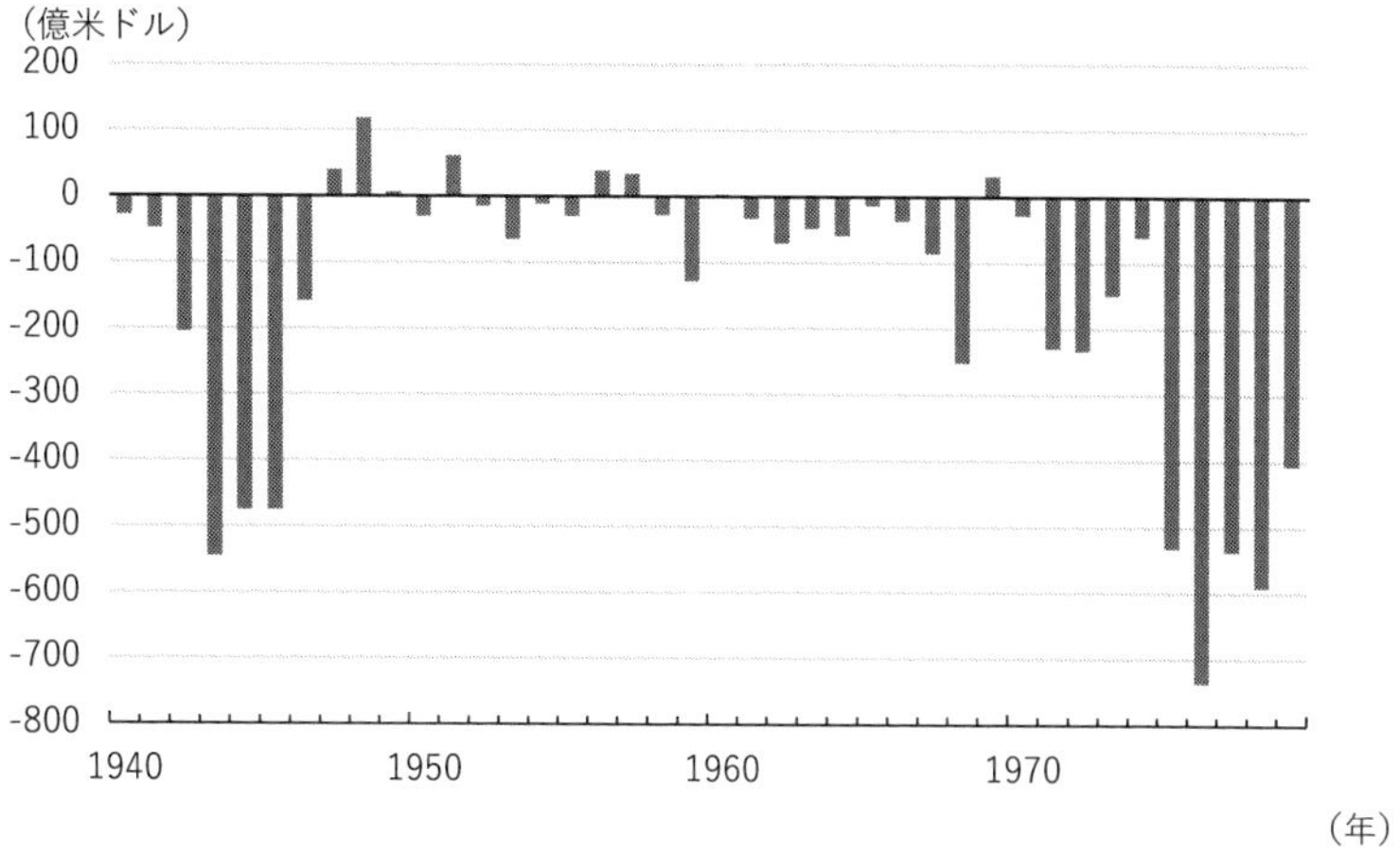

図表1－6　米国の財政収支（1940-79年）
（出所）カリフォルニア大学サンタバーバラ校

はいえ米ドルが提供する安定した国際通貨秩序なくして、日本やドイツの戦後復興やその後の高度成長は実現不可能なものだった。

しかしながら、こうした金ドル本位制を支えた米国の国力は、一九六〇年代に入ると衰えを見せるようになる。それはまず、貿易収支の悪化というかたちで顕在化した。米国の貿易黒字は一九六〇年代を通じて縮小し、七〇年代に入ると貿易赤字が定着するようになった（図表1－5）。日本やドイツが経済力や輸出力を高めた一方で、米国の経済力や競争力が低下したため、米国は貿易赤字に転じてしまったのだ。

また冷戦の過程で米国の軍事費が膨張し、それが財政を圧迫したことも、米国経済の停滞を招いた（図表1－6）。在外米軍の経費や核兵器配備に伴う経費の膨張もさることながら、民主党リンドン・ジョンソン政権時代の一九六五年から共和党リチャード・ニクソン政権時代の七三年まで続いたベトナム戦争への軍事介入が、米国の財政を圧迫した。この介入は泥沼化し、米国の国際的威信は大きく傷つくことになる。

そして米国以外の金融市場で取引される米ドルが増えたことが、米ドルの安定性を弱めた。西欧の銀行を中心に、海外に流出した米ドルを預かり、それを米国以外の国々に貸し出すビジネス（ユーロダラー市場）が英国の首都ロンドンで活発化したためだ。ＦＲＢ（連邦準備制度理事会）が預金金利に上限（レギュレーションＱ）を設定し、その水準が他国の水準より低かったことも、ユーロダラー市場の成長を促した。

いずれの要因も、基軸通貨としての米ドルの信用力を弱める方向に働いた。一方で、米国の経済力の低下を受けて米ドルと金との交換が実現するか不安を強めた国々、例えばフランスなどが、米国に対して米ドルと金の交換を迫るようになった。結局、急増した金の換金需要に応えられなくなった米国は、一九七一年八月に米ドルと金との交換を一時的に停止すると発表した。これがニクソンショックである。

四カ月後の一九七一年一二月、米欧日の主要国は、新たな金平価（一トロイオンス＝三八米ドル）に基づき、各国通貨に対する米ドルの固定レートを切り下げた国際通貨体制への移行で合意に達した。この国際通貨体制は「スミソニアン体制」と呼ばれたが、結局、この体制は長く続かず、一九七二年から七三年にかけて、主要国は管理通貨制度に基づく変動相場制に移行することになる。

【コラム】平価とは何か

変動相場制になって久しい今日では聞きなれない言葉だが、平価（パーあるいはパリティ）という言葉がある。これはもともと、金銀本位制の下で用いられた概念だ。金銀本位制の下では、本位貨幣（一国の通貨制度の基本となる貨幣、いわゆる正貨）に含まれる金や銀の含有量を基に、各国の通貨の交換比率が設定される。言い換えると、国ごとに通貨と金銀との交換比率が異なるわけだが、その交換比率こそが平価である。

つまり一九世紀末から二〇世紀初頭まではポンドと各国の為替レートが金本位制に基づいて設定された。具体的には、一ポンド＝四・八七米ドル＝四・八七加ドル＝二〇独マルク四三ペニヒ＝九・四六ルーブルといった具合に、各国の為替レートは設定されたわけだ。

ところで一九世紀後半に、日本から米欧に大量の金が流失したことがある。江戸後期の日本では米欧に比べて銀の価値が過大評価されていたが、鎖国のため厳密な為替管理がなされており、特に問題は起きていなかった。しかし日米和親条約（一八五四年）や日米修好通商条約（一八五八年）によって開国を迫られたことで、米欧から安い銀が流入し、日本から金が流出するようになった。こうした事態を改善するため、日本は米欧と同様の金平価を設定するようになった。

話を戻すと、金本位制度の下では、各国の政府ないしは中銀が平価に応じて通貨と金の交換に応じる必要がある。経済力が強い国には金が流入するが、経済力が弱い国からは金が流出する。そのため、経済力が強い国は平価を切り上げ（リバリュエーション）、弱い国は平価を切り下げる（デバリュエーション）。すでに述べたように、一九二九年に世界恐慌が生じた際は、主要国が輸出を増やすために平価を次々と切り下げた。

ブレトンウッズ体制下では、金一トロイオンス＝三五米ドルという平価が設定された。そのうえで、各国通貨は固定された為替レートで米ドルと交換されることが決まったため、この固定レートは為替平価ないしはＩＭＦ平価と呼ばれた。とはいえ、この時に定められた為替平価は維持できず、西ドイツ（ドイツ連邦共和国）の場合、一九六一年三月と六九年一〇月に、マルク平価をそれぞれ五パーセントと九・三パーセントずつ切り上げた。

西ドイツは経常収支の黒字が累積し、為替レートに対する切り上げ圧力が高まっていた。そのため、西ドイツはブレトンウッズ体制が崩壊するまでに、二度のリバリュエーションを実施せざるをえなかった。反面で、経常収支の悪化でデバリュエーションを迫られた国として、英国とフランスがある。英国は一九六七年一一月に、ポンド平価を一ポンド＝二ドル八〇セントから二ドル四〇セントに一四・三パーセント切り下げた。

フランスの場合、一九五八年一二月に一四・九パーセント、六九年八月に一一・一パーセント、フラン平価を切り下げた。金本位制の下でも、経常収支が黒字の国に対しては平価切り上げ圧力がかかる。一方で、経常収支が赤字の国には平価切り下げ圧力がかかる。そのため、経常収支が悪化していた英国やフランスは、平価を切り下げざるをえなかったわけだ。こうした平価切り下げは、当時、国辱的な現象と見なされていた。

一九七一年のニクソンショックを経てブレトンウッズ体制が崩壊し、管理為替制度（国債本位制）に基づく国際通貨体制に移行したことで、厳密な意味での平価は存在しなくなった。そのため、平価という言葉は今日ではほとんど聞かなくなった。ロシアのようにドル離れの手段として金本位制への復帰を模索する新興国も存在するが、その場合、政府や中銀がまず自国通貨と金との間で適切な平価を設定する必要がある。

それに、金本位制に復帰するためには、新たに兌換紙幣を発行する必要がある。兌換紙幣とは、本位貨幣である金貨や銀貨、または金や銀の地金（インゴット）と交換ができる紙幣のことだ。現在の世界で流通している紙幣は本位貨幣との交換を受け付けない不換紙幣だから、金本位制に復帰するに当たっては、まず不換紙幣を回収し、同時に兌換紙幣を新たに流通させなければならない。

3　国債本位制と世界経済

ボルカーショックとプラザ合意

一九七一年のニクソンショックで、ブレトンウッズ体制は名実ともに崩壊した。米ドルは金という実物資産の裏付けを持たなくなった代わりに、米国債を裏付けに発行される通貨になった。

図表1－7　米国の実質実効為替レートと政策金利（1970-2023年）
（出所）国際決済銀行（BIS）

つまり国債本位制に基づく通貨となったわけだが、一方でこの間の米国の国力の低下を映し出すように、米ドルの実力を表す実質実効為替レート（REER）は、一九七〇年代を通じて下落が続くことになった（図表1－7）。

米ドルのREERが再び上昇するのは、一九八〇年代のことだ。七九年に就任したポール・ボルカーFRB議長が、高インフレ退治のために政策金利（FF金利）を二〇パーセント台まで引き上げ、通貨の供給量を一気に減らしたことが、需給面から米ドルの価値を回復させることになった（ボルカーショック）。またドル高への転換で、米国は旺盛な内需を輸入で賄うことができるようになり、物価も安定するようになった。

一方で、ドル高が進んだことにより、輸入が増えた米国は巨額の貿易赤字を計上するようになった。また共和党ロナルド・レーガン政権が、

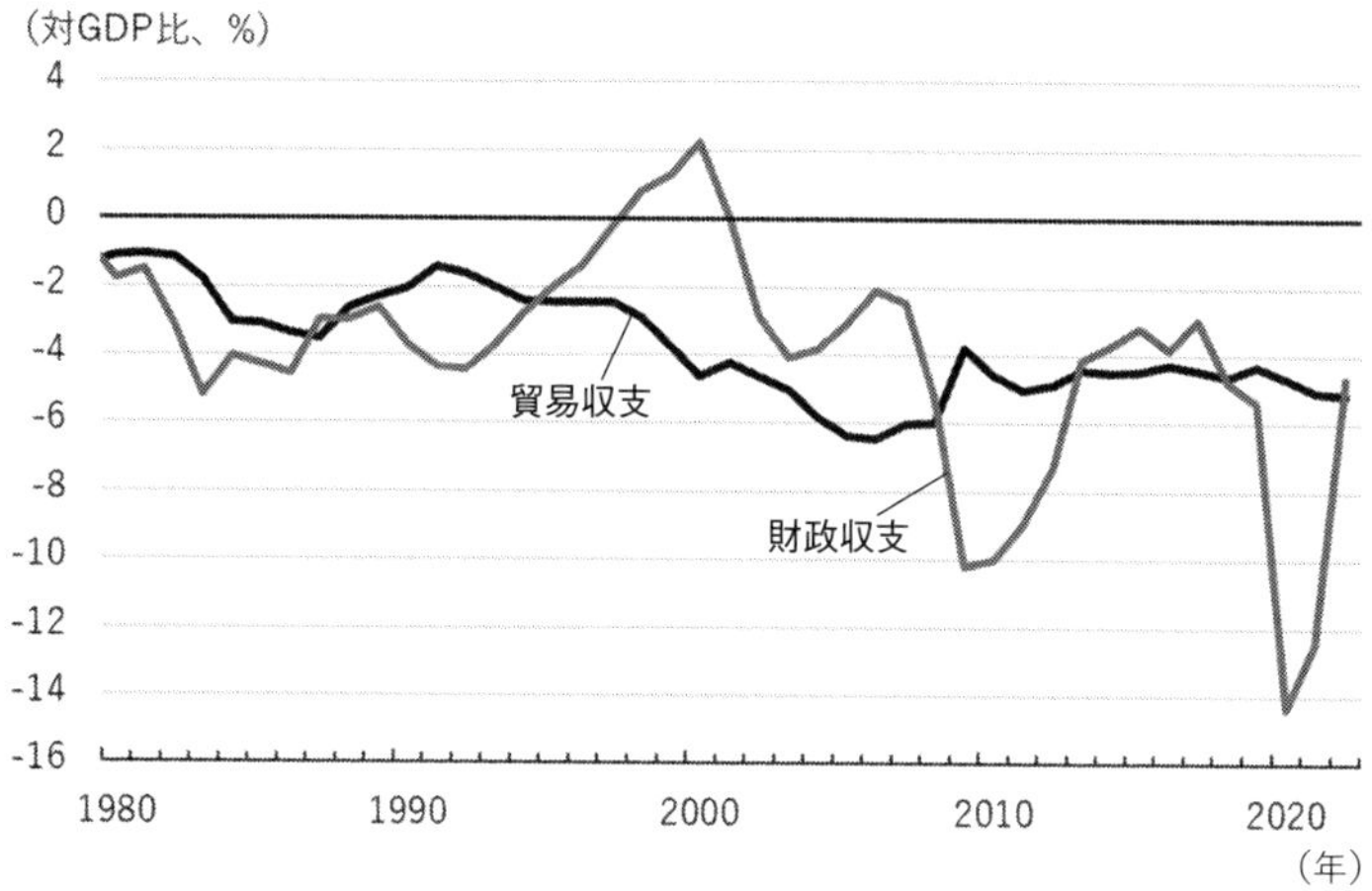

図表1－8　米国の「双子の赤字」（1970-2023年）
（出所）米財務省、米商務省センサス局

軍拡を優先して歳出を増やす反面で、減税で歳入を減らしたため、財政赤字も急増することになった。この「双子の赤字」（図表1－8）の存在が米国で政治問題化したため、一九八五年九月、米ドル安誘導、特に円高誘導のための国際合意、いわゆるプラザ合意（一九八五年九月）が交わされたのである。

プラザ合意を受けてドル安が進み、日本円やマルクの価値が上昇した。しかしながら、その後も米ドルは基軸通貨として機能し続けることになった。これはいったい、なぜだろうか。米国は確かに戦後のような圧倒的な国力を失っていたが、一方で覇権国としての米国の座を脅かすような国も台頭しなかった。つまり、米ドルに代わる国際通貨を発行できる国が登場しなかったため、米ドルは基軸通貨であり続けたのである。

冷戦期に米国の最大のライバルだと考えられ

ていたソ連は、アフガニスタン侵攻とその泥沼化、計画経済の実質的な破綻、その後の経済改革の失敗を受けて、一九九一年一二月に崩壊することになる。また高成長を経験した日本と西ドイツの経済力も、結局は米国に対抗しうる水準まで至らなかった。日本経済は一九八〇年代後半に活況を呈するが、一九九一年にバブル経済が崩壊し、以降、長期の停滞局面に入ることになる。

一方のドイツは、一九九〇年一〇月に悲願だった東西統一（ドイツ再統一）を実現したが、その際にのしかかったコストで経済力が損なわれた。日本と同様に、九〇年代のドイツも国力を低下させたわけだ。しかしドイツはその後構造改革に成功、二〇〇〇年代半ばに活力を取り戻す。しかしその源泉は、労働市場改革の進捗もさることながら、通貨ユーロの導入で実質的な平価切り下げ（デバリュエーション）に成功し、欧州内外で輸出が急増したことにある。

今日では米国に次ぐ経済力を誇るまでに成長した中国も、一九九〇年代はまだ経済成長の助走期間であり、当時の事実上の最高指導者だった鄧小平による南巡講話（九二年）を経て、本格的な市場経済化に着手したばかりだった。その後、主要国から直接投資（ＦＤＩ）を受け入れて積極的な工業化に努めた中国は、二〇〇〇年代に入ると本格的な高成長軌道に乗る。つまるところ、九〇年代までの中国はまだ「小国」に過ぎなかった。

結局、その国力は低下したものの、米国は唯一の超大国として君臨し続けることになった。それに米国は、高度な金融市場を維持し続けていたし、一九八〇年のレギュレーションＱの撤廃や九九年の銀証兼業の解禁（グラム・リーチ・ブライリー法）などに代表される金融自由化を進めることで、金融市場の発展に努めていた。そして米ドルの交換量も保たれたため、米ドルは基軸通

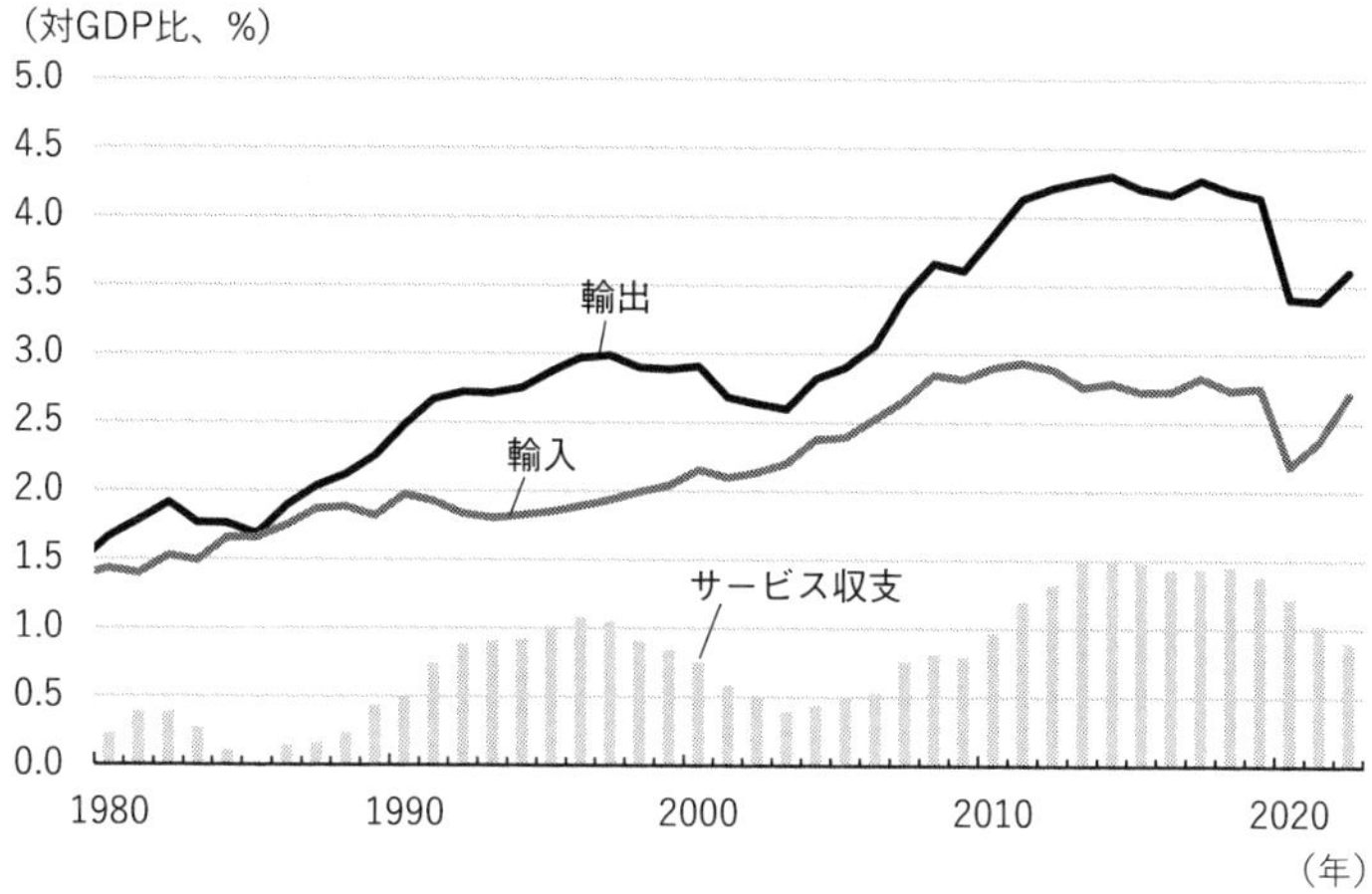

図表1－9　米国のサービス収支（1980-2023年）
（出所）米財務省、米商務省センサス局

貨としての地位を維持し続けたわけだ。

米国経済の再構築と米ドル

確かに一九七一年のニクソンショックを前後して米国経済の国力は低下が鮮明となり、米ドル安は不安定化した。しかしその裏で、米国は経済構造の再構築（リストラ）に努めていた。そして、経済成長の牽引役をモノの生産からサービスの生産へとシフトできたことが、その後の米国経済の活性化につながった。このことこそが、二〇〇〇年代以降の米ドルの信用力の改善をもたらす源泉になったと考えられる（図表1－9）。

一九七〇年代に入ると、米国の競争力は、日本や西ドイツの台頭もあって大きく低下することになった。結果、米国は保護貿易の姿勢を強め、特に日本に対して繊維製品や農作物、自動車、半導体の市場を開放するよう、様々な分野で圧力をかけた。一方で、米国の市場を重視する日本の完成車メーカーが、米国に生産拠点を移管し、米国で雇用を生み出すという路線を強めることになった。この構図は現在に至るまで変わらない。

他方で、米国はこの間に様々な分野で規制緩和を進めた。典型的なものとして、金融業の規制緩和がある。二〇〇〇年代の米国では住宅ローン担保証券（ＭＢＳ）に代表される証券化商品の取引が隆盛を極めるが、その制度的な基盤は一九八〇年代に入って進んだ金融業の規制緩和によって整備されたものだ。また金融業の規制緩和は、法律や会計などのコンサルティング産業の成長を促したりもした。

米政府は、経済活性化のため巨大企業の解体に努めた。ＡＴ＆Ｔ（米電話電信会社）の解体がその端的な事例だ。電話を発明したグラハム・ベルが一八七七年に興したベル電話会社を起源に持つＡＴ＆Ｔは、長らく米国の電信事業を独占してきた。しかし一九七〇年代に入ると、米政府は反トラスト法に照らしてＡＴ＆Ｔを提訴し、その解体に努めるようになる。この過程で分社化された様々な企業が、後の米国の情報通信業の礎となった。

また米政府は、コンピュータ産業を独占していたＩＢＭの解体にも取り組んだ。ＩＢＭは、ハードウェア部門とソフトウェア部門に解体されるとともに、ソフトウェア部門の社外への分割を余儀なくされた。この結果生まれた代表的な企業がマイクロソフトだ。同社のリリースしたオペレーティングシステム（ＯＳ）である「ウィンドウズ」が、世界で圧倒的な市場シェアを誇っていることは広く知られるところである。

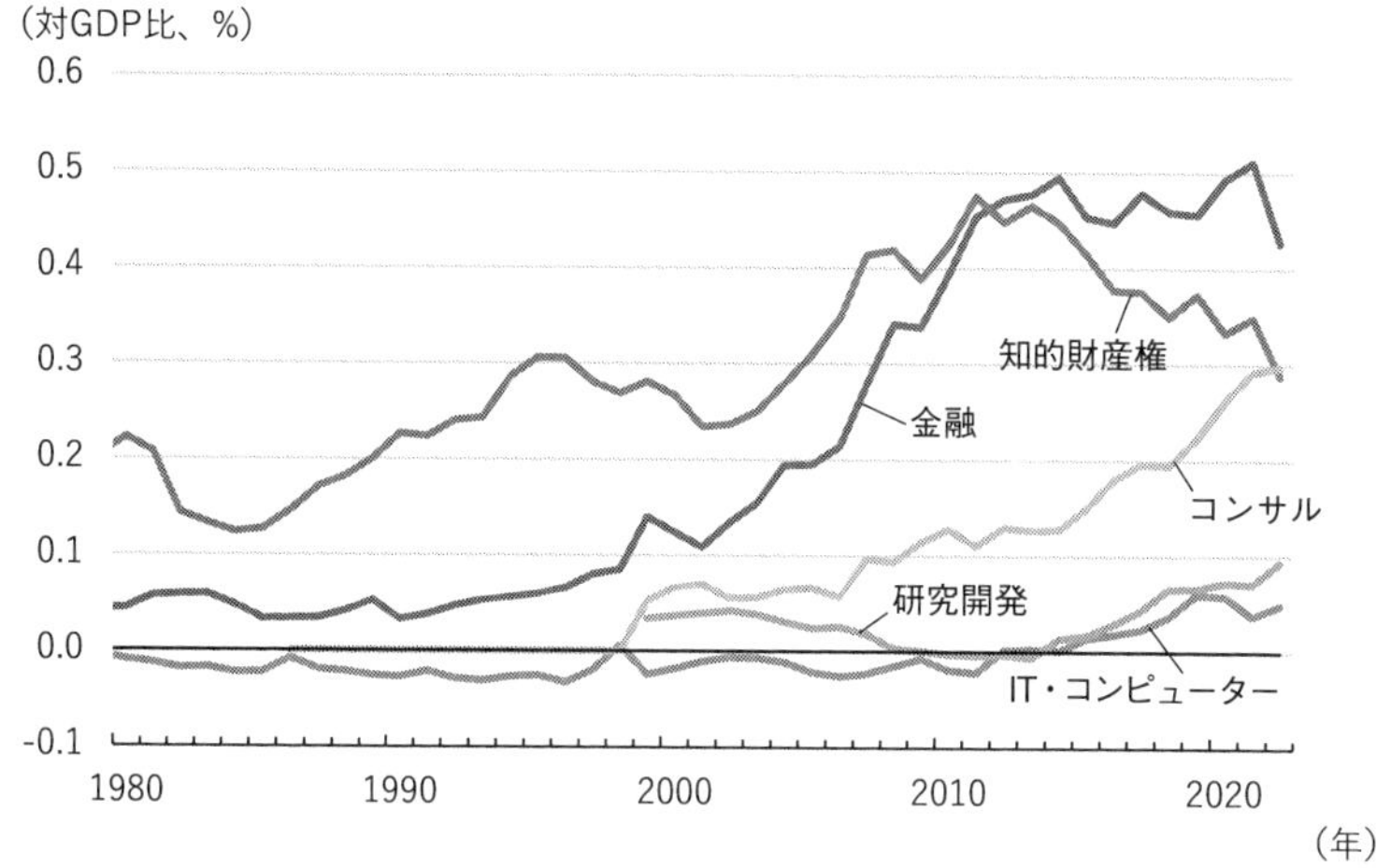

図表1－10　米国のサービス収支の内訳(1980-2023年)
(出所)米財務省、米商務省センサス局

今日に至る米国の情報通信産業の隆盛を語るうえでは、シリコンバレーの存在も欠かせない。一九七〇年代頃から情報通信産業の集積地と化したシリコンバレーからは、現在のインターネットの基本的な仕組みが生まれた。そして、今日のGAFA(グーグル、アマゾン、フェイスブック、アップル)というビックテック企業につながる流れも生まれた。ビックテックが提供するデジタルサービスは今やグローバルに欠かせないインフラだ。

こうした金融業と情報通信産業が米国経済の新たな活力となり、二〇〇〇年代に入って米国に巨額のサービス収支黒字をもたらす(図表1－10)。金ドル本位制を放棄せざるをえなくなった米国は、一九七〇年代から長い低迷期に入るが、その裏で経済の再構築を着々と進めていたわけだ。それが二〇〇〇年代以降の米国経済の復活につながり、強い米ドルの復活につながっていくのである。

管理通貨制度のメリット

ところで、ニクソンショックに伴う金本位制の廃止と管理通貨制度への移行、つまり金ドル本位制から管理通貨制度（国債本位制）への転換は、世界経済にとって大きなメリットをもたらすことになった。すなわち、管理通貨制度に移行したことで、各国の金融政策の自由度が飛躍的に向上したのである。このことも、米ドルを基軸通貨とする国際通貨体制が継続することにつながっていると考えられる。

そもそも金本位制では、中銀の通貨発行量が金の保有量に制約されるため、大規模な金融緩和を実施することができない。しかし管理通貨制度の下であれば、中銀は保有する国債の価値を裏付けに通貨を発行できるため、大規模な金融緩和を実施することができる。その結果、世界経済が危機に陥ったとしても、米ＦＲＢを中心とする世界の主要国の中銀が大規模な金融緩和を実施し、その影響を和らげることが可能となる。

米セントルイス連邦準備銀行のエコノミストであるデイビッド・ウィーロック氏によると、いわゆる世界恐慌を受けて、米国経済は一九二九年から三一年の間に二九パーセント縮小したようだ。すでに世界経済の成長の牽引役となっていた米国の経済が三年間で三割も縮小したのだから、世界経済もまた恐慌によって強く圧迫されたことは容易に想像できる。金本位制の下で金融緩和が制約されたため、世界経済は強い痛みを被ることになったのだ。

一方で、二〇〇八年九月には戦後最大の金融危機であるリーマンショックが発生したが、各国政府が財政拡張に努めるとともに、ＦＲＢやＥＣＢ、日銀など各国中銀が大規模な金融緩和に努めた結果、ＩＭＦによると、翌〇九年の世界経済の成長率は〇・一パーセント減と、わずかなマイナス成長にとどまった。続く一〇年の成長率は五・五パーセント増と反発し、それ以降、世界経済はプラス成長を続けることになる。

二〇二〇年二月にコロナショックが生じた際は、各国で行動制限が取られたため、世界経済は二・二パーセント減というマイナス成長を記録している。一方で、各国政府が財政拡張に努めるとともに、ＦＲＢなど各国中銀が大規模な金融緩和に努めたからこそ、世界経済のマイナス成長はこの程度でとどまった。金本位制の下で金融緩和が制約された中で行動制限が取られていれば、世界経済はもっと悪化していただろう。

リーマンショックの際もコロナショックの際も、米ＦＲＢは政策金利をゼロ近傍まで引き下げるとともに、国債やＭＢＳを購入する量的緩和策を採用、バランスシートの膨張を通じた金融緩和に努めた（図表1-11）。もちろん、他の主要国の中銀も、ＦＲＢに歩調を合わせるかたちで、同様の金融緩和策を実施している。こうした世界の主要中銀の果敢な金融緩和が、世界経済が大不況に陥ることを金融面から防いだわけである。

そもそも金本位制が維持されていれば、世界の資金量が金の保有量に制約されたため、金融市場は発展せず、実体経済の成長にも制約がかかったはずだ。金本位制の場合、最終的な決済の際には金の現物を移転する必要がある。その膨大な手間が、経済取引の拡大に制限をかけるためだ。

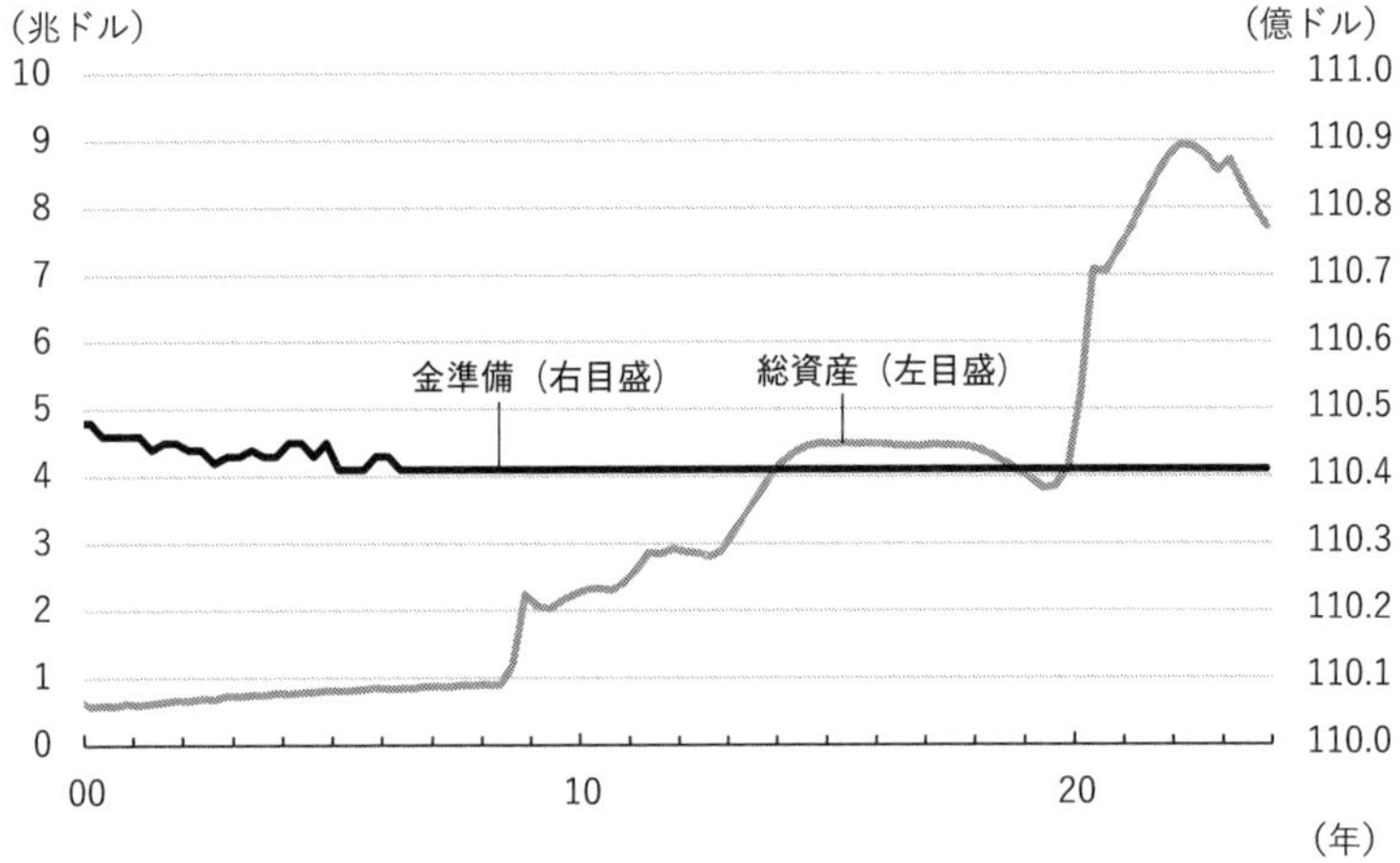

図表1－11　米国の金準備とFRBの総資産
（出所）米連邦準備制度理事会（FRB）

しかし管理通貨制度に移行したことで、世界経済は金の保有量に左右されない成長の道を確保することができたわけだ。

にもかかわらず、米国と敵対する国の一部には、ドル離れの観点から金本位制への復帰を目指す動きがある。そうした国は、金本位制の持つ制約を見誤っている。金本位制への移行は、管理通貨制度が持つメリットの放棄を意味する。また、そもそも金相場そのものが米国のマクロ経済運営の影響を強く受ける。ＦＲＢが利上げを行いドル高が進めば金価格は下落するわけだ。金本位制に復帰してもドル離れが進むわけではないのである。

管理通貨制度と信用力

ところで、本書では通貨の「信用力」という表現を多用している。信用力が高い通貨は為替レートが安定し、国際間の決済に用いられる国際通貨となる。そのうち、最も信用力の高い通貨が基軸通貨であり、一九四五年にブレトンウッズ体制が発足して以降は、米ドルが基軸通貨となっている。では通貨の信用力とは何かというと、それはその通貨がどれだけ人々によって信用されているか、その度合いということになる。

通貨の信用力には、その国の国力が反映されている。国力もまた曖昧な概念だが、経済力、政治力、軍事力を総合した力を意味する。その国力が最も秀でた国が、いわゆる覇権国だ。覇権国の国力の高さ、つまり信用力の高さが反映された通貨が、基軸通貨だということになる。覇権国以外にも、国力の高い国の通貨は信用力が高い通貨、つまり国際通貨だとみなされ、国際決済で用いられることになる。

金本位制の時代は、通貨に金の信用力が反映されていた。しかし、それは同時に、国力がある国ほど大量の金が集まるからこそ成立する制度だった。その意味で、金本位制もまた、その国の信用力が反映された国際通貨体制だということができる。確かに金の生産国であれば、金を生産しない国に比べると有利な制度だが、とはいえ金の生産国が覇権国になるわけではないことは、大英帝国の存在が雄弁に物語っている。

金本位制から管理通貨制度に移行したことで、通貨の信用力は国債の信用力を反映するようになった。国債の信用力とは、その国が発行した国債が約束通りに返済される確実性を意味している。国力、特に経済力がある国の国債なら、それは必ず返済されると投資家は期待するため、その国債は高値、つまり低金利で取引される。そうした投資家の信頼を裏切り、国債が返済できなければ、その国の通貨も信頼されず、暴落する。

そのため、国債を発行する政府は、投資家の期待を裏切らないように、国債の管理を厳密に行わなければならない。投資家の代わりに中銀が国債を購入することの問題点はここにある。中銀が国債を購入すれば、政府の国債発行に歯止めが利かなくなり、投資家は国債が償還されないと考えるようになる。つまり、国債の信用力が低下し、通貨の信用力も低下するのである。

したがって、金融緩和の一環として中銀が国債を購入する場合も、発行市場での直接引き受け（財政ファイナンス）は忌避される。日本でも、財政法第五条で、原則としてそれを禁止している。日銀はあくまで、流通市場に出回っている国債を購入しているに過ぎないが、その規模が他の主要国に比べてあまりに大きいため、実質的には財政ファイナンスが行われており、それが円の信用力の低下の一因となっている。

話を元に戻すと、金銀本位制では、貴金属である金と銀の信用力が通貨に反映されていたが、同時にそれは覇権国に大量の金や銀が流入するからこそ成立していた制度だ。ここで問題となるのが、ではなぜ、金や銀は信用力が高い貴金属とみなされるのか。貴金属は一般的に八つの元素を意味するが、うち金や銀の信用力が高い理由はどこにあるのか。金が銀に勝る理由も含めて、合理的に説明することは思いのほか難しい。

金や銀の信用力でさえ、このように曖昧なものだ。まして国債の信用力も、また曖昧なものである。しかし健全なマクロ経済運営なくして、その曖昧な信用力を向上・維持することはできない。法定通貨でさえ、こうした不安定な基盤のうえに成立している。民間通貨の場合、企業が発行する通貨（例えばポイントやマイレージ）は、より不安定な企業の信用力に依拠している。まして第4章で詳しく述べる暗号資産は、そうした信用力の源泉を有していない。

確かに管理相場制度に移行したことで、各国の金融政策の自由度が飛躍的に向上した。それと同時に、通貨の信用力の源泉である国債に関して、その資産性をどう維持するかが重要となっている。この仕組みの下では、国債の発行に基づく財政拡張を国債の購入による金融緩和で支えることが常態化している国の通貨が売られることは、当然の帰結となる。その意味で、二〇二二年以降の日本円は売られるべくして売られている通貨だ。

4　米ドルの基軸通貨としての現状

外貨準備の変化と米ドル覇権

以上の議論を踏まえたうえで、米ドルの基軸通貨としての現状について簡単に確認したい。二〇二〇年のコロナショックや二二年のロシアのウクライナ侵攻（ロシアショック）を経て、世界の外貨準備に占める米ドルの割合が低下していることが注目されるようになった（図表1－12）。例えば日本経済新聞は二三年七月二五日付の記事で、ＩＭＦの『公的外貨準備の通貨別構成統計』（ＣＯＦＥＲ）を用いて、その事実を指摘している。

具体的には、世界の外貨準備に占める米ドルの割合は二〇〇一年の七二パーセントから二三年

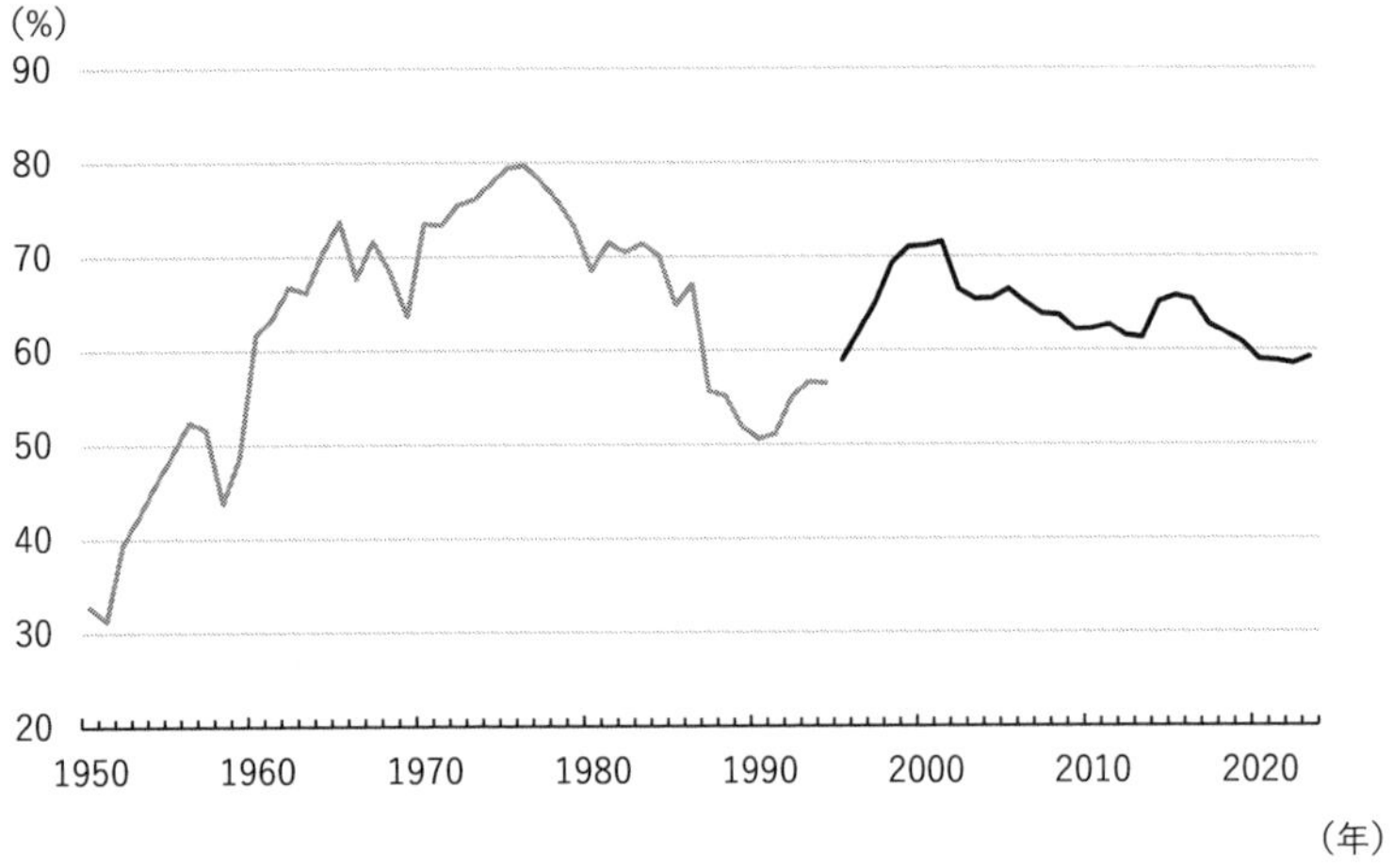

図表1－12　世界の外貨準備に占める米ドルの比率
（出所）Eichengreen *et al*,.（2019）及び国際通貨基金（IMF）

には五九パーセントと、この二〇年余りで一三ポイント低下している。とはいえ、長期的なトレンドで捉えれば、二三年の五九パーセントという水準は必ずしも低くない。実際に、ブレトンウッズ体制が安定化したと考えられる一九五〇年時点でも、世界の外貨準備に占める米ドルの割合はまだ三三パーセントだった。

その後、世界の外貨準備に占める米ドルの割合は拡大が続き、ニクソンショック後の一九七六年の八〇パーセントでピークを打つ。そこから世界の外貨準備に占める米ドルの割合は低下し、九〇年の五一パーセントでボトムを付ける。二〇〇一年には七二パーセントまで上昇するが、以降は二〇年間にわたって緩やかな低下トレンドを描き、二三年の五九パーセントに帰着するのである。

二〇〇〇年からの動きに限れば、世界の外貨準備に占める米ドルの割合は確かに低下している。とはいえ、この動きだけを取り出して米ドルの基軸通貨としての位置づけが揺らいでいるとは評価できない。実際この間に、ユーロや日本円といった他の国際通貨の割合が高まったわけではない。それに一九九〇年からの三〇年間で見れば、米ドルの割合は六〇パーセント前後で横ばいであり、安定していると見るべきだ。

一部には米ドルに代わる新たな基軸通貨として、中国の通貨・人民元に期待を寄せる声もあるが、人民元が世界の外貨準備高に占める割合は二〇二三年時点で二・四パーセントに過ぎない。第3章で詳しく述べるが、人民元はそもそもソフトカレンシーだ。それに中国は二〇一五年の人民元ショックを受けて資本規制を強化しており、国際化の動きは停滞している。そのような通貨が米ドルに代わる存在になるわけがない。

ＩＭＦのサーカン・アースランアルプらも指摘しているが、この間に世界の外貨準備に占める比率を高めた通貨は、豪ドルや加ドル、スウェーデンクローナ、韓国ウォンといった、これまで取引量が限定的だった先進国の通貨（非伝統的通貨）である。こうした通貨は為替レートが安定しているにもかかわらず、相対的に高金利であるため、それらの通貨建ての国債に投資すれば、高い収益を稼ぎ出すことができた。

外貨準備にはソブリン・ウェルス・ファンドとしての性格もあるから、この間、低金利が続いた米国債を保有するくらいなら、信用力と収益性が高い非伝統的通貨建ての資産を保有した方が得策だった。ゆえに各国の政府や中銀は、非伝統的通貨で外貨準備の運用に努めるようになり、世界の外貨準備に占める米ドルの比率は低下したのである。こうした動きをして、米ドルの基軸通貨としての位置づけが揺らいでいるとは評価できない。

二〇二二年以降、ＦＲＢが急ピッチで利上げを行ったことで、米ドルと非伝統的通貨との間の金利差は縮小あるいは解消している。そして、米ドルの実質実効為替レートはニクソンショック直前の一九七〇年頃やボルカーショック後の八五年の水準まで上昇しており、米ドルはむしろ強さを回復させている。世界の外貨準備に占める米ドルの割合が低下したからといって、米ドルの基軸通貨としての位置づけが揺らいだわけではないのである。

コントロールが強まる米ドル取引

他方で米国は、近年、基軸通貨としての米ドルの性質を利用し、それを世界秩序を維持するためのツールとして用いるようになっている。米財務省外国資産管理局（ＯＦＡＣ）やニューヨーク州金融サービス局（ＤＦＳ）による、経済制裁法の域外適用がそれだ。経済制裁に資金洗浄（マネーロンダリング）を絡めて、これを広範に域外適用することで、米国外における米ドル取引に対するコントロールを強めている。

象徴的な出来事として、二〇一四年六月に米司法省がフランスの金融最大手ＢＮＰパリバに対して下した処分がある。米司法省は、ＢＮＰパリバが二〇一二年まで、米国による経済制裁対象であるスーダンやイランの国籍を持つ顧客との間で、原油関連取引に際して米ドル決済を行ったことを問題視し、総額で八九億米ドルもの罰金を科すとともに、翌一五年から一年間、ニューヨーク拠点などにおける米ドル決済業務の一部を禁じた。

この決定を巡っては、当時のフランスのフランソワ・オランド大統領が民主党バラク・オバマ政権に対して再三にわたって強い抗議を行うなど、両国間の国際問題と化している。たとえ同盟国でも、米国が経済制裁を科している国と経済取引をすることは許さないというのが、米国の姿勢である。なお米司法省は、二〇一二年に英金融大手ＨＳＢＣに対しても、資金洗浄への加担を理由に、一九億米ドルの罰金を科している。

ＢＮＰパリバやＨＳＢＣの取引は、米国外の金融機関同士で行われたものだ。しかしながら、米国外の取引もまた、結局は米国によって把握されることになる。Ａ銀行がＢ銀行に対して米ドルで送金を行った場合、Ａ銀行の米ドル建て資産が減少する一方で、Ｂ銀行の米ドル建て資産が増加する。そして両行のドル勘定が変動するわけだが、それに伴い両行は米ドル勘定のバランスを適正化する必要がある。

そのための米ドル資金の貸借を、Ａ銀行とＢ銀行は米銀かＦＲＢとの間で行うことになるが、米銀やＦＲＢは、情報が明確でない限り、米ドル資金の取引には応じない。そのためＡ銀行とＢ銀行は、米銀やＦＲＢに対して、米ドル資金の取引の情報を明らかにせざるをえなくなり、その時に取引情報が米国側に筒抜けとなる。こうして、米国は米国外における米ドル取引も把握することができるのである。

米国はＳＷＩＦＴ（国際銀行間通信協会）を通じても世界の米ドル決済の動きを把握しているようだ。二〇〇六年六月二三日付のニューヨーク・タイムズ紙は、米財務省と米中央情報局（ＣＩＡ）がテロリストの資金追跡の一環としてＳＷＩＦＴの情報を監視していたと報じた。ドイツの週刊誌デア・シュピーゲルも、一三年九月一五日付の号で米国家安全保障局（ＮＳＡ）が銀行間決済とクレジットカード決済を監視していたと報じた。

もちろん、米国はこうした監視行為を公には認めていない。しかし現実には、米国は世界における米ドル取引のコントロールを強めている。グローバルな金融機関であれば米ドル決済は必須だし、ニューヨークの金融市場から締め出されることは死活問題となる。米ドルの利用をルールとする貿易取引や金融取引というゲームに参加するためには、各国のプレーヤーは、かつて以上に米政府のルールに従わざるをえなくなっている。

他方で、米国と対立する中国やロシア、あるいは反米姿勢を強める新興国は、安全保障に鑑みて、可能な限り米ドルを用いないかたちで経済取引を行おうとする。そのためには、米ドル以外の通貨や金などの現物を用いて決済を行うしかない。こうした国々によるドル離れは、その実として、米国がグローバルに課した規制を逃れようとする動き、つまり強過ぎる米ドルからの逃避にほかならない。

米ドルの三〇年周期説を考える

歴史を振り返ると、米ドルの信用力は、おおむね三〇年の周期で変質していると説明できるのではないだろうか。第一期は一九四〇～七〇年までの三〇年間であり、ブレトンウッズ体制の下で金ドル本位制が機能した期間に相当する。米ドルはその高い信用力を行使して世界経済に安定した国際通貨秩序をもたらし、戦後復興を後押しした。ソ連を頂点とする東側諸国もまた、米ドルが提供する安定した国際通貨秩序を事実上享受していた。

続く第二期は、一九七〇〜二〇〇〇年までの三〇年間である。国力が衰えた米国は、財政赤字や貿易赤字などに代表される経済の基礎的条件の悪化に直面した。また金とも交換できなくなったことで、米ドルの信用力も悪化することになった。一方でこの間に米国は経済構造の再構築に努め、今日の米国経済の繁栄の種を撒いていた。それが結実するのが、二〇〇〇年から現在に至る三〇年、つまり第三期である。

第三期に入ると、第二期に勃興した金融業や情報通信産業が世界でも比類のない競争力を獲得し、米国の国力回復に貢献した。それに、一〇年代に開発が進んだシェールオイルの存在も大きかったと考えられる。シェールオイルによるエネルギー収支の改善が、米国経済の成長力を補完したためだ。こうして、第三期の三〇年間で米国経済の国力は回復し、米ドルの信用力もまた改善することになった。

本書は基軸通貨の条件として、**①その通貨を発行する国が圧倒的な国力を持つこと、②その通貨を発行する国が高度な金融市場を有していること、③その国の通貨の交換量が突出して多いこと**、という三つの条件を定めた。この整理に従えば、米国は第二期において、確かに①の条件に綻びがみられていた。一方で、②と③の条件は保たれていたし、その間に米国は経済の再構築に成功したことで、再び①の条件を回復するようになった。

加えて、米ドルの米国外での取引に対する米国のコントロールは、二〇一〇年代に入り、かつてないほど強まっている。こう整理すると、米ドルの基軸通貨としての位置づけは、この三〇年間でむしろ高まったといえそうだ。逆説的だが、米ドルの基軸通貨としての位置づけが高まったことで、米ドルを使うことを忌避する国が増えることになったのである。とはいえ、そうした国々の取り組みはあまり上手くいっていない。

例えばロシアの場合、二〇一四年のクリミア侵攻以降、外貨準備に占める米ドルの比率を引き下げ、ユーロや人民元、金の比率を高めてきた。しかしロシアは、ドル離れに向けた準備が整う前に、二二年のウクライナ侵攻に伴って米欧日から経済・金融制裁を科されたことで、人民元以外の外貨を利用できなくなってしまった。ロシアは準備が不十分なままに、米国を頂点とする世界経済体制から排除されたことになる。

一方で、ドル化が進んだ国の中には、脱ドル化の手段に暗号資産を用いたケースもあった。中米のエルサルバドルは、二一年九月に、代表的な暗号資産であるビットコインを米ドルと並ぶ法定通貨に定めた。また南米の産油国であるベネズエラは、原油を裏付けとする独自の暗号資産ペトロを発行し、脱ドル化を進めようとした。しかしエルサルバドルではビットコインは普及せず、ベネズエラのペトロは計画そのものが破綻した。

いずれの国の取り組みも、米ドルの基軸通貨としての高さをかえって我々に見せつける結果となっている。基軸通貨としての位置づけが揺らいでいないばかりか、むしろ高まっているともいえる。そもそもドル離れとは、米国を頂点とする世界経済体制から、自ら距離を置くことを意味する。米ドルが持つネットワーク外部性を放棄することになるから、その国の経済成長は鈍化こそすれ、加速など見込めない。

次章以降、本書では、各国が進めてきた、ないしは進めようとするドル離れの事例を分析することを通じて、基軸通貨としての米ドルの位置づけを問い直してみたい。もちろん、米ドルが未来永劫にわたって基軸通貨であり続けることはありえない。米ドルがその役割を終えるのは、米国経済自体が地盤沈下を起こすとともに、米国に代わる国が出て来た時のことだ。とはいえ、そうした変化が今すぐに生じることもないだろう。

本書の指摘のように、米ドルの信用力が一九四〇年以降に三〇年の周期で変化しているなら、現在はその第三期目に当たる。この仮説に則れば、少なくともその終わりである二〇三〇年頃まで、米ドルの信用力が極端に悪化することはないだろう。しかし、その後の三〇年で米国経済の地盤沈下が進めば、米ドルの信用力が大きく悪化し、基軸通貨としての位置づけも後退する可能性があることに留意すべきである。

第2章

ルーブル、円、ユーロと米ドル

ソ連（現ロシア）のホワイトハウス（左）とCOMECONビル。ソ連のルーブルはCOMECON加盟国の基軸通貨にすらなれなかった。

本章では、これまで米ドルの覇権に挑戦してきた国際通貨の歴史を振り返ることにしたい。対象となる通貨はルーブル、日本円、そしてユーロの三つだ。ルーブルは、米国とともに東西冷戦を展開したソ連の通貨である。このルーブルは、ソ連が志向する計画経済の下で利用された通貨だったため、通貨としての基本的な性質を満たしてなかった。結局ルーブルは、米ドルの座を脅かすことなく、ソ連の崩壊とともに役目を終えた。

一方で日本円である。日本円は、とりわけ経済が成熟した一九八〇年代において、アジア諸国との経済取引での利用の拡大を念頭にした「円の国際化」構想が、当時の大蔵省（現在の財務省）によって打ち出された。円のアジアでの普及を図った日本だったが、バブル崩壊で経済が長期の停滞に陥ったこともあり、この構想は結実せず、日本円もまた米ドルの覇権の前に屈してしまうことになった。

最後にユーロである。ユーロは一九九九年に欧州連合（EU）決済通貨として導入され、二〇〇二年から現金流通が始まった通貨だ。二三年末までにEU二七カ国のうち二〇カ国が採用し、トルコやロシアなどの周辺諸国でも利用されていることから、国際社会での取引は米ドルに次ぐ規模にまで拡大している。しかしEU各国の財政統合が進んでいないため、国際通貨としての信用力に劣るという現実がある。

1　ルーブル――ソ連型計画経済の挫折

国際通貨としてのソ連ルーブル

ソ連（ソビエト社会主義共和国連邦）は現在のロシアの事実上の前身国家であり、一九二二年一二月に誕生し、一九九一年一二月まで存在した世界初の社会主義国家である。そのソ連で発行されていた通貨がルーブルだ。ルーブルは帝政期から用いられていた通貨単位であり、ソ連もまたこの通貨単位を継続して利用したわけだ。そしてソ連の後継国家であるロシアも、ルーブルを法定通貨の単位に使用している。

ソ連は一九三五年、まずは仏フランとの間で金本位制に基づく固定為替相場制度を導入した。しかし仏フラン相場が安定しなかったため、一九三七年に米ドルとの間で一米ドル＝五・三ルーブルとする固定相場制度を導入した。そしてこの時、金の含有量が一ルーブル当たり〇・一六七六七グラムに定められた。初の社会主義国家として誕生したソ連も、その当初は、米欧を中心とする国際通貨体制に明確に組み込まれていたわけだ。

ルーブルが東側における国際通貨としての性格を帯びるようになるのは、一九四九年一月に経済相互援助会議（ＣＯＭＥＣＯＮ、以下「コメコン」）が設立され、翌五〇年三月にソ連が米ドルと

通貨の名称				1960年末までのレート		1961年以降のレート
				貿易レート	非貿易レート	
対西側通貨	英ポンド	1	に対し	11.2	28	2.51
	米ドル	1	〃	4	10	0.9
	仏フラン	100	〃	81	202.5	18.37
	西独マルク	100	〃	95.24	238.1	22.68
	日本円	1,000	〃	11.14	27.85	2.51
対東側通貨	アルバニアレク	100	〃	8	10	1.8
	ブルガリアレバ	100	〃	58.52	112.36	13.23
	ハンガリーフォリント	100	〃	34.1	71.43	7.67
	東独マルク	100	〃	180	258	40.5
	モンゴルトゥグルグ	100	〃	100	220	22.5
	ポーランドズロチ	100	〃	100	66.67	22.5
	ルーマニアレイ	100	〃	66.67	103.09	15
	チェコスロバキアクローナ	100	〃	55.56	86.2	12.5

図表2－1　ソ連ルーブルの公定為替レート
（出所）エフ・ブィストロフ（1961）

の間の固定相場制度を放棄してからのことである。コメコンの成立によって名実ともに東側陣営の盟主となったソ連は、米ドルとの間で導入していた固定相場制度を廃止し、一ルーブルあたりの金の含有量を〇・二二二一六八グラムとする独自の金平価を採用するに至った。

その後ソ連は、一九六一年に一ルーブル当たりの金の含有量を〇・九八七四一二グラムに引き上げ、ルーブル平価を切り上げた（図表２－１）。同時にソ連は、国内で利用する国内ルーブルと対外決済で利用する対外ルーブル（清算ルーブル）を切り分け、コメコン加盟国間での貿易を清算ルーブルで決済するようになった。ソ連は清算ルーブルをコメコン加盟国における基軸通貨にしようとしたわけだ。

しかし清算ルーブルは、双務貿易（二国間貿易）と清算勘定取引（お互いの輸入品目を記帳しておいて、年末に輸入超過側が代金を支払うかそれと同等の輸出で返済するという方式）を前提としていたため、多角貿易（多国間貿易）を志向するコメコン加盟国に受け入れられなかった。清算ルーブルも制度上は多角貿易の決済に利用できたが、関係国の合意を得る必要があるといった勝手の悪さから、実際はあまり利用されなかった。

結局、清算ルーブルは廃止され、決済機関であるコメコン銀行が管理する振替ルーブルが、コメコン諸国間の新たな貿易決済通貨として一九六四年一月に導入されることになる。この時、ソ連以外のコメコン加盟国は、振替ルーブルに西側通貨や金との交換性を付与すべきであると主張した。対してソ連は、振替ルーブルはあくまでコメコン内での貿易決済に限定すべきという考えを譲らなかった。

そして、交換性が付与されなかった振替ルーブルは、コメコン加盟国間の貿易決済にだけ利用されることになった。一九七一年のニクソンショックで米国が金本位制から離脱し、西側陣営を中心とする国際通貨体制は米ドルを基軸通貨とする管理相場制度に移行するが、反してソ連は金本位制に基づく振替ルーブルを維持し続けた。しかし、ソ連は相変わらずコメコン加盟国による金交換に応じず、多角決済に向かない通貨のままだった。

一九八〇年代に入ると、ソ連とコメコン加盟国の経済は停滞を極めることになる。この過程で米欧から多額の資金を借り入れるようになったソ連は、その返済には米ドルを用いて決済をする方が合理的だと考えるようになった。ゆえにソ連は、コメコン内での貿易決済にも米ドルを使うべきだとコメコン加盟国に対して提案することになる。これが了承されるかたちで、振替ルーブルは一九九〇年末に廃止されることになった。

結局のところ、冷戦期の二大国として米国と対峙する存在であったはずのソ連の通貨ルーブルは、東側陣営の中でさえ基軸通貨としての役割を果たすことなく、一九九一年一二月二六日のソ連解体をもってその運命を終えることになる。ルーブルはその後、後継国家であるロシアに引き継がれる。そのロシアルーブルは、ソ連に属した中央アジア諸国のみで流通する国際通貨にはなったが、基本的にはソフトカレンシーのままである。

機能が制限されたソ連ルーブル

ソ連時代のルーブルが国際通貨としての役割を果たせなかった最大の理由は、それが通貨の持つ基本的な機能（価値尺度、支払手段、貯蓄手段）を強く制約されるかたちで利用されていたことに起因する。なにより価値尺度として、ソ連のルーブルは機能しなかった。市場経済の下では、モノやサービスの需給を均衡させるうえで、価格メカニズムが機能する。需要が強まれば価格は上昇するし、需要が弱まれば価格は下落するわけだ。

一方で計画経済の場合、つまり、政府が先行きの需要量を予測し、それに基づく供給量を計画することで、需給の調整が試みられる。したがって、通貨による価格表示は、あくまで便宜的なものに過ぎず、需給の実情を反映したものとはならない。それに計画経済では、貿易もまた数量を基準に行われることになる。したがって、輸入品や輸出品につけられた振替ルーブルによる価格表示も、また便宜的なものに過ぎなかった。

そのためコメコン諸国は、体制が異なる西側諸国との貿易を通じてしか、自分たちが貿易しているモノの適正な価格を知ることはできなかった。それでも、コメコン諸国内で貿易されていたモノの価格は、西側諸国内で貿易されていたモノの価格に比べると割高に設定されていた。そのため、コメコン加盟国の製品は米欧では競争力を持たず、そのこともまた、コメコン加盟国による貿易、ひいては経済の停滞につながったのである。

また支払手段としても貯蓄手段としても、ルーブルの機能は限定的だった。振替ルーブルはあくまで概念上の通貨であり、貿易決済も現金支出を伴わないかたちで行われた。さらに、東側各国の現金にも交換できなかったし、国内ルーブルと同等の金平価が設定されているにもかかわらず、ソ連は金交換に応じなかった。通貨が持つ基本的な性質が強く制約されていた以上、ルーブルは国際通貨として機能しようがなかったのである。

ソ連が振替ルーブルに交換性を付与しなかった最大の理由は、自らが定めた金平価に適う金の量を保有していなかったことにある。当時のソ連は、確かに南アフリカと並ぶ世界最大の金の生産国だったが、その国際的威信を保つために割高な金平価を設定していたため、交換性を付与し、各国からの金交換の要求が集中した場合、それに耐えることができなかったのである。これではルーブルの信用力など向上するわけがなかった。

こうしたルーブルの性質を、基軸通貨の条件、つまり①**その通貨を発行する国が圧倒的な国力を持つこと**、②**その通貨を発行する国が高度な金融市場を有していること**、③**その国の通貨の交換量が突出して多いこと**に照らし合わせて再整理してみよう。すると、こうした条件に照らしてもまた、ソ連のルーブルが米ドルに対峙する通貨になりえなかったことが分かる。

そもそも①の条件をソ連が満たしていたかはかなり疑わしい。次項で詳しく解説するが、ソ連の経済力は一貫して米国に劣っていた。そのソ連が米国との間で軍拡競争を繰り広げたのだから、その末期にかけて経済の停滞が深刻化するのは当然の帰結だった。つまるところ、ソ連は①の条件を満たしていなかったと考えるのが自然である。これではルーブルの信用力など高まりようがなかった。

それに、②の条件は満たされなくて当然だった。なぜならば、計画経済を志向したソ連に、ルーブル資金を取引するための金融市場など存在するわけがなかったからである。もちろん、ソ連にも金融の機能は存在した。しかしそれは、政府（ゴスプラン）が策定した計画に基づき、貯蓄銀行（ズベルカッサ）の機能を兼ねた中銀（ゴスバンク）や対外貿易銀行など各種の専門銀行が、資金を配分するというものだった（いわゆるモノバンク制度）。

さらに、③の条件も満たされていなかった。振替ルーブルは主にコメコン間の貿易決済のためだけに用いられた概念上の通貨であり、コメコン加盟国の通貨と交換されることはなかった。コメコン加盟国の国民はルーブルの現金を入手できなかったし、ゆえにルーブルはコメコン加盟国で流通せず、決済や貯蓄の手段として用いられることもなかった。これではルーブルの信用力がコメコン諸国内でさえ高まらなくても致し方ない。

通貨はもともと、市場経済での機能を前提としている。したがって、市場原理（価格メカニズム）による需給調整を否定し、政府が策定する計画の下で需給を均衡させる計画経済の下では、通貨の役割は変容を余儀なくされ、その機能も制約されることになる。清算ルーブルや後継の振替ルーブルが国際通貨としての信用力を得ることができなくとも当たり前だったといえよう。

米国にかなり劣っていたソ連の国力

また前項で述べたように、そもそもソ連は、米国と対抗できるほどの実力を本当に持っていたのかという疑問がある。国力を測る代表的な指標として経済規模、つまりGNP（国民総生産）やGDP（国内総生産）がある。ソ連の経済規模がどの程度なのか、かつて米欧の研究者や実務家たちは、様々な推計を試みてきた。米国と覇権争いを転じたソ連の経済規模がどの程度なのかを知りたいという知的欲求と実務的要求があったわけだ。

米欧の研究者や実務家たちの考えは、ソ連が対外的に公表していた経済統計は信頼性に欠けるという点で一致していた。米国に対する優位性を示そうとして、ソ連が経済の実勢よりも経済統計の内容を良好に見せていると考えたためだ。米欧の研究者や実務家たちの間で意見が異なったのは、その改竄の程度についてだった。それに、ソ連の国民経済計算方法が米欧と異なるという技術的なハードルがあったことも、推計に幅をもたらした。

米国を中心とする西側諸国は、国連が定める「国民経済計算体系」（SNA）に基づいてGNPを作成していた。一方でソ連を中心とする東側諸国は、GNPではなくNMP（物的純生産）という国民経済計算統計を作成していた。NMPはGNPと異なり、サービス部門が産出する付加価値を含んでいなかった。そのため米欧の研究者や実務家たちは、まずサービス部門による付加価値を推計する必要があったのである。

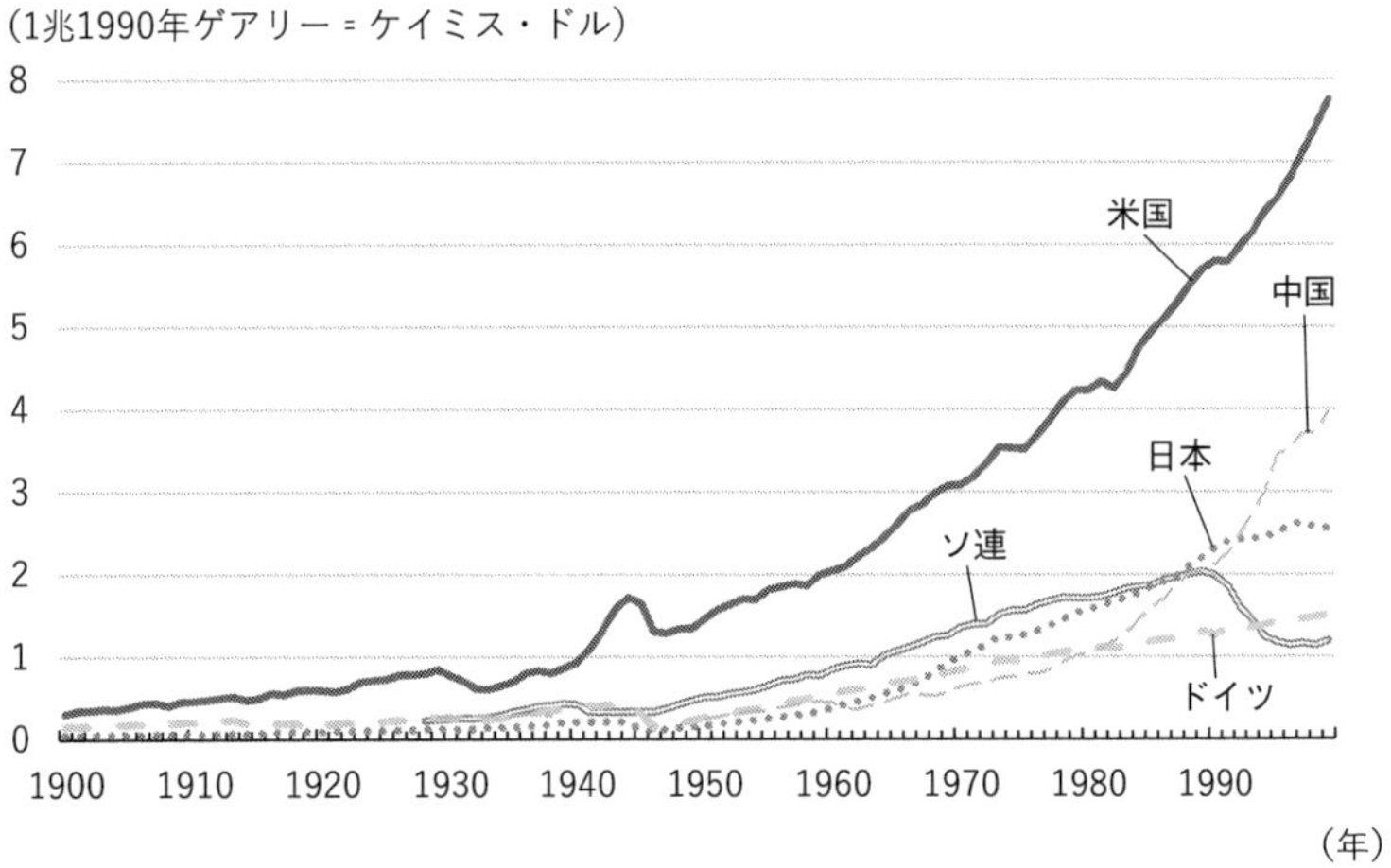

図表2－2　各国の経済規模（1900～99年）
（出所）Maddison Historical Statistics

数多ある研究の中でも、特に有名なのは米中央情報局（ＣＩＡ）が一九八四年に発表したソ連のＧＮＰ推計だ。これはソ連の一九六〇～八三年の間におけるＧＮＰを推計したものだが、その規模はおおむね米国の五割前後にとどまっていた。また英国出身の著名な経済史家でありフローニンゲン大学名誉教授であるアンガス・マディソンの推計を見ても、ソ連の実質ＧＤＰは最大でも米国の四割程度の規模しかなかったようだ（図表２－２）。

ソ連末期の一九八九年に行われた国勢調査によれば、ソ連の人口は三億人弱（二億八六七〇万人）だった。一方で、一九九〇年の国勢調査によると、米国の人口は約二・五億人（二億四八七一万人）だった。ゆえに、ソ連の一人当たり所得の水準は米国よりもかなり少なかったと判断できる。結局のところ、ソ連の経済力は米国に比べるとかなり劣っていたため、米国に対抗しうる国力などソ連にはなかったと判断できる。

そもそもソ連は、一九四五年一月に米国に対して六〇億米ドルの信用供与を要請するなど、第二次大戦後の復興に当たって米国の支援を望んでいたことで知られる。ソ連はまた、米国のジョージ・マーシャル国務長官の発案で推進された復興援助計画である「マーシャルプラン」にも、条件次第で参加する方針だった。当時のソ連は、自らの経済力が米国に比べるとかなり劣っていると考えていたのである。

一九五〇年代に入ると、ソ連もまた復興需要に支えられるかたちで経済力を向上させたが、それでも米国と肩を並べるレベルには程遠かった。さらに六〇年代に入ると、ソ連は米国との間で軍拡競争や宇宙開発競争を先鋭化させることになる。この過程でソ連は軍需品の増産に注力し、民生品（特に軽工業品）の生産を後回しにした。そのことがアンバランスな経済構造を生み出し、ソ連経済が七〇年代以降に停滞する直接的な原因となる。

結局のところ、ソ連の経済力であり国力は、その最盛期でも米国に比べてかなり劣っていたと考えて間違いなさそうだ。そして、米国に国力で劣るソ連が、米国と軍拡や宇宙開発競争に注力すること自体、ナンセンスだったわけだ。そのような国が発行していた通貨（ルーブル）が米ドルの基軸通貨としての位置づけを低下させるような国際通貨になることなど、どだい、無理な話だったのである。

コメコン以外との取引でも使われたルーブル

ところでソ連ルーブルは、コメコン諸国以外との間の経済取引でも限定的ながら使われていたようだ。例えばソ連とフィンランドとの二国間貿易は、両国の中銀（ゴスバンクとフィンランド銀行）がルーブル（当初は清算ルーブル）建ての清算勘定取引を設けることを通じて行われた。またレバノンとの二国間貿易での決済でも、ルーブルとレバノンポンドが利用されていた。

ニキータ・フルシチョフ政権期（一九五三年九月〜六四年一〇月）になると、ソ連はエジプトやインドネシアに代表される非同盟諸国との経済取引で、ルーブルの利用を戦略的に増やすように心がけた。自身の任期中に経済が高成長したことに自信を深めたフルシチョフが、非同盟諸国に対するソ連の政治的・経済的な影響力を高めようとして、非同盟諸国との貿易を重視するようになったからだ。

一九六四年の振替ルーブルの誕生後、ソ連は振替ルーブルを用いて非同盟諸国との決済を行ったが、七〇年代に入ると米ドルや英ポンドで決済を行わざるをえなくなる。その主因は、振替ルーブルに交換性が付与されていなかったことに尽きる。非同盟諸国にとって振替ルーブルは、他の通貨、特に米ドルや英ポンドといった西側の国際通貨に交換することができない通貨であるため、文字どおり「無用の長物」だった。

他方でソ連は、友好国を支援する観点から、相手先の通貨建てで貿易を行うこともあった。例えばインドとの貿易については、ソ連はインドの通貨ルピーでの決済に応じていた。一九七三年の第一次オイルショックで中東産原油の価格が高騰した際、ソ連はインドを支援する目的で、国際価格よりも安い価格でソ連産原油をインドに輸出したが、その際のインドによる支払いもルピーで行われている。

ソ連の後継国家であるロシアは、二〇二二年二月のウクライナ侵攻で、米ドルやユーロの利用に強い制約を課された。そのためロシアとインドは、過去の経験に基づき、ルピーで二国間貿易を行うことになった。ロシアは大量の原油をインドに輸出し、ルピーを稼いでいるが、一方でインドから輸入したい工業品がないため、ロシアはルピー資金をダブつかせているようだ。

ダブついたルピーを処理するため、ロシアはルピー建てのインドの金融資産（国債など）に投資を行うようになった。またロシアの輸出業者の一部は、インドで金を購入、それを第三国で売却して得たハードカレンシーをロシアに送金しているようだ。さらに現物決済も試みられており、日本経済新聞は二四年二月一九日付の記事で、インドの輸入業者がロシア産原油の輸入代金の一部をバナナで支払ったと報じている。

【コラム】ソ連の外貨両替事情

大口決済では清算ルーブルや振替ルーブルが用いられたが、一方で小口決済、特に外国人が商用や観光でソ連を訪問したとき、どのようなかたちで両替が行われていたのだろうか。

ソ連のみならずコメコン加盟国では、資本移動が厳しく制限されており、通貨を交換することが制限されていた。そして外貨管理の一環として、複数レート制が敷かれていたことで知られる。その下で、公定レート、貿易レート、旅行者レートなどが利用されていた。

外国人がソ連に入国してルーブルを得るには、中銀であるゴスバンクやその支店で、その目的に応じたレートで自国通貨や国際通貨をルーブルと交換する必要があった。そして出国の際には、ルーブルの国外持ち出しは禁止されているため、未利用分のルーブルを再度、外貨に交換しなければならない。このとき、何らかの理由でその旅行者が入国時よりも多額のルーブルを保有していた場合、そのルーブルは税関で没収される。

とはいえ末期のソ連では、ルーブルから外貨への再両替は事実上、不可能だったようだ。出国時の税関申告の際に、次回の入国時まで預かるという体裁で、税関によってルーブル現金は没収されたという。つまり、末期のソ連では、それだけ外貨事情が厳しくなっていたということなのだろう。実際、一九八〇年代後半は国際原油価格が急落しており（逆オイルショック）、原油輸出に依存していたソ連の外貨収入は急減を余儀なくされていた。

そのようなソ連で合法的に外貨を利用することができた、ベリョースカという国営の小売店がある。白樺を意味するこのベリョースカは、もともとは外交団向けに土産品や食料品を売る店だった。外交団に参加した外国人は、米ドルなどを中心とする外貨を兌換券に交換し、その兌換券に基づいてベリョースカで買い物をした。当時のソ連の面子にかけて、ベリョースカでは必需品から奢侈品までが広く扱われていたようだ。

その後、公務員や外交官、芸術家、スポーツ選手といった「ノーメンクラトゥーラ」と呼ばれる一部の特権階級も、このベリョースカを利用するようになる。ノーメンクラトゥーラ層は外国に赴く機会に恵まれており、ソ連に外貨を持ち込むことができたためだ。さらに一九七〇年代に入ると、闇市場で米ドルなどの外貨を獲得した一般のソ連国民も、ベリョースカを利用するようになった。

ソ連の闇市場で形成された実勢レートは、当初は公定レートの四～五倍程度の安さだったが、モノ不足と外貨不足が深刻を極めた体制末期になるとさらに下落することになる。事態を重く見たミハイル・ゴルバチョフ書記長（一九八五年三月～九一年八月、九〇年三月からは大統領）は、格差是正と外貨の闇市場の一掃を目指し、一九八八年にベリョースカの閉鎖に着手、さらに一九九〇年一一月にルーブルの交換自由化を実現した。

この時代にソ連を訪問した研究者や実業家の回顧録を読むと、ソ連末期に国民がどれだけ外貨を欲していたかがよく分かる。当時、金沢大学経済学部の助教授だった横山壽一氏が寄せた「ドル信仰・ドル稼ぎ」というエッセイの中に、以下のような記述がある。「ホテルを出てすぐに若者が近づいてきた。「一ドルを三〇ルーブルで売ってくれ」という。（中略）翌日の夕方、「三八ルーブルでどうだ」と言ってきたのにはさすがに驚いた」。

そして末尾には、「ロシアホテルからタクシーを頼んだ時、五ドルといわれて「高い、二ドルでどうだ」といったら運転手は直ぐにOKした。外国人を見てはドルをふっかける態度に市民の荒廃ぶりを見た思いがして、思わずため息をついてしまった」とある。こうした状況は、後継国家のロシアが一九九二年七月に複数レート制を廃止し、銀行間市場取引に基づく変動為替レートに移行するまで続いたようだ。

なお似たような状況は、改革開放前の中国でも生じている。中国は外貨管理の一環として、一九八〇年四月に兌換元と呼ばれる外国人専用の特別な紙幣を導入した。この兌換元は通常の人民元と等価とされたが、一方で通常の人民元は外貨と交換できなかったため、兌換元は闇市場で人民元よりも高値で取引された。この兌換元は一九九五年に廃止され、以後、人民元そのものが交換可能な通貨となるに至る。

2 円──財政維持の犠牲者

円の国際化構想へ向けた取り組みと挫折

続いて、かつて日本が描いた円の国際化構想について議論してみたい。一九八五年三月、当時の大蔵省（現在の財務省）の外国為替等審議会は、円の国際通貨としての地位の向上、つまり円の国際化を目指すべきだという考え方を示した。背景には、一九七〇年代に米ドルの信用力が悪化した一方で、好調な日本経済を反映して日本円の信用力が改善したことがあった。

敗戦直後の復興需要に加えて朝鮮特需が経済成長の牽引役となり、日本経済は一九五三年後半には戦前の水準を回復した。そして五七年から第一次オイルショックが発生する七三年までの一

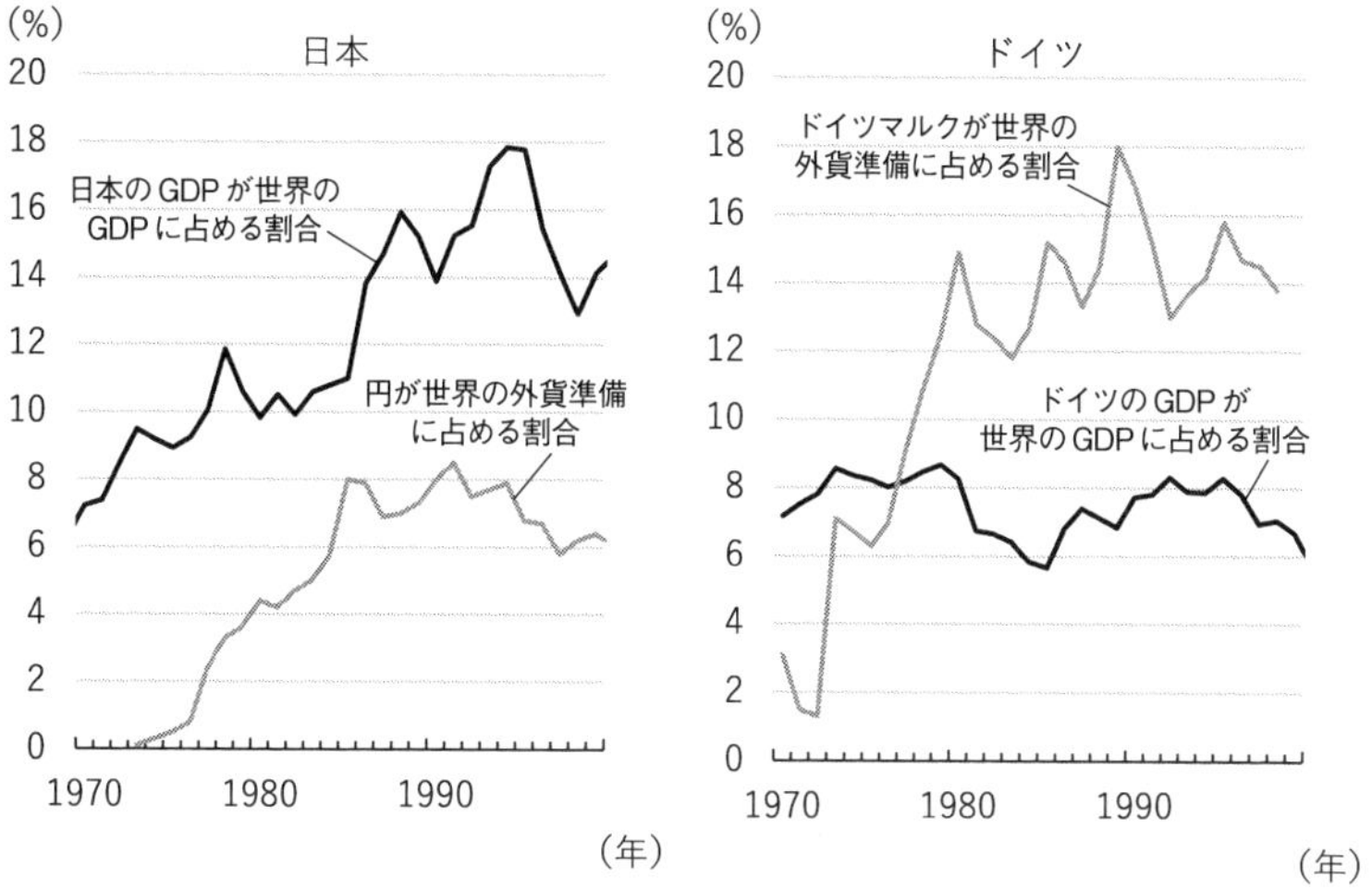

図表2－3　日独の世界経済に占める割合（各目GDPと外貨準備）
（注）ドイツのGDPは旧東独を含む　（出所）世銀及びアイケングリーン（2019）

六年間、日本経済は一〇パーセント台の高成長、いわゆる高度経済成長を経験した。その結果、六〇年時点で三・二パーセントだった世界のGDPに占める日本のGDPの割合は、七三年には九・五パーセントと三倍近くも上昇した（図表2－3）。

一九六八年に、日本は米国に次ぐ世界二位の経済大国の座に上り詰めることになる。他方で七〇年代に入ると、第1章で述べたように、米国経済に陰りがみられるようになった。そして、七一年のニクソンショックでドルと金の交換が停止され、管理相場制度に基づくドル本位制へと国際通貨体制が移行すると、変動相場制に移行した日本円の対米ドル相場は一米ドル＝三六〇円から二〇〇円台へと急上昇することになる。

こうした円高と歩調を合わせるように、外貨準備に日本円を組み入れる政府・中銀が世界中で増えるようになった。これを機会に、当時の大蔵省は、日本円の国際通貨としてのプレゼンスを高めることを通じて、米ドル依存の軽減を図り、貿易・金融取引の安定化を図ろうとしたわけだ。同時に、円の国際化は米国（レーガン政権）の要請でもあった。巨額の対日貿易赤字を抱えていた米国が、その是正のために円高を要求したためだ。

一九八三年には「日米共同円・ドルレート、金融・資本市場問題特別会合」（日米円・ドル委員会）が日米両蔵相により設置され、翌八四年二月から六回の会合が実施された。そしてその最後の報告書で、日本の金融市場の開放や日本円の国際化が盛り込まれた。そして八五年九月のプラザ合意を経て、円高が急速に進むことになる。こうした米国による「外圧」もまた、円の国際化に向けた取り組みの推進力になった。

その後、大蔵省は一九八〇～九〇年代を通じて、円の国際化を念頭に、円取引の自由化を矢継ぎ早に進めた。九一年にバブル経済が崩壊したことで、この取り組みに向けた機運は一時的に萎むことになるが、自民党橋本龍太郎政権（一九九六年一月～九八年七月）が掲げた「日本版ビッグバン」構想の下、九八年の改正外為法の施行によって、円取引は内外で完全に自由化され、米欧と遜色がない為替取引が可能になった。

橋本政権下で再び円の国際化に向けた動きが進んだ背景には、いわゆるアジア通貨危機（一九九七～九八年）の発生といった外的な要因が強く関係している。アジア通貨危機に際して、タイとインドネシアに代表される東南アジア諸国は、米ドルとの間で設定していた固定相場制度を放棄せざるを得なくなった。これがアジアにおける円決済の拡大の好機になると、当時の大蔵省は

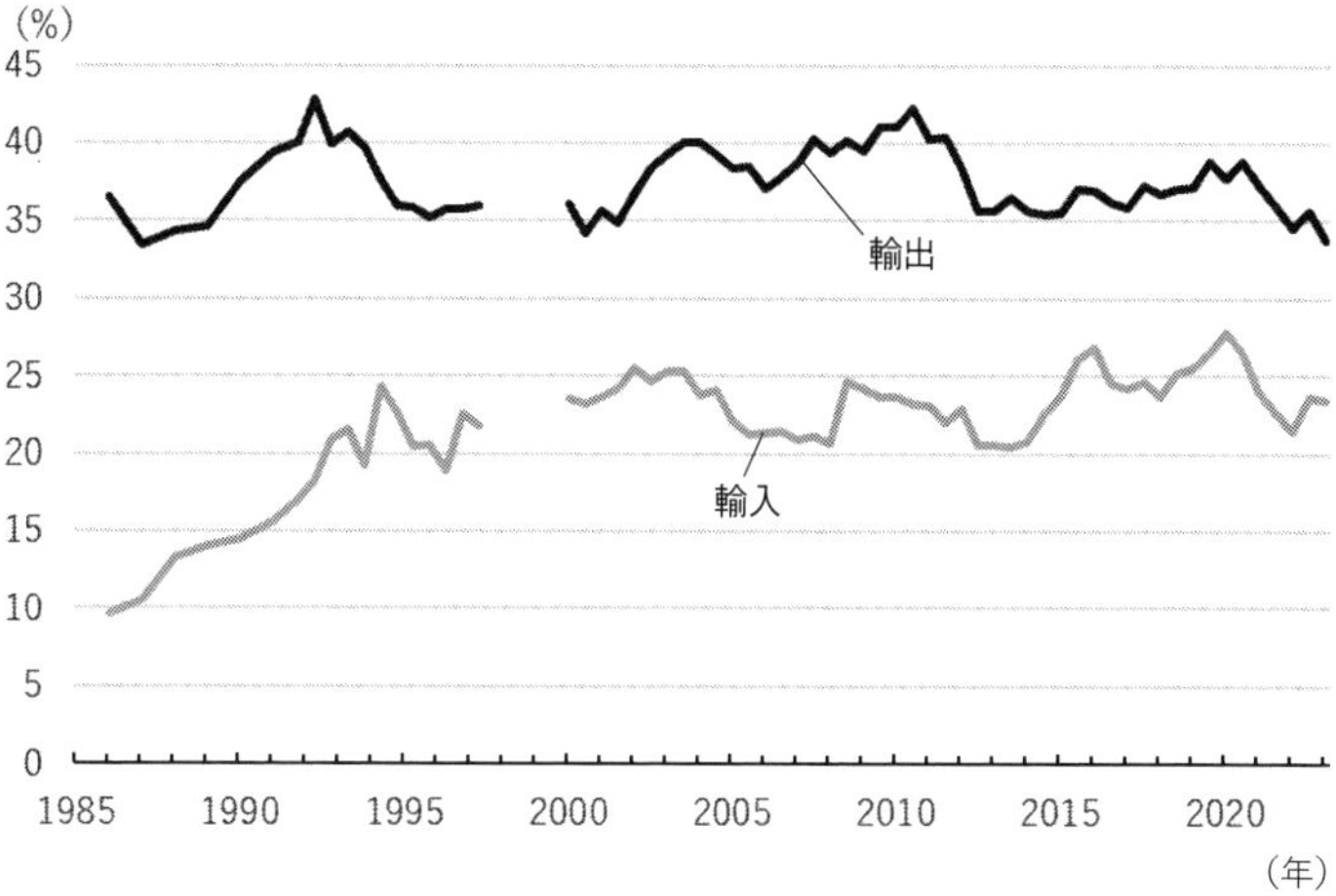

図表2－4　輸出入決済の通貨に占める円の割合
（出所）通商産業省「輸出入決済通貨建動向調査」、財務省「貿易取引通貨別比率」

考えたのである。

またEUの有力国の通貨を統合したユーロの誕生も、日本円の国際通貨としての地位を脅かす存在となっていた。一九九九年一月、EU加盟国のうち一一カ国によってユーロが発足したが、これで誕生したユーロ圏の人口は当時で約二・九億人、名目GDPは約六・五兆ドルと、日本（約一・三億人、約三・七兆ドル）を上回り、米国（約二・七億人、約八・五兆ドル）と肩と並べる通貨圏が形成されたのである。

大蔵省は円の国際化を進めるために様々な取り組みを進めた。しかし、世界の外貨準備に占める日本円の割合は、一九九〇年代末から現在まで六パーセント前後で横ばいにとどまっており、一向に上昇していない。それに、貿易建値通貨に占める日本円の割合も、輸出が三五パーセント、輸入が二五パーセント程度で長年横ばいである（図表2－4）。つまり、日本は円の国際化に失敗したわけだが、その理由はどこにあったのだろうか。

貿易の現実に阻まれた円の国際化

日本が円の国際化に失敗した理由に関しては、すでに多くの先行研究が存在する。そうした先行研究により得られた知見を、本書が示した基軸通貨の条件（**①その通貨を発行する国が圧倒的な国力を持つこと、②その通貨を発行する国が高度な金融市場を有していること、③その国の通貨の交換量が突出して多いこと**）に照らし合わせると、以下のように整理することができるだろう。

まず①の条件である。一九八〇年代の日本経済はまさに飛ぶ鳥を落とす勢いだったが、九〇年にバブル経済が崩壊して以降、日本経済は長期の停滞局面に入ることになる。九〇年代末までに多くの金融機関が倒産、特に日本長期信用銀行や日本債券信用銀行といった大銀行の経営破綻が相次いだ九八年と翌九九年には、実質GDPが二年連続してマイナス成長を記録した。つまり、円の国際化を議論していた頃のような国力を、日本は九〇年代には失っていたのだ。

一方で②の条件については、ある程度は満たされていたと判断される。一九九八年の改正外為法の施行が象徴的だが、自民党橋本政権とその流れを引き継いだ自民党小泉純一郎政権（二〇〇一年四月～〇六年九月）の下での金融自由化の取り組み（日本版ビッグバン）が進み、持株会社制度の下での実質的な銀証兼業の解禁など、米欧並みの金融規制緩和を実現していたためだ。こうした意味で、日本の金融市場は高度化が着実に進んだといえよう。

そして日本は、③の条件を満たすことができなかった。大蔵省の期待に反して、日系企業が米ドル建てで取引を行い続けたためだ。日系企業は製造業を中心に、一九六〇年代から海外へと積極的に進出する。アジア諸国に対しても、当初はＮＩＣＳ（後にＮＩＥＳ）に進出し、後に中国に進出するようになる。そもそも円の国際化は、アジアに進出した日系企業とその子会社との決済を日本円で行うことを念頭に置いた構想でもあった。

ではなぜ、日系企業は米ドル建てで取引を行い続けたのか。日系企業は、本社と進出先の海外子会社との間で取引を行うが、その際に日本円を用いると、海外子会社が為替変動リスクを負うことになる。例えば、本社と海外子会社が一〇〇万米ドルの取引を行い、一米ドル＝一〇〇円の為替レートで決済を行うと決めたとする。これを円建てで行うとすれば、本社は海外子会社に対して一億円の送金を行うことになる。

とはいえ、実際に決済を行う日の為替レートが一米ドル＝一二〇円（一〇〇円＝〇・八三米ドル）になっていたら、海外子会社は八三万米ドルの資金しか受け取れない。ここで生じた一七万米ドルの為替差損を、本社は海外子会社に負わせることなどできない。そういったリスクがあるなら、本社は海外子会社との取引はあくまで米ドル建てで行い、本社が会社全体の為替リスクを管理した方が効率的だ。

また日本の輸出企業には、輸出先の市場での販売活動を安定させるために、輸出先の国の通貨での輸出を行う傾向が強いという特徴がある。そして、日本の輸出企業にとっての最大の市場は米国である。したがって、日本の輸出企業による米国向け輸出は、その大半が米ドル建てで行われることになる。このトレンドは、戦後、今に至るまでまったく変わっていない。

日本の輸入企業も米ドル建てでの輸入を好んでいる。いわゆる商品（コモディティ）の取り引きが、基本的に米ドル建てで取り引きされるためだ。原油に代表される資源や穀物、コーヒーなどの商品は米ドル建てで取引される。金や銀などの貴金属のみならず、工業用の卑金属も同様だ。これもまた、戦後の日本の加工貿易（原材料を輸入して加工・製品化して輸出すること）の伝統といえる。

このように、日本の貿易の現実に照らし合わせた場合、貿易取引で日本円の利用を拡大させる余地は、もともと限られていたといわざるをえない。これでは③の条件も満たしようがないし、通貨の普及によって高まるネットワーク外部性も拡がりようがなかった。結局、①と③の条件を満たすことができなかった日本円は、その国際化に失敗し、米ドルの軍門に下ることになる。

財政維持の犠牲となった円

それでも日本が財政再建に成功していたなら、国力の回復を反映し、円はアジアにおける国際通貨としての位置づけをある程度は確立できたかもしれない。バブル経済の崩壊以降、日本のマクロ経済運営は健全性を失ってしまった。財政拡張が常態化した結果、一九九〇年には名目GDPの五〇パーセントに過ぎなかった公的債務残高は、二〇〇〇年代中頃までに一五〇パーセント台まで拡大し、ようやく頭打ちとなった（図表2－5）。

他方で、そうした政府による財政拡張を支えたのが日銀の金融緩和だった。金融危機の渦中にあった一九九九年から二〇〇〇年にかけて、日銀はいわゆる「ゼロ金利政策」を採用し、無担保

図表2－5　政府の債務と長期金利
（出所）内閣府、財務省、日銀

コールレートを誘導目標とし、それをできるだけ低めにするようなオペレーションに努めた。翌〇一年から〇六年にかけては、日銀当座預金の残高を目標に金融市場調節を行う「量的緩和政策」を実施、金融緩和を強化した。

日銀が金融緩和を強化して金利を低くすれば、政府は国債費（国債の元利払いに充てられる費用）の支払いを抑制できる。日銀の金融緩和は経済を刺激すると同時に、政府による財政拡張を支援し続けた。バブル経済の崩壊後、日本はデフレギャップ（総需要が総供給を下回る状態）を抱えたため、需要をある程度は刺激する必要があった。しかしそうした状況が常態化したため、日本は財政再建を進める機会を失った。

公的債務残高は二〇〇〇年代中頃にようやく膨張が止まったが、〇八年に生じた世界金融危機を受けて政府が経済対策を強化したことで再び膨張、その規模は一二年に名目ＧＤＰの二〇〇パーセントに達した。自民党第二次安倍晋三政権（二〇一二年一二月〜二〇年九月）の下では、二度の消費増税もあって公的債務残高そのものは膨張しなかったが、一方で日銀は量的・質的金融緩和政策（ＱＱＥ）の下で、一三年四月より国債の買入を強化した。

ＱＱＥは、二〇一三年三月に就任した黒田《くろだ》東彦《はるひこ》日銀総裁の肝煎りで導入された。しかしその効果が芳しくなかったため、一六年一月、黒田日銀は日銀当座預金の一部に▲〇・一パーセントのマイナス金利を適用すると決定、また同年九月には長期金利の水準を目標に長期国債を購入する「長短金利付き量的・質的金融緩和」を導入するといったかたちで、金融緩和を一段と強化した。この間、日銀による国債購入は雪だるま式に増えていった。

こうした中で、二〇二〇年二月にコロナショックが生じ、日本経済にも強烈な下振れ圧力がのしかかった。この事態を受けて、自民党安倍政権とその後任の菅政権（二〇年九月〜二一年一〇月）が大型の経済対策を実施した結果、日本の公的債務残高は名目ＧＤＰの二五〇パーセントを超える未曾有の規模まで膨らむに至った。それでも、日銀が国債を買い支えているため、日本の財政は何とか維持できている状況にある。

このように、本来は物価と通貨の安定に努めなければならない日銀が、財政の維持のために金融緩和を強化し続けたのが、バブル経済の崩壊後の日本の三〇年間の姿である。仮に財政再建がなされていれば、日銀の金融政策はより機動的なものとなり、世界的な利上げ局面でも相応の利上げを実施することができただろう。しかしながら、政府が財政再建を先送りし続けたため、日銀が金融緩和で財政を支えざるをえなくなったのである。

その結果、日本は、金利を上げることができない国となってしまった。言い換えれば、日本は財政を維持するために、円という通貨の信用力を犠牲にしたわけである。二〇二二年以降に進んだ急速な円安は、日本円が米国の金融政策の動向に対して、実質的にノーガードになってしまったことを端的に物語っている。米国のＦＲＢが金利を引き上げれば円安が進むし、ＦＲＢが金利を引き下げるまでは円高にならないわけだ。

このように不安定な日本円が米ドルに勝る信用力を得ることなど、まず無理な話だ。かつては英国の通貨ポンドが、国際通貨の中で最も振幅が激しい不安定な通貨だった。しかし現代においては、円が国際通貨の中で最も不安定な通貨となってしまった。財政再建を進めなければ、日本は金利を機動的に上げることができないため、円相場は今後も米国の金融政策に大きく左右され続けることになる。

調達通貨として好まれるようになった円

外貨準備や貿易取引での利用が増えなかった円だが、二〇〇〇年代に入ると、金融取引で活発に使われるようになる。金融危機と景気低迷に喘ぐ日本経済の回復を促すために、日銀が〇一年に主要中銀で初となる量的緩和政策を実施し、低金利環境を強化した。このことで、外国人投資家が相対的に金利の低い円で資金を借り入れ、その資金を外貨に転換して運用する取引を活発化させた。いわゆる「円キャリートレード」である。

円キャリートレードの動向を示す指標の一つに、日銀が公表する「外国銀行在日支店の本支店

図表2－6　外銀の本支店勘定とドル円レート
（出所）日銀

勘定（総資産）」という統計がある（図表2－6）。二〇〇〇年代前半、この残高は一〇兆円を超える規模だったが、〇〇年代後半には二〇兆円を超えた。米国の中銀であるFRBが〇四年六月の会合で利上げに着手し、〇六年八月までに金利を一七回引き上げたことで、日米金利差が拡大し、円キャリートレードが活発化して円安が促された。

円キャリートレードは様々な投資家によって行われたが、特にヘッジファンドに代表されるグローバルな投資家がその担い手だった。そうした投資家は、米ドルを直物市場（約定から現金受渡日まで二営業日以内に取引が行われる市場）で売る一方、日本円を先渡市場（同三営業日以降に取引が行われる市場）で買うことで、高い収益を得ることができたのである。難しいので、具体的な数字で説明してみたい。

仮に、一〇〇億円相当の米ドル資産を一年間運用するケースを想定してみよう。前提条件として、円金利は年間で一パーセントであり、ドル金利は五パーセントであるとする。為替市場の直物レートが一ドル＝一〇〇円であれば、一年後の先渡レートは直物レート×（一－金利差）＝一〇〇×〇・九六＝九六円ということになる。ここで投資家が、一〇〇億円を円で運用すれば、一年後の収益は一億円にとどまる。

しかしドル資産で運用すれば、一年後の資産額は一〇五億円となるため、投資家は円資産で運用するよりも四億円多く儲けることができる。他方で投資家は、先渡市場で一年後に㈠先渡プレミアム（直物レートよりも先渡レートの方が高い）の状態にある通貨（日本円）を売却し、㈡先渡ディスカウント（直物レートよりも先渡レートの方が安い）の状態にある通貨（米ドル）を購入することができる。

この時、先渡プレミアム（直物レートと先渡レートの差）は四円（＝一〇〇－九六）だから、投資家は一〇〇億円の取り引きで四億円の収益を得ることができる。この取引であれば、投資家は日本円建てで資金を借り入れなくても、多額の収益を得ることができるわけだ。この先渡レートは金利差で決まるため、日本が低金利政策を続ける限り、米ドルと日本円の先渡レートは円高ドル安となる。

ここで投資家が、将来の直物レートが円安になると強く予想すれば、割高である日本円を先渡取引で売却し、米ドルで運用する方が得策となる。二〇〇〇年代の円キャリートレードは、将来の直物レートの円安予想を前提としていたため、二〇〇八年の世界金融危機をきっかけに直物レートが円高に振れた際、一気に巻き戻しが生じた。このことが、その後の超円高の理由の一つである。

円キャリートレードが再び活発化するのは、コロナショック後のことだ。米国でインフレが加速し、FRBの利上げが意識された一方、日銀の金利据え置きが予想されたために日米金利差が拡大し、円安が急速に進んだ。その際にも、投資家は将来の直物レートが円安になると予想し、円キャリートレードを活発化させた。このように日本円は、準備通貨や決済通貨というよりも調達通貨として投資家に重宝される存在となってしまった。

3 ユーロ――通貨統合の限界

マルクの後継通貨ユーロ

本章の最後に、ユーロの存在感が高まらない背景を分析したい。ユーロはEU加盟国の共通通貨だが、その構想もまた一九七一年のニクソンショックによって具現化された。第1章で述べたように、ブレトンウッズ体制は、米国の軍事費の膨張に伴う財政赤字の拡大や競争力の低下に伴う貿易収支の悪化を受けて、六〇年代後半には綻びが生じていた。また米ドルの信用力も悪化したことで、国際金融市場も不安定化していた。

欧州でも、一九六七年にはポンド危機が、翌六八年にはフラン危機が生じるなど、貿易取引や資本取引が不安定化した。他方、この頃の欧州では、域内関税が撤廃されるなど市場統合が徐々に進んでいた。こうしたタイミングでニクソンショックが生じ、ブレトンウッズ体制が崩壊した。直後に締結されたスミソニアン合意では、各国通貨の対米ドル相場が上下二・二五パーセントずつ、計四・五パーセントの変動が容認された。

このスミソニアン体制の下で、欧州の通貨同士の為替レートは、最大で九パーセント変動することになった。仮にドイツマルクの対米ドルレートが下限から上限まで四・五パーセント上昇した一方で、フランスフランの対米ドルレートが上限から下限まで四・五パーセント下落した場合、マルクはフランに対して九パーセント上昇することになるからだ。こうした変動を、当時の西欧諸国は容認できなかった。

そこで欧州共同体（EC）加盟六カ国（フランス、西ドイツ、イタリア、ベルギー、オランダ、ルクセンブルク）は、一九七二年四月に欧州通貨同士の為替相場の変動幅を上下二・二五パーセント以内に抑制する欧州為替相場同盟（スネーク）を発足、後にデンマークやノルウェー、英国などもスネークに参加した。七三年までに主要国が変動相場制度に移行すると、ECはスネークを維持しつつ、対外的には変動相場制度に移行することになった。

とはいえ、経常収支が黒字だった西ドイツのマルクには常に増価圧力がかかっていた。反面で、英国など経常収支が赤字の国の通貨は減価圧力に悩まされたため、ECはスネークを維持できなかった。それでもECは、欧州域内の通貨を安定させようと、一九七九年三月に、欧州通貨単位（ECU）と呼ばれる通貨バスケットに対して各国の為替レートの変動を上下二・二五パーセントに抑制する欧州通貨制度（ＥＭＳ）を発足した。

　ＥＣＵは概念上の通貨であり、実際には流通せず、かつどの国も法定通貨に採用しなかったが、一方で中銀間の決済や準備資産の単位として、ＥＭＳに参加した西欧諸国の間で使われた。このＥＣＵが、一九九九年一月に発展的な解消を遂げ、ユーロになった。ユーロも当初はＥＵ一一カ国による銀行間決済用の通貨でしかなかったが、二〇〇二年から現金が流通し、市民の日々の決済に使われるようになった。

　二〇二三年末時点では、ＥＵ二七カ国のうち二〇カ国がユーロを採用している。またＥＵのみならず、トルコやロシアなどの周辺諸国でも広く利用される国際通貨となっている。ＩＭＦの『公的外貨準備の通貨別構成統計』（ＣＯＦＥＲ）によると、世界の外貨準備に占めるユーロの割合は、二〇二四年三月時点で一九・七パーセントと米ドルに次ぐ二位であり、三位の円（四・九パーセント）の四倍近い規模である。

　ユーロとその前身であるＥＣＵは、事実上、数多ある欧州通貨をドイツマルクに収斂させる通貨統合プロジェクトだった。多額の経常黒字に裏打ちされたマルクは、欧州のみならず世界的にも高い信用力を誇った。欧州の諸通貨をマルクに収斂させることは合理的な判断だったが、一方でマルクは他の欧州諸国にとっては「高過ぎる」通貨だったため、ドイツ自身も通貨を切り下げる必要があった。

　つまりユーロの導入は、ドイツ以外の国にとっては通貨切り上げに、ドイツにとっては切り下げに働いたことになる。この構図は今に至るまで変わらず、各国の実質実効為替レートはドイツ

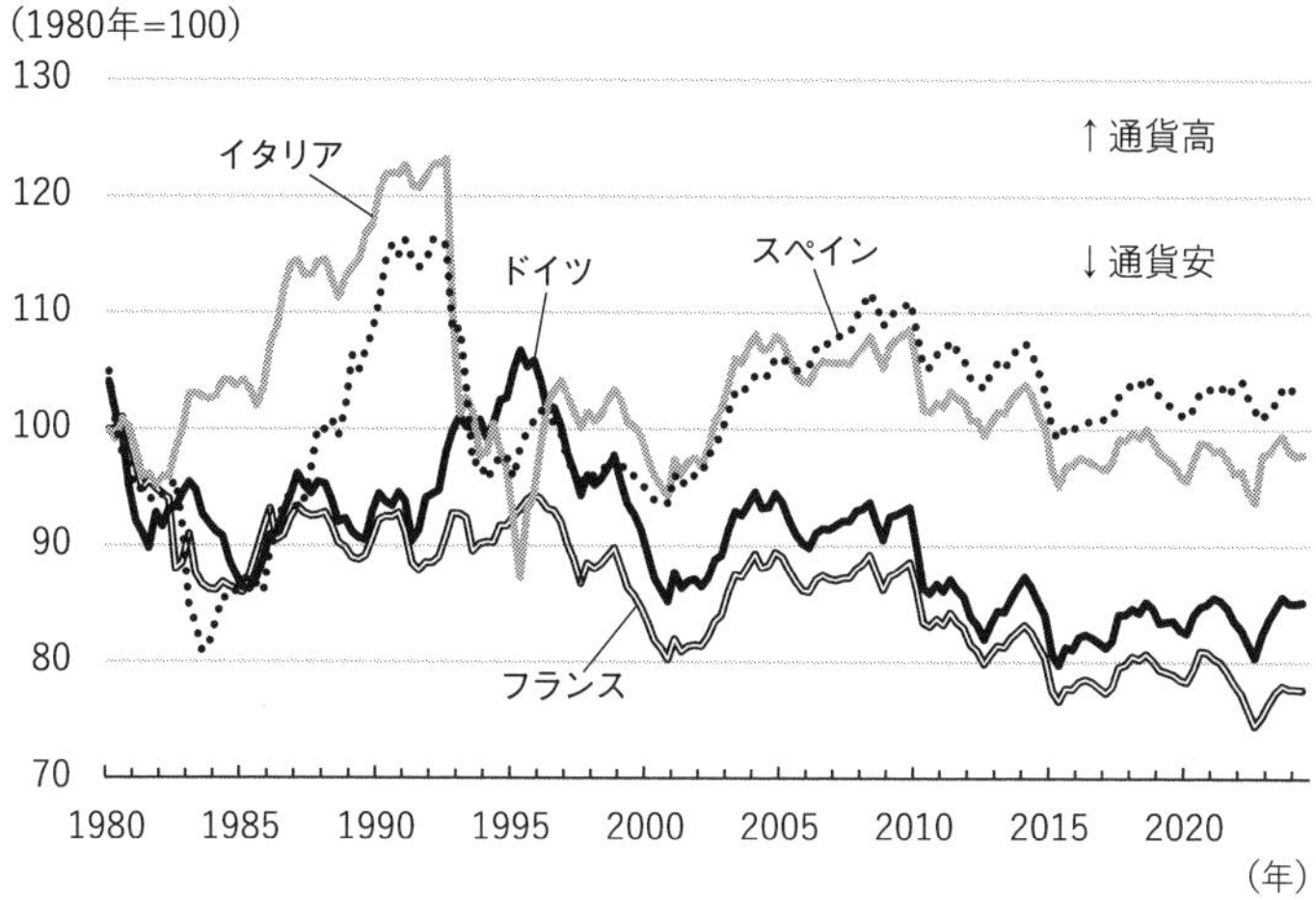

図表2－7　EU主要国の実質実効為替レート
（出所）国際決済銀行（BIS）

やフランスには通貨安となり、イタリアやスペインには通貨高となっている（図表2－7）。これによってドイツは欧州で競争力を改善させ、イタリアやスペイン、ギリシャなどの南欧諸国は購買力を高めることになった。

財政危機で露呈したユーロの欠点

確かにユーロの国際通貨としての存在感は日本円より上であるが、ＥＵの現在の人口は約四・五億人と、日本のおおよそ四倍弱である。それに英国やノルウェーなど非ＥＵ加盟国の人口も合わせれば七億人を超えるため、日本円よりも世界の外貨準備に占める割合が高く、貿易決済に用いられる量が多いのは当たり前といえる。一方で、この構図は一九九九年にユーロが誕生してからまったく変わっていない。

つまり、ユーロは欧州とその周辺国以外で

は用いられていない国際通貨である。そのため九九年に登場して以降、ユーロの世界経済におけるプレゼンスはまったく高まっていない。その最大の理由は、通貨としての信用力の限界にある。通常、管理通貨制度（国債本位制）の下では、各国の中銀は主に各国の国債を裏打ち資産として通貨を発行する。つまり、通貨は政府の信用力の下に発行されるわけだが、ユーロの場合、その仕組みが複雑である。

具体的には、ユーロの場合、ＥＣＢに対する出資割合に応じて、加盟各国の中銀、ひいては政府が信用力を提供する仕組みとなっている。二〇二四年一月一日時点で、ドイツ連銀はＥＣＢの出資金の二一・八パーセントを負担している。つまり通貨ユーロのうちその二割程度しかドイツは信用力を提供しないわけだ。残りの八割の信用力については、フランスなりイタリアといった他の加盟国が、その経済規模に応じて提供することになる。

この仕組みの下では、通貨の信用力に限界があるため、本来ならドイツやフランスなど経済規模が大きい国の政府がさらに信用力を提供するか、あるいは加盟国の財政を統合しＥＵとして一括して信用力を提供することが望ましい。望まれるのは本来なら後者だが、経済規模に応じた信用力の提供にとどめるべきだという声がドイツやオランダなど財政タカ派の国から上がったため、現行の出資制度ができあがったのである。

そのかわりにＥＵは、各国に対して、年間の財政赤字を名目ＧＤＰの三パーセント以内に、また政府の債務残高を同六〇パーセント以内に抑制するという健全財政運営の共通ルール、いわゆる安定・成長協定（ＳＧＰ）を設定することで、ユーロの信用力を高めようとした。しかし、このSGPは当初から機能しておらず、二〇〇〇年代前半には財政タカ派であるはずのドイツがそれを破るような状況だった。

加盟国がSGPを破ったとしても、それほど大きな赤字は計上していないはずだ。それに加盟国の中で財政危機が生じたとしても、EUは何か手立てを打つはずだし、その国の国債は無事に支払いが履行されるだろう。そうした投資家の期待を裏切った出来事が、二〇〇九年に発覚したギリシャの財政統計改竄問題と、それに端を発したギリシャ財政危機に対するEUの稚拙な対応だった。

ギリシャの財政危機はいわゆる「支払能力危機」（本質的に返済能力が低下している状態）であり、イタリアやポルトガル、スペインが陥った「流動性危機」（一時的に返済能力が低下している状態）とは異なる性格の危機だった。EUは早い段階でギリシャを支援すべきだったのに、ドイツがそれを拒んだ。そして、いざ支援をする段階になると、ドイツの意向を受けたEUは、ギリシャに対して厳しい財政緊縮を義務付けた。

厳しい財政緊縮を課されたことでギリシャ経済は腰折れし、実質GDPは財政統計改竄が発覚する直前のピーク時から三割も縮小することになった。またギリシャがユーロから離脱し、独自通貨（通称・新ドラクマ）の導入を余儀なくされる可能性も取り沙汰された。小国であるギリシャの財政危機さえ収束させることができないEUの信頼は急低下し、ユーロは外為市場で暴落、二〇一一年一〇月には一ユーロ＝一〇〇円を割り込んだ。

こうした「ユーロ危機」は、二〇一二年七月二六日にロンドンで開催されたグローバル・インベストメント・カンファレンスの場で、当時のマリオ・ドラギECB総裁がユーロを守るためには「何でもやる」と発言し、市場の不安心理の払拭に努めたことで、ようやく収束の方向に向かうことになる。とはいえ、ユーロの信用力そのものを高める取り組みは遅れており、国際通貨としてのユーロの伸び悩みにつながっている。

通貨統合の困難を体現したユーロ

ギリシャの財政危機は、SGPという共通ルールで縛るEUの財政運営が実効力を伴っていなかったことと、EU自身が加盟国の財政危機という事態を想定していなかったことを暴くきっかけとなった。財政危機を想定していなかったEUが、財政危機に陥った国に対する救済のスキームを用意していなかったのは当然のことである。そうした経済が発行する通貨は信用力に乏しいため、投資家はユーロに厳しい評価を突きつけたわけだ。

それでもEUは、ECBに対する出資金制度を見直すことなく、また加盟国の財政の統合も進めなかった。代わりにEUは、ヨーロピアン・セメスター（毎年一月から六月にかけてEUの執行部局である欧州委員会がEU加盟国の財政運営をチェックすること）と称する加盟国の財政運営の監視制度を設けるにとどまっている。モニタリングの強化を通じてSGPの実効力を高めて、加盟国の健全な財政運営を担保しようというのである。

二〇二〇年のコロナショック時には、EUが経済対策のための基金（復興基金）を設置するに当たり、そのための資金を市場から調達する目的で、初となるEU共同債が発行された。その規模は二一年から五年間で八〇〇〇億ユーロとされたが、とはいえ、この共同債はあくまでコロナショック後の景気対策を目的とする基金の資金調達に用いられたものに過ぎず、財政統合に向けた動きにはつながっていない。

　機動的な危機対応を実現しようと、二〇一〇年代後半にはいわゆる「メルクロン」（当時のドイツのアンゲラ・メルケル首相とフランスのエマニュエル・マクロン大統領による良好な独仏関係）の間で、欧州版ＩＭＦを設立しようという議論が盛り上がったことがある。欧州安定メカニズム（ＥＳＭ）を発展的に改組しようというこの構想だったが、両者の政治的な指導力が低下する中で、完全に萎んでしまった。

　結局のところ、財政統合に向けた取り組みは進んでおらず、ユーロの信用力の向上は図られていない。これではユーロの信用力は米ドルに劣ったままであり、ユーロが欧州とその周辺における国際通貨にとどまっても致し方がない。つまるところ、本書が定めた基軸通貨の条件に準えると、財政が統合されておらずスムーズな危機対応ができないＥＵは、**①その通貨を発行する国が圧倒的な国力を持つこと**という条件を欠いている。

　一方で**②その通貨を発行する国が高度な金融市場を有していること**という条件に照らすと、英米に比べると規制が強いＥＵだが、それなりに金融市場は発展していた。また**③その国の通貨の交換量が突出して多いこと**という条件に関しても、ユーロの参加国が二〇カ国と多いことと、トルコやロシアなどの周辺国における経済取引でもユーロが使われていることから、ある程度は満たしていたと判断される。

①の条件を満たしていれば、ユーロの国際通貨としてのプレゼンスはもっと高まったはずだ。そのカギを握るのは財政の統合だが、それが困難であるからこそ、ユーロは万年二位の通貨にとどまっている。こうしたユーロの経験は、通貨統合の難しさを端的に物語っている。キリスト教文化圏の下、共通した歴史を歩んできた欧州でさえ、通貨統合に必要な財政統合は難しいのである。

従来、通貨統合に際しては、統合に携わる国の経済の基礎的条件が近似する必要があるという主張がなされてきた。いわゆる「最適通貨圏」の理論だが、それ以上に重要なのは所得移転の機能であり、財政統合であることが、ギリシャの財政危機で明らかとなっている。しかし財政統合は、ＥＵで遅々として進んでおらず、ユーロの信用力の向上は図られていない。繰り返しとなるが、財政統合はそれだけ難しいのである。

第３章で議論するように、近年、いわゆるＢＲＩＣＳを中心に、有力な新興国の間で共通通貨を発行しようとする動きがある。しかし、そうした国々は、欧州のような共通した歴史を経験しておらず、文化的・社会的に共通するところも少ない。そして、新興国間の相互不信感も非常に強い。欧州でさえ通貨統合に難儀しているのに、新興国が信用力のある共通通貨を発行することなど、まず不可能な話である。

ユーロ導入を拒む欧州の国々

ＥＵ加盟国は、いわゆる収斂基準（物価、財政、通貨、金利の安定）を達成し、できるだけ早くユーロを導入することが義務付けられている。二〇二〇年一月でEUから離脱した英国は、EUの創設を定めたマーストリヒト条約（一九九二年）の批准時点で、ユーロ導入の適用除外規定（オプトアウト）が容認されていた。またデンマークの場合、二〇〇〇年九月の国民投票でユーロ導入が否決されたため、オプトアウトが適用された。

そのデンマークは、ユーロ加盟の前段階である欧州為替相場メカニズム（ERMⅡ）に加盟しており、自国通貨クローネとユーロの為替レートを中心レート（一ユーロ＝七・四六〇三八クローネ）から上下二・二五パーセント以内の変動に抑えている。通常、ERMⅡ加盟国は上下一五パーセントの変動幅で中心レートの順守が求められるが、デンマークの変動幅はさらに厳しく、実質的にユーロを導入しているようなものである。

一方で、オプトアウトが容認されていないにもかかわらず、ユーロ導入を拒否している加盟国が存在する。その一つであるスウェーデンでは、二〇〇三年九月にユーロ導入の是非を問う国民投票が行われたが、反対が多数となったため、ユーロ導入を見送った。とはいえスウェーデン中銀（リクスバンク）は、自国通貨クローナの対ユーロ相場を重視、金融政策もECBと連動している。実態として、EUもこの状況を容認している。

他方で、中東欧にあるチェコとハンガリー、ポーランドの三カ国の場合、デンマークやスウェーデンとは事情が大きく異なる。これら三カ国は二〇〇四年にEUへ加盟し、当初はユーロ導入を目指して健全なマクロ経済運営や構造改革に努めていたが、〇八年に生じた世界金融危機や、立て続けに生じたユーロ危機を受けて、各国の政府はユーロ導入に消極的となり、積極的だった

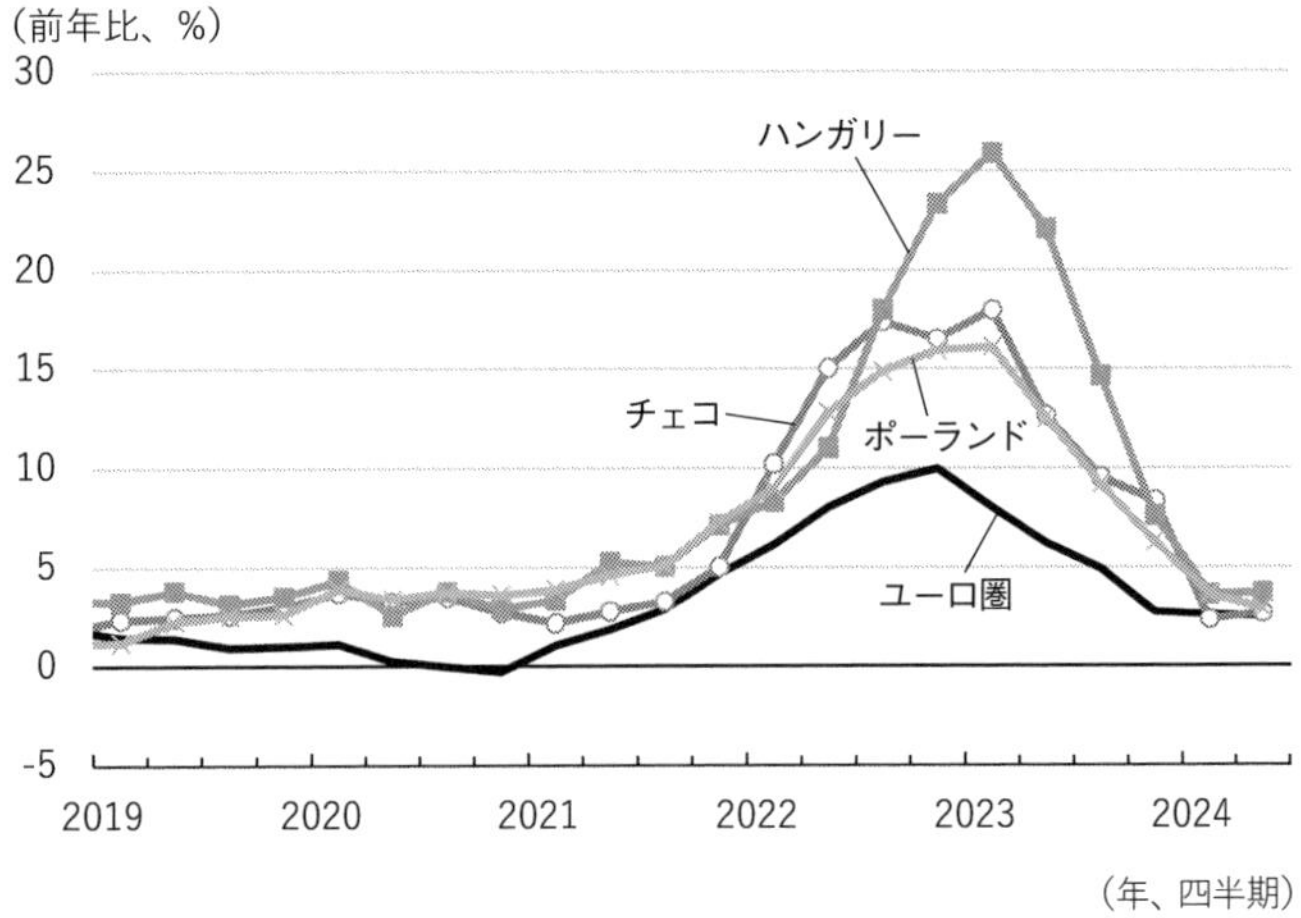

図表2－8　コロナショック前後の中東欧諸国の消費者物価
（出所）ユーロスタット

中銀との間で対立を深めることになった。

この間に中東欧各国の政府が、物価の安定よりも景気の安定を重視するようになったことも、三カ国のユーロ導入の回避につながっている。EUのルールで財政拡張ができないため、各国政府が金融緩和や通貨安を重視するようになったのである。政府の圧力に屈した中銀は金融緩和を強化して通貨安誘導に努めたが、それで相応の好景気を謳歌できたため、三カ国の政府はユーロ導入に対して一段と消極的になった。

もちろん、景気の安定を優先するマクロ経済運営は、物価や通貨の安定を犠牲にするものでもある。それが端的に表れたのが、コロナショック後のインフレ局面だった。ユーロ圏の消費者物価は最悪期の二〇二二年一〇月に前年比一〇・六パーセント上昇という歴史的なインフレを経験したが、ユーロ導入を拒絶している中東欧の三カ国は、それ以上に厳しいインフレに見舞われた（図表2－8）。

特にハンガリーは、二〇二三年の年明けに二五パーセントを超える消費者物価上昇率を記録している。もともと中東欧諸国は、ユーロ圏に比べて一人当たり所得が低く、インフレ率が高い新興国としての性格も残っている。加えてハンガリーの場合、景気を優先する中銀が利上げを回避したため、通貨フォリントの対ユーロレートが一〇パーセント以上減価していた。このことが、ハンガリーのインフレをさらに促すことにつながった。

独自通貨を維持したところで、欧州の小国のマクロ経済運営はＥＣＢや米ＦＲＢの金融政策の影響を強く受ける。そのため、物価と通貨の安定を図るなら、デンマークやスウェーデンのように、ＥＣＢと連動した金融政策に努めざるをえない。一方で中東欧、特にハンガリーのように、景気を優先する国は、ＥＣＢよりも強い金融緩和を行えばいい。しかしそうした国は、高インフレという厳しい対価を払う必要がある。

第3章

BRICSによるドル離れ

人民元を発行する中国人民銀行。ドル離れの手段として人民元に期待する新興国は少なくないが、中国はその国際化に慎重だ。

本章では、いわゆるＢＲＩＣＳと呼ばれる有力新興国による「ドル離れ」（米ドル以外の手段で国際決済を試みること）の取り組みや構想に関して検討してみたい。新興国の雄であり、ＢＲＩＣＳの中心的な存在である中国は、長年、通貨・人民元の国際化というかたちでドル離れを模索してきた。しかし二〇一五年の人民元ショックを受けて、中国は資本規制を強化し、人民元の国際化に向けた動きを後退させることになった。

他方で、ウクライナ侵攻を巡って米欧日の主要国から経済・金融制裁を科されたロシアは、中国との経済関係を深めて事態を乗り切ろうとしている。そしてこの間、ロシアでは人民元での取引が急速に増えたため、ドル化ならぬ「人民元化」が進むことになった。一方このことは、ロシア経済が中国経済の存在なしには成立しえないこと、つまりロシアが中国に隷属する存在になったことを意味している。

そしてＢＩＲＣＳの中には、共通通貨の発行や金本位制への復帰を模索する動きもある。前者の代表がブラジルで、後者の代表がロシアだ。生粋の反米左派で知られるブラジルのルーラ大統領は、ドル離れを進める観点から、ＢＲＩＣＳ間で共通通貨を発行しようと呼びかけている。またロシアは、ウクライナ侵攻に伴い米欧との亀裂を深めたことで、その豊富な金保有量を武器に金本位制への復帰を模索している。

1 進まぬ人民元の国際化

人民元の国際化の経緯と現状

最初に、中国によるドル離れ、つまり人民元の国際化の現状について考えてみたい。中国は一九九〇年代から二〇〇〇年代にかけて高度経済成長を謳歌し、一〇年には日本を抜いて世界二位の経済大国になった。この前後より、中国は人民元の国際化に向けた取り組みに着手する。そこには、貿易決済で人民元の利用を増やし、為替変動リスクを低下させたいという、中国の現実的なドル離れ志向があった。

手始めに中国は、二〇〇八年一二月に韓国と通貨スワップ協定を締結し、それを東南アジア諸国や欧州、中南米諸国に拡げていった。危機時には短期の流動性を支援できる体制を整えるとともに、通常時には相手国の企業が中国からの輸入代金の支払いに人民元を用いる仕組みを導入したのである。翌〇九年七月より中国は人民元建ての貿易決済をスタートするとともに、オフショア人民元市場を香港に開設した。

二〇一二年三月、中国は人民元による経常取引決済を全面的に解禁した。六月には上海に加えて、ロンドンとシンガポール、東京で各国通貨と人民元の直接取引が開始されることになった。

それまで主流だった米ドルを介したクロスレート取引から直接取引への移行を進めることで、交換手数料を半減させるとともに、人民元の交換量を増やして人民元の信用力を高めようとしたわけである。

そして二〇一三年一〇月、中国はアジアインフラ投資銀行（AIIB）の設立を提唱した。このAIIBは、習近平国家主席が提唱する拡大経済圏構想、いわゆる「一帯一路」に基づく開発金融機関だが、これもまた人民元の国際化の一翼をなす取り組みだった。このように中国は、世界金融危機の影響が一巡した二〇一〇年前後から、人民元の国際化に向けた取り組みを着々と進めるようになった。

一方で中国は、この間に資本規制の緩和にも取り組んでいた。通常、資本規制は、直接投資の自由化から始まり、次いでポートフォリオ（金融・証券）投資、ローン、そして資金流入から流出、長期から短期の順序で、段階的に自由化される。そうして、急激な資本流出に対する経済の耐性を見極めるわけだ。中国もまた、二〇一一年一〇月の人民元建て直接投資の自由化を手始めに、資本規制の緩和を進めることになった。

しかしながら、人民元の国際化はほとんど進まなかった。SWIFT（国際銀行間通信協会）のデータによると、国際決済（貿易取引と資本取引）に占める人民元の割合は二〇二三年時点でわずか三パーセント程度である（図表3－1）。IMFの『公的外貨準備の通貨別構成統計』（COFER）を確認しても、世界の外貨準備に占める人民元の割合は、二〇一六年から二三年の間に一・一パーセントから二・四パーセントに上昇しただけだ。

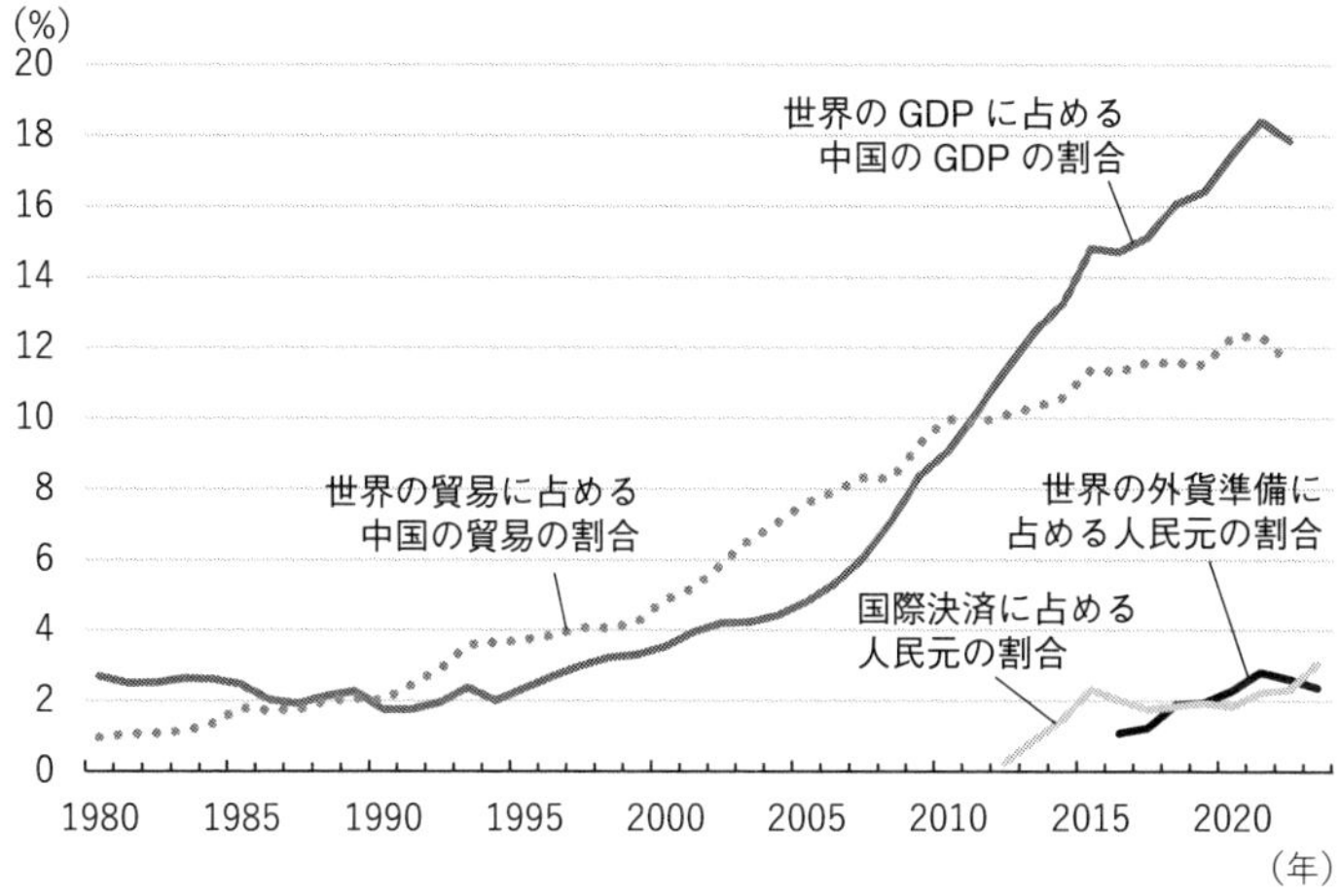

図表3－1　中国が世界経済に占める割合の推移
（出所）IMF 及び SWIFT

他方で、中国人民銀行の統計を確認すると、中国の貿易取引に占める人民元建て決済の割合は二〇二二年から急上昇しており、二三年には二五・六パーセントと、一五年の人民元ショック以来の高水準に達している（図表3－2）。一見すると、この動きは人民元の国際化が進んだことを意味しているようだが、必ずしもそうとはいえない。なぜなら、その主因は、ロシアとの貿易が人民元建てで行われるようになったことにあるためだ。

米欧日は、二〇二二年二月にウクライナに軍事侵攻を仕掛けたロシアに対して、経済・金融制裁を次々と科した。こうした制裁によって、ロシアはそれまで築いてきた欧州との貿易ルートが絶たれた。そこでロシアは中国に急接近し、中国との貿易を急増させるようになる。とりわけ、ロシアが中国から輸入する際は、決済が人民元で行われる。このことが、中国の貿易に占

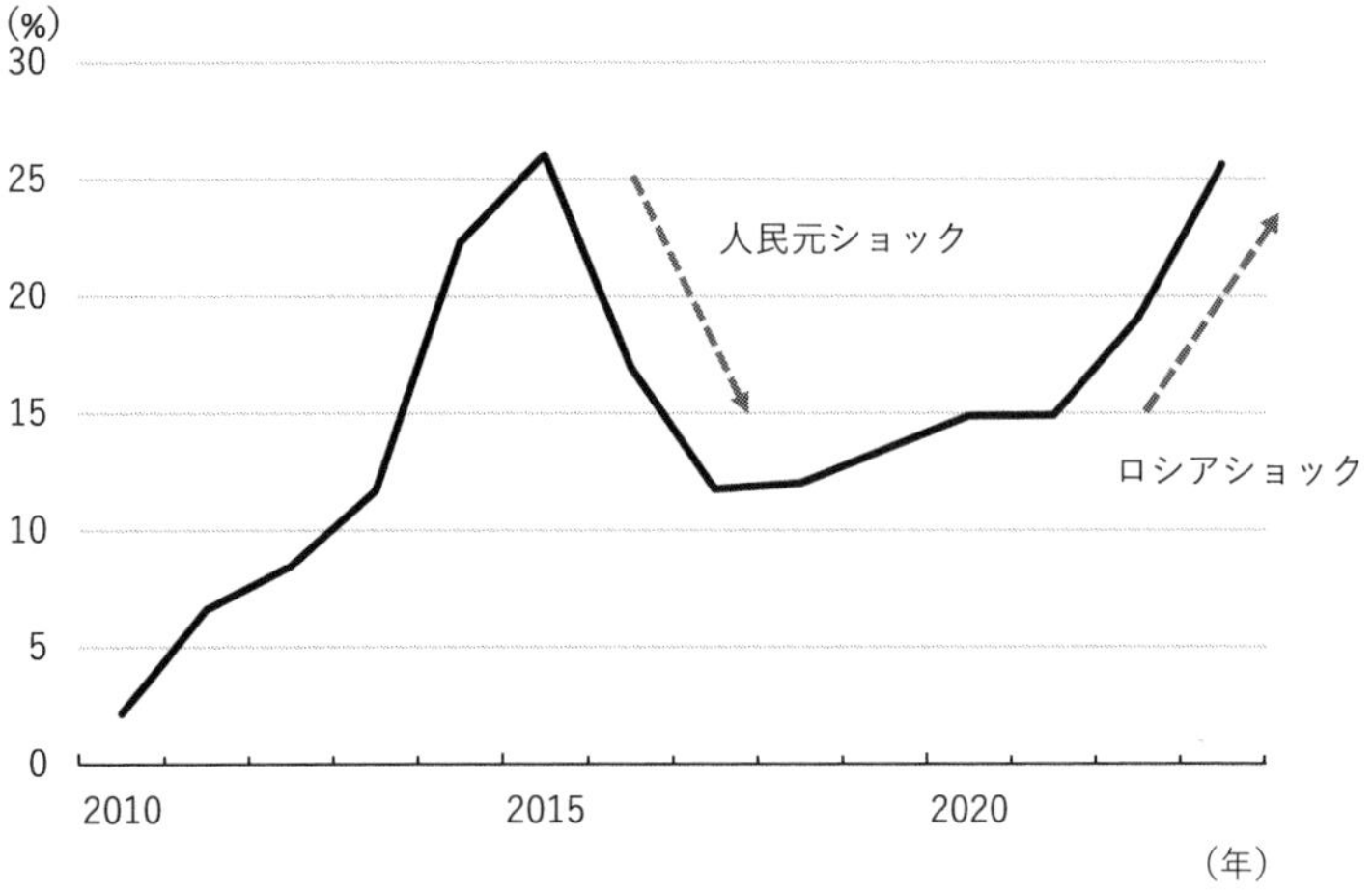

図表3－2　中国の貿易取引に占める人民元決済の割合
（出所）中国人民銀行

める人民元建て取引の割合の上昇につながったのである。

　以上で確認したように、人民元の国際化は依然として道半ばである。その最大の理由は、中国が資本規制の緩和を進めることができなかったことにある。人民元が完全な交換性を実現するためには、資本取引を自由化させる必要がある。とはいえ、資本取引を急激に自由化させれば、外生的な要因、例えば米国の利上げで世界的な金融不安が生じた場合、短期資金の流出で、経済・金融が不安定化する。これを中国は強く警戒しているのだ。

　基軸通貨の三つの条件に照らし合わせると、今や中国は米国と肩を並べるレベルにまで経済規模を拡大させているため、**①その通貨を発行する国が圧倒的な国力を持つこと**という条件を限定的ながらも満たしていると考えられる。しかし中国は資本取引に慎重であるため、**②その**

通貨を発行する国が高度な金融市場を有していることと③その国の通貨の交換量が突出して多いことという二つの条件を満たせる状況にはないのである。

為替下落と資本流出に怯える中国

中国人民銀行の調査部局である調査統計司は、二〇一二年二月付のレポートで、今後五年から一〇年の間に、短期・中期・長期の三つの段階を経て、資本取引の自由化を完了すべきだと提言した。その提言では、順調に行けば二〇二二年前後にも、中国は資本移動の自由化を完了できるだろうという楽観的な見通しが示されていた。このように、中国は当初、資本規制の緩和に前向きだったが、結局はそれを進めることができなかったのである。

中国が資本規制の緩和に慎重となった直接的なきっかけは、いわゆる人民元ショックにある。中国人民銀行は二〇一五年八月、事前の予告なしに人民元を切り下げた。人民銀はその理由を、人民元がＩＭＦのＳＤＲ（特別引出権）に採用されるに当たり、為替レートを適正化する必要があったためだと説明した。とはいえ、当時の中国経済の不調に鑑みれば、この人民元の切り下げの狙いが輸出の促進にあることは明らかだった。

この唐突な切り下げに金融市場は動揺し、世界同時株安が生じた。これが人民元ショックである。とはいえ人民銀にとっての衝撃は、世界同時株安ではなく、中国から巨額の資本流出が生じたことにあった（図表3－3）。つまり、人民銀の予想以上の資本流出が発生し、人民元相場に強烈な下落圧力がかかったのである。この下落圧力を和らげるために、人民銀は二〇一六年に入っ

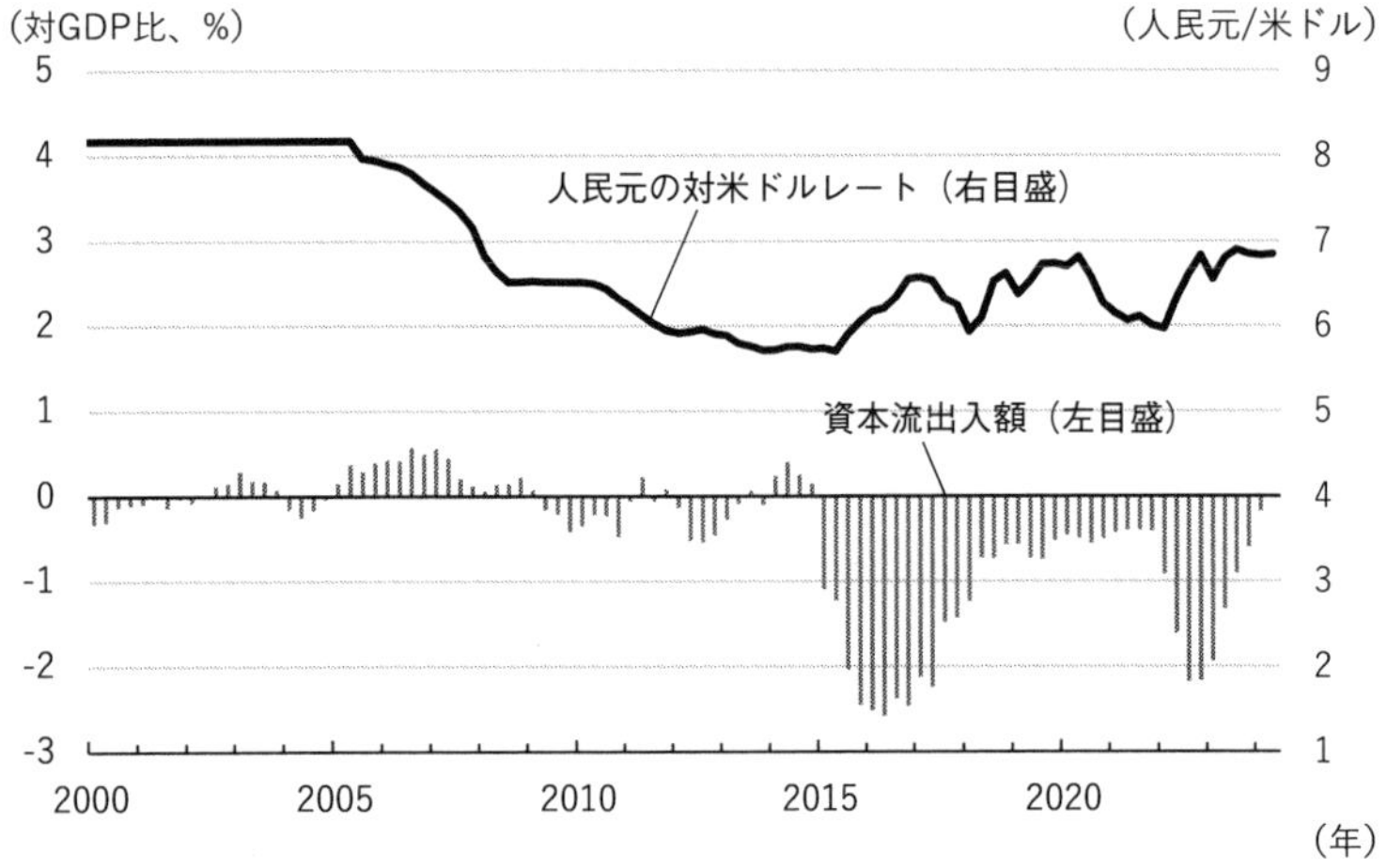

図表3-3　人民元の対ドルレートと資本逃避
(注) 資本流出入額＝誤差脱漏＋民間短期資本純流出額　(出所) 中国人民銀行

て資本規制を再び強めることになった。

ではなぜ人民元の切り下げで、中国から巨額の資本流出が生じることになったのだろうか。その理由は、投資家が中国経済の実勢に対して不信感を抱いたことにある。予告なく人民元を切り下げるということは、中国経済は想定以上に悪化しているのかもしれない。そう考えた投資家が、中国から資本を引き揚げたのだ。加えて、資本規制の緩和を受けて中国の富裕層による海外送金が増えていたことも、人民元相場の下落を促した。

中国にはその建国と同時に、富裕層の資産を没収した歴史がある。それゆえに中国の富裕層は、政府がいつか自らの資産を没収するかもしれないという不信感を強く抱いている。そして中国の富裕層は、実際に長年にわたって個人資産を海外に移転させてきた。中国は人民元の国際化のために資本規制を緩和してきたが、このことは同時に、富裕層による個人資産の海外移転を促すことにもつながったのである。

結局のところ人民銀は、自らの想定を上回る人民元の下落を容認できなかったわけだ。人民元相場に対するコントロールを強めるためには、人民元の国際化にブレーキをかけてでも、資本規制を再び強化せざるをえない。そう判断したからこそ、人民銀は資本規制を強化したのである。ここで疑問になるのが、資本規制の強化という手段以外に、人民元相場に対するコントロールを強める手段がなかったのかということだ。

国際金融の世界には、為替相場の安定性、金融政策の独立性、資本移動の自由は鼎立しないという命題（国際金融のトリレンマ）がある。あらゆる経済において、同時に達成できる政策目標は二つまでであり、いずれか一つの政策の自律性については、それを放棄する必要があるという命題だ。この命題に基づくと、中国は為替相場の安定性と金融政策の独立性を確保するために、資本移動の自由を放棄したことになる。

とはいえ、為替相場の安定性を確保を最優先とするなら、中国は金融政策の独立性を放棄するという選択もあったはずだ。その選択であれば、中国は人民元の国際化を進めることができたことになる。にもかかわらず、中国は資本移動の自由を放棄する方を選択したのはなぜか。その理由は、中国が金融政策の独立性にも配慮せざるをえなかったことにある。つまり、中国は金利を引き上げることができないのである。

構造調整圧力を抱える中国

中国経済は二〇一〇年に一〇・六パーセントという成長率を記録して以降、成長の鈍化が続いている。政府の経済成長目標も、二四年三月の全国人民代表大会（全人代）で五パーセント前後と設定されるまで低下した。一方で中国経済は、様々な構造調整圧力（特に需要不足であり供給過剰）の対処に迫られるようになっている。このことこそ、中国が金融政策の独立性の確保にも配慮せざるをえない最大の理由である。

中国が抱える代表的な構造調整圧力として、過剰な住宅ストックの存在がある。二〇二三年、中国の住宅用不動産の販売面積は九四八平方キロメートルと、一〇年（九三四平方キロメートル）以来の低水準にまで落ち込んだ。その結果、長らく上昇が続いてきた中国の中古住宅価格（図表3－4）も、二一年に入って下落に転じることになった。それでも住宅需要は高まらず、結果として、中国は過剰な住宅ストックを抱えるようになっている。

住宅価格がさらに下落しないと、住宅ストックの処分は進まないだろう。しかし価格の下落が進めば逆資産効果（資産価格の下落が家計や企業による投資や消費の意欲の減退を招くこと）が強まるため、個人消費が強く圧迫されることになる。また住宅ローン返済の延滞も増え、金融機関の不良債権問題が深刻化する。そして住宅や不動産市場の不調は、鋼材に代表される建築資材の需要の低迷につながる。

住宅市場の調整をマイルドにするためには、金利の引き下げや住宅ローン減税、購入一時金の

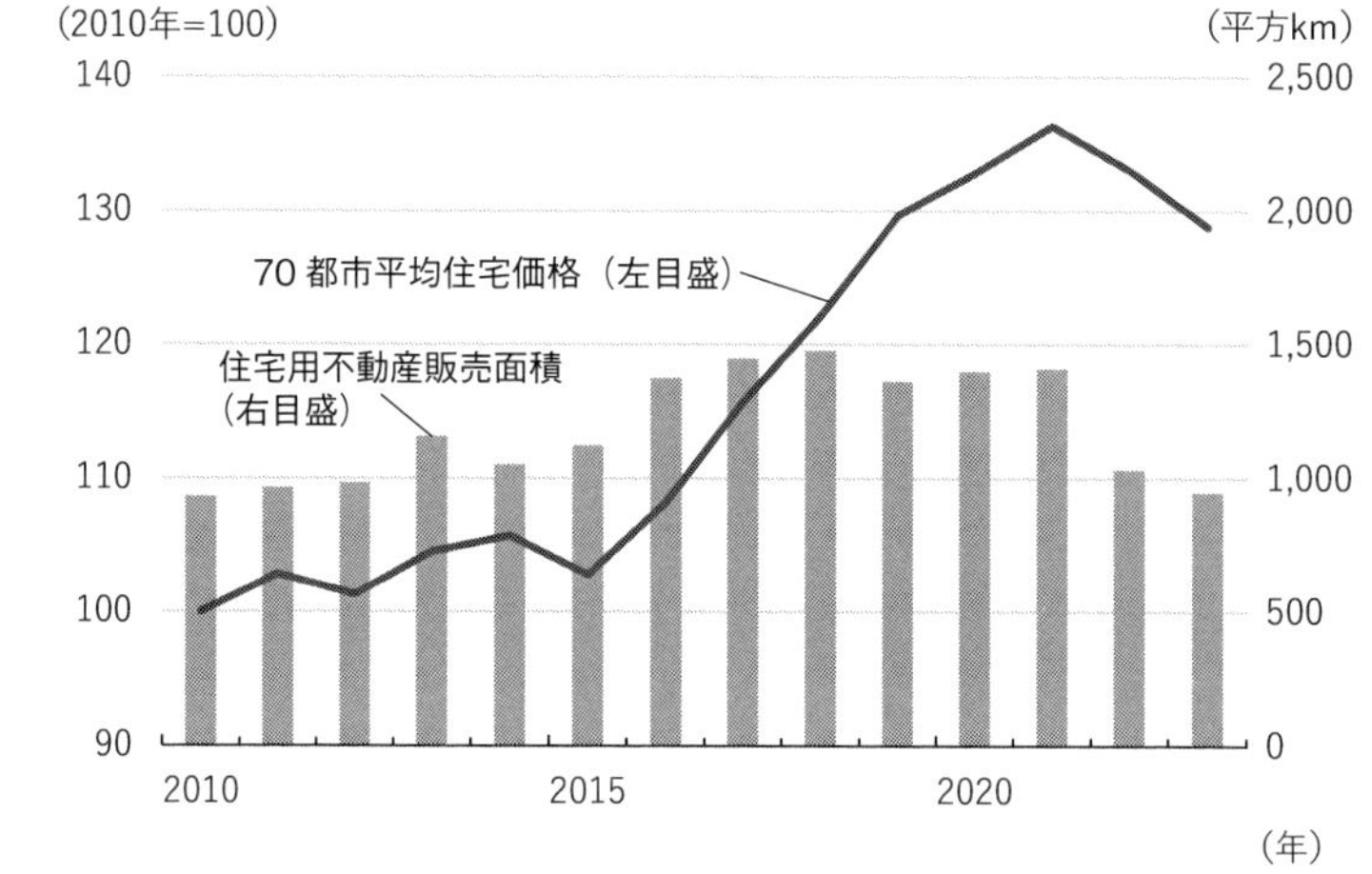

図表3－4　中国の住宅市場
(出所) 中国国家統計局

支給といった政策を通じて、住宅需要を刺激する必要がある。つまるところ、税政と金融の両面から経済対策を打つ必要があるわけだが、そうした経済対策が常態化している国の通貨は、市場で強い売り圧力を浴びることになる。こうした環境の下で資本規制の緩和を進めれば、通貨に対する売り圧力がさらに強まる。

　そもそも中国には、景気に下振れ圧力がかかると、経済対策を強化して固定資産投資を増やしてきた歴史がある。二〇〇八年九月に生じたリーマンショックをきっかけとする世界金融危機を受けて、中国政府は一〇年までに総額四兆元規模の巨大経済対策を行ったことが、その端的な事例だ。その後も中国は、景気に下振れ圧力がかかると、経済対策を強化して固定資産投資を増やしてきた。

　固定資産投資自体は需要だが、建設された固定資産から新たな供給が生まれる。高速鉄道網が整備されると、高速移動というサービスが供給されるわけだ。そうして供給力を向上させてきた中国だが、人口は二〇二二年より減少局面に入っているため、大胆な移民政策でも取らない限り、需要の減退は避けがたい。**①その通貨を発行する国が圧倒的な国力を持つこと**という基軸通貨の条件まで、中国は失いかねないわけだ。

過剰投資の結果生まれた過剰供給、つまり需要不足の問題は、中国経済を通底する構造的な問題だ。この問題を解消するためには、中国もまた、バブル経済崩壊後の日本のように財政拡張・金融緩和で国内需要を刺激しながらその解消に努めるか、通貨を切り下げて輸出を増やしていく必要がある。こう整理すると、中国は人民元の国際化を進めるために資本規制を緩和するだけの余裕など持ち合わせていないという結論に至る。

過剰供給を解消するために、中国は輸出を一段と強化したいところだろう。これまでも中国は、鉄鋼や電気自動車（ＥＶ）など、中国で過剰供給となったモノを海外に輸出することを通じて、その軽減を図ってきた。人民元の国際化を進めて人民元決済圏を拡大すれば、中国の輸出にとって有利となる。しかし資本規制の緩和にまで踏み込めなければ、人民元決済の拡がりは限定的にとどまってしまう。

過剰供給という構造調整圧力を抱えている以上、中国は低金利政策を継続する必要があるし、人民元の為替レートに対するコントロールを強めざるをえない。したがって、資本規制の緩和はなかなか進まず、人民元の国際化も進捗が見込みがたい。本書では検討していないが、金融市場改革も進んでおらず、この点も人民元の国際化のネックである。つまり、人民元の国際化は単直線的には進まず、米ドルの覇権を直ちに脅かすには至らない。

にもかかわらず、ドル離れの観点から、人民元の国際化に対して一方的な期待を寄せる国は少なくない。その代表的な存在が、ウクライナ侵攻を巡って米欧と対立を深めたロシアであり、また反米左派政権の下で米国と対峙するブラジルである。しかしながら、そうした期待は一方的であるし、ロシアやブラジルに有利な方向で結実する可能性が低いということを、次節以降で述べていきたい。

2 ロシアの急速な人民元化

米欧との関係の悪化とドル離れ

本節では、ドル離れを志向するロシアで進んだ「人民元化」について考えてみたい。ロシアは二〇一四年三月、ウクライナ領のクリミア自治共和国に対して、同地域に住むロシア系住民の保護を理由に軍事侵攻した。それに際して、米欧がロシアに対して経済・金融制裁を科し、ロシア経済は強く圧迫された。この経験を受けて、ロシアのウラジーミル・プーチン大統領は、ドル離れの姿勢を明確にするようになった。

ロシアは手始めに、外貨準備の多様化に取り組んだ。ロシア中銀が公表する『外貨及び金資産運用報告書』より、ロシアの外貨準備（金準備を除くベース）に占める米ドルの割合を確認すると、クリミア侵攻前の二〇一三年一二月時点では四五・四パーセントを占めていた。それが、ウクライナ侵攻直前の二一年六月時点には二一・一パーセントへと低下しており、ロシアが外貨準備の面でドル離れを進めていたことが確認できる。

なお正確には、二〇二一年六月時点のデータは金準備が含まれたベースで公表されている。この時、金準備が外貨準備総額に占めた割合は二一・一パーセントである一方、米ドルは一六・四パーセントだった。金準備を除いたベース（つまり七八・九パーセントに占める一六・四パーセント）でこれを計算し直すと、米ドルの割合が二一・一パーセントになることを付記しておきたい。

一方でこの間、ロシアは人民元建て準備資産や金準備の割合を増やすことになる。このようにロシアは、ウクライナ侵攻前までにある程度のドル離れを実現していたが、ウクライナ侵攻に伴い米欧日の中銀がロシア中銀から預託されていた外貨準備へのアクセスを禁じたことで、事態は急変する。ロシアは一夜にして、侵攻前に六三〇〇億米ドルあった外貨準備のうち、その約六割に対するアクセスを失ったのである（図表3－5）。

ロシアの誤算は、ユーロ建ての準備資産に対するアクセスまで失ったことにある。米国からの制裁だけなら、ロシアがアクセスを失う準備資産は米ドル建てに限定された。しかしEUからも制裁を受けたことで、ロシアは外貨準備の大半にアクセスできなくなった。その結果、ロシア中銀は、米欧日の主要市場で為替介入を行うことが不可能になり、また準備資産から得られる収益も没収されることになった。

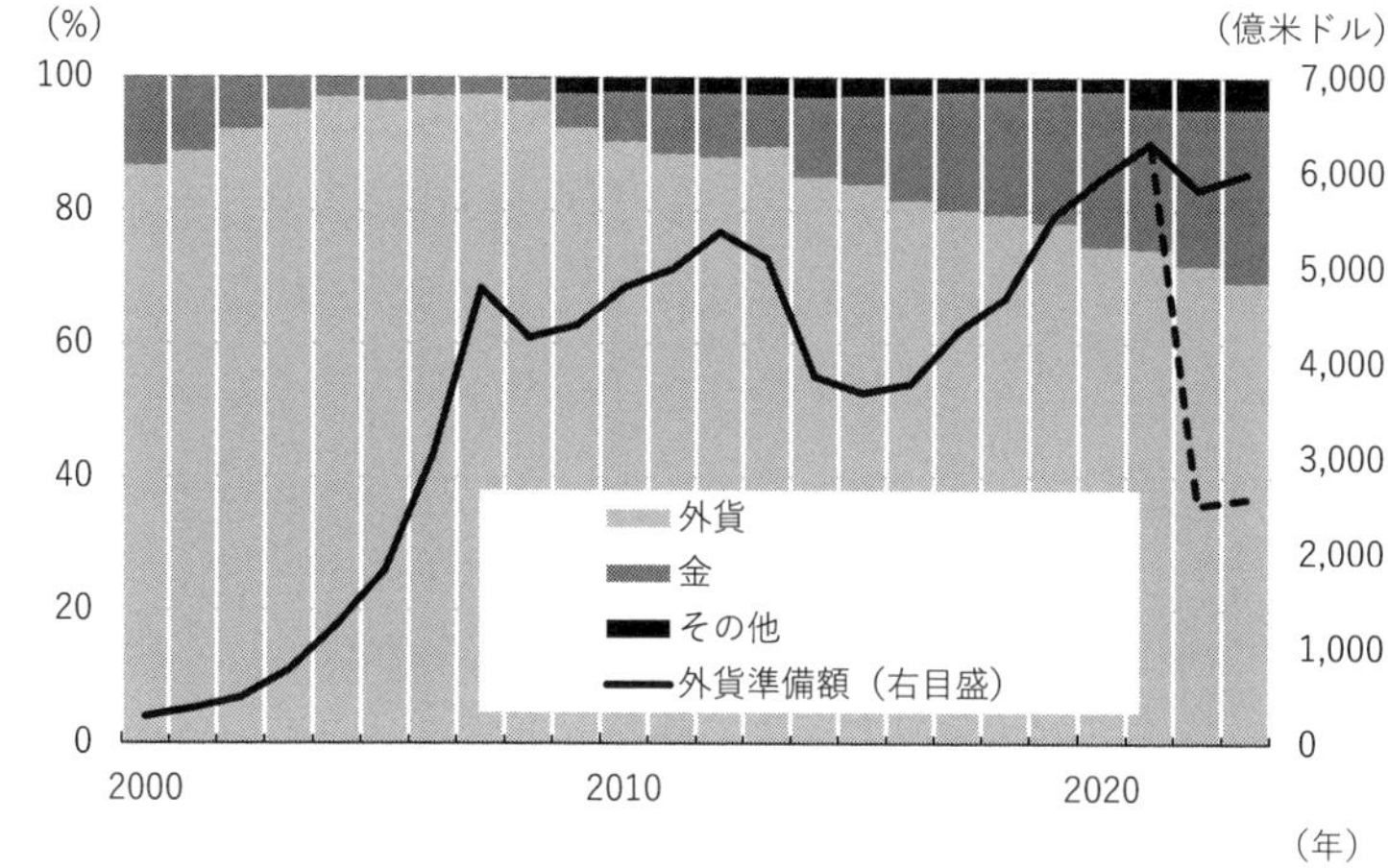

図表3－5　ロシアの外貨準備の推移
(注)破線は実際に利用可能な外貨の規模の目安　(出所)IMF

ロシアが二〇二三年末時点でアクセスできる外貨準備は二六〇〇億米ドル程度と推察されるが、うち金準備が一六〇〇億米ドル程度。残り一〇〇〇億米ドル程度が外貨やIMFのSDR(特別引出権)で、その過半が人民元とみられる。

米欧日から経済・金融制裁を科された結果、ロシアが利用できる流動性の高い外貨準備は、事実上、友好国である中国の人民元に限定されることになった。ロシアのドル離れは意図せざるかたちで進むことになったわけだ。

それに、米欧日による経済・金融制裁で、ロシアは主要国の通貨を用いて国際取引を行うことができなくなった。米財務省外国資産管理室(OFAC)はロシアと米ドルで国際決済を行う第三国に対して、米国の金融市場から締め出す二次制裁を科すと決めた。二次制裁を科されないよう、第三国はロシアとの米ドルを用いた国際決済を回避するようになった。その結果、ロシアは米国を頂点とする世界経済体制から排除されたのである。

確かにロシアは、外貨準備についてはある程度のドル離れは進めていたが、国際決済は引き続き米ドルで行っていた。そのため、米国による経済・金融制裁で、ロシア経済は大きく混乱することになった。ロシア中銀は外貨不足に対応するため、国民の外貨預金の引き出しを制限するなどの資本規制の強化を余儀なくされた。そしてロシアは、国際決済に当たり自国通貨ルーブルか、相手先の国の通貨を利用する必要に迫られたのである。

とはいえ、ソフトカレンシーであるルーブルを受け取る国もそう存在しない。そのためロシアは、中国との貿易を人民元で、インドとの貿易をルピーで、サウジアラビアとの貿易をリヤルで決済しなければならなくなった。いずれにせよ、ロシアはその意志に反するかたちで、米ドルを用いた多角貿易からソフトカレンシー同士による双務貿易（二国間貿易）への急転換を余儀なくされたわけである。

急速に進むロシアの人民元化

米欧日はウクライナに侵攻したロシアに対して経済・金融制裁を矢継ぎ早に強化したが、その初期段階で注目されたのが、ロシアの主要銀行をＳＷＩＦＴ（国際銀行間通信協会）から排除するという措置だった。世界の貿易決済のかなりの部分がＳＷＩＦＴを通じて行われており、またロシアの主要銀行もＳＷＩＦＴを利用していたことから、米欧日はこの措置を通じて、ロシアの貿易決済を困難にさせようとしたのである。

実際、ロシアの主要銀行をＳＷＩＦＴから排除したことで、ロシアによる欧州からの輸入は激減した。それまでロシアは、完成品のみならず、国内で完成品を作るために必要な原材料や半製品の多くを、欧州から輸入してきた。欧州からの輸入の激減は、これまでロシアが欧州との間で築き上げてきた供給網（サプライチェーン）の寸断を意味した。当然、供給網が断たれたロシア経済は供給面から強く圧迫された。

加えて、米欧日の企業がロシア市場から相次いで撤退したことも、ロシア経済を供給面から圧迫した。供給網の寸断と外資系企業の撤退で生産が急減した代表的なモノとして、乗用車がある。ロシアの自動車市場調査会社アフトスタトによると、ウクライナに侵攻した二〇二二年におけるロシアの乗用車生産台数は四四・七万台と、前年から六六・九パーセントも減少、文字通り腰折れした。

国内のモノ不足を解消する必要に迫られたロシアは中国に急接近し、貿易取引を増やすようになる。各国統計からロシアの貿易相手国の内訳の推移を確認すると、ロシアの貿易総額に占める対中貿易総額の割合は、ウクライナ侵攻前後の二〇二一年と二三年で、二二パーセントから三三パーセントまで上昇している（図表３－６）。ロシアにとって中国は、欧州に代わる新たな貿易パートナーとなったわけだ。

ロシアは中国に原油や天然ガスを輸出して、人民元という外貨を稼ぐようになった。ロシア中銀のエリビラ・ナビウリナ総裁は、二〇二四年一月三〇日付の国営通信社ＲＩＡとのインタビューで、ロシアの輸出品に対する人民元決済が過去二年で八六倍に増加し、全体の三四・五パーセ

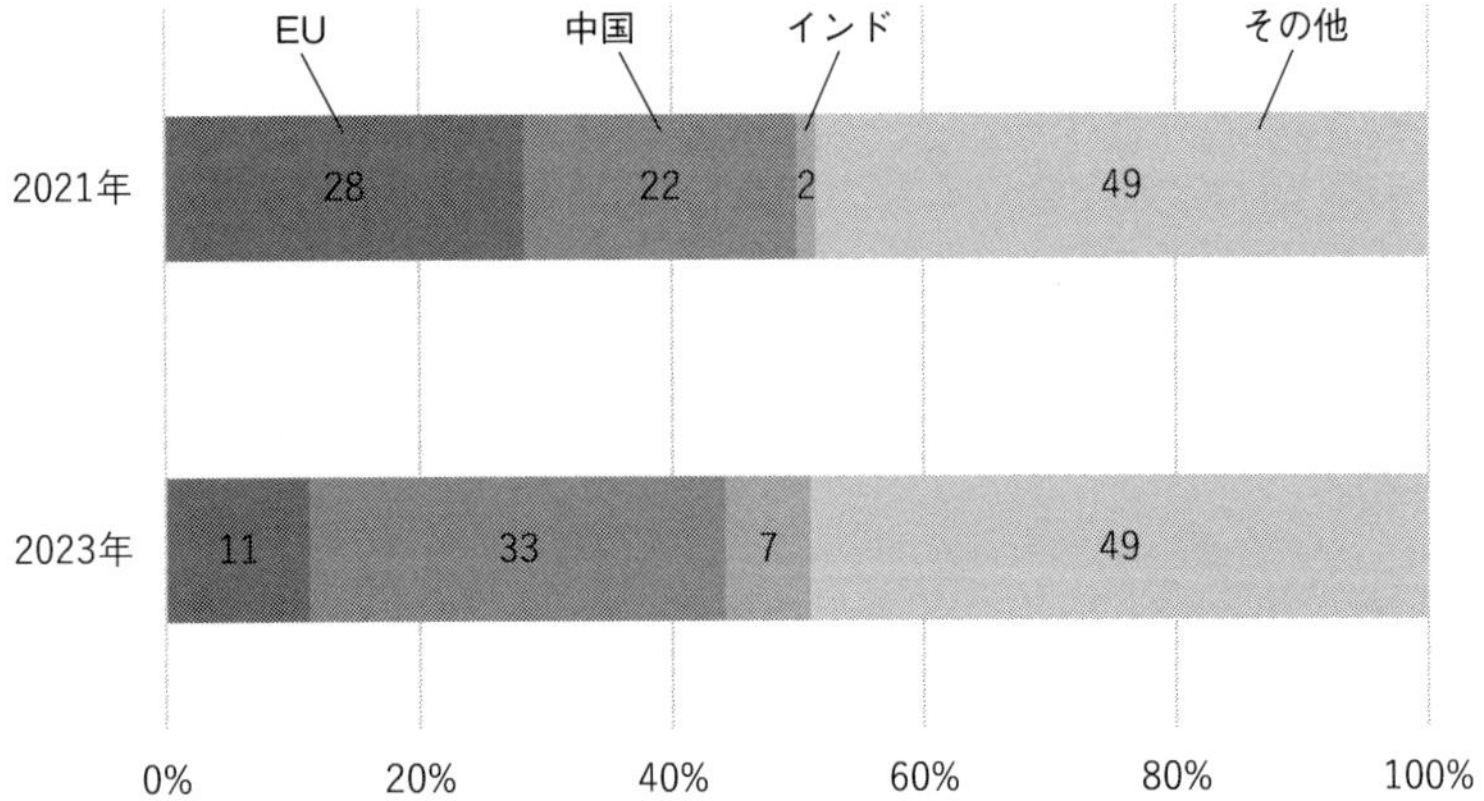

図表3－6　ロシアの貿易の国別内訳
（出所）ロシア中銀、欧州連合統計局、中国海関総署、インド統計局

ントに達したと明らかにした。このほとんどが、原油を中心とする中国向けの輸出の決済であると考えられる。

そうして稼いだ人民元で、ロシアは戦争で不足する民生品を中国から輸入するようになった。第1節で述べたように、中国は資本規制の自由化に慎重であるため、人民元は基本的に、中国との貿易の決済でしか用いることができない通貨だ。実際ロシアは、中国以外との貿易でも人民元を用いることがあるようだが、その規模は限定的とみられる。それでも、世界有数の工業国である中国からは、ロシアで不足する民生品の多くが輸入可能だ。

つまるところ、ロシアと中国との貿易が急増した最大の理由は、中国がロシアの友好国であるということもあるが、同時に貿易決済に人民元を用いることができるほぼ唯一の相手が中国だということも大きな理由となっている。こうして中国との経済関係が緊密化していく過程で、ロシアに流入する人民元の量が急増するようになり、ロシアは急速に人民元化することになったわけだ。

　加えて、外貨不足に直面したロシア中銀が外貨預金の引き出しを制限したことも、ロシアの人民元化に拍車をかけた。ロシア国民が引き出し制限の対象から外れた人民元の現預金を選好するようになったためだ。中国国営の新華社通信は二〇二三年六月一五日付の配信記事で、ロシア第二の銀行であるＶＴＢバンクの幹部の話として、二四年までにロシアの外貨預金の四五パーセントが人民元建てになるだろうという見通しを伝えている。

　またロシア紙コメルサントは二〇二四年一月一六日付の記事で、二〇二三年にモスクワ証券取引所で取引された人民元の額が前年から三倍も増え、外貨取引に占める割合も四二パーセントに達し、米ドルの三九・五パーセントを超えたと報じている。そうした中で、ロシア最大の取引所であるモスクワ取引所（ＭＯＥＸ）は、米ＯＦＡＣから追加制裁を科されたため、二四年六月より米ドルとユーロの取引停止に追い込まれた。

　それ以降、ロシアの米ドル取引やユーロ取引は相対で行われているようだ。他方で、人民元は引き続きＭＯＥＸで取引されている。しかしながら、急速な人民元化でロシア国内における人民元資金の需要が急増した一方で、米国の二次制裁で中国からの人民元資金の供給が絞り込まれた結果、ロシアで人民元資金の需給が逼迫し、その調達コストが急増するという新たな問題が生じている。

中国経済に隷属するロシア

実際に、ロシアの大企業が発行する人民元建て社債の平均発行利回りは、指標となる五年物で、三パーセント台から六パーセント台にまで上昇した。一方で、中国の二〇二三年の一〇年国債の流通利回りは、中国人民銀行が金融緩和を強化したこともあり、二パーセント台半ばから二パーセント台後半で推移している。両者の差は、経済の急速な人民元化を受けて、ロシアで人民元資金の需給が逼迫していることをよく物語っている。

ルーブル金利の上昇も、ロシア企業の人民元需要を刺激している。ウクライナ侵攻後にインフレが急加速したことを受けて、ロシア中銀は一時、政策金利を年二〇パーセントにまで引き上げた。その後もロシアでは高インフレが続いているため、中銀は金利を高水準で据え置いている。ルーブル資金の調達コストは侵攻前に比べると膨らんだままであるため、ロシア企業は人民元資金に対する需要を強めたわけだ。

こうした状況になると、ロシアはルーブルの対人民元レートを重視せざるをえなくなる（図表3-7）。ルーブルの対人民元レートが借入時よりも下落すれば、返済時の負担が重くなるためだ。ルーブルの対人民元レートを安定化させるためには、ロシアは中国のマクロ経済運営を念頭に入れたマクロ経済運営に腐心しなければならない。つまり、中国が利上げをした場合為替レートの安定のためには、ロシアは国内の景気にかかわらず利上げを行う必要が出てくる。ドル離れを進めたロシアは、今度はロシアのマクロ経済運営に大きく左右されることになったのである。

図表3－7　ルーブルの対米ドル・対人民元レート
（出所）ロシア中銀

ロシアを含めた新興国がドル離れを図る理由の一つに、米国のマクロ経済運営の影響の軽減ないしはそれからの脱却がある。米ドル依存を低下させれば、米国の金利動向に左右されず、巨額の資本流出や通貨の大幅な下落を防ぐことができるというわけだ。米国のマクロ経済運営による影響の軽減ないしはそこからの脱却という戦略目標を実現するために、脱ドル化という戦術をとるわけである。

しかしウクライナ侵攻に伴う経済・金融制裁を受けて、ロシアは米ドルのみならず、ユーロを含めたハードカレンシー全般の利用を制限されることになった。ロシアがこうした事態を予めどれくらい想定していたのか定かではないが、いずれにせよロシアは、準備が不十分な状況で、米国を頂点とする世界経済体制から排除されたことになる。いわば米国はロシアにとって捨てる神だったわけだが、代わりに中国が拾う神となった。

一方でロシアは、今後は新たに拾われた神に捨てられないようにしなければならない。中国の存在なくして、もはやロシアの経済は成り立たないからだ。そうした意味で、ロシアは中国に隷属する存在となりつつある。ウクライナ侵攻後、プーチン大統領は中国との親密かつ対等な関係を強調しており、習近平国家主席も表向きはそうした声に応えている。とはいえ中国は、あくまで是々非々の判断でロシアと取引を行っているに過ぎない。

米ドルの確保に勤しむロシア国民

ところでロシア国民には、旧ソ連時代におけるルーブルの信用力の低さや、一九九八年の財政危機に伴う通貨危機の経験などから、米ドルやユーロといったハードカレンシーの現預金を好む伝統がある。つまり、ロシアもまた、他の新興国の多くと同様にドル化した経済である。ロシアのウクライナ侵攻は、そうしたロシアにおけるドル化の実情を浮き彫りにした。

ウクライナ侵攻前夜の二〇二二年二月二三日、ルーブルの対ドルレートは終値で一米ドル＝八四・〇五ルーブルだった。しかし侵攻直後の同月二五日の終値は一〇五・二七ルーブルに、三月七日には一四三ルーブルに急落した。こうした為替の暴落で国民の多くが銀行で外貨預金を引き出したため外貨不足になることを恐れたロシア中銀は、ハードカレンシー建ての外貨預金の引き出し制限に着手した。この措置を受けて、ロシア国民は外貨預金を自由に引き出せなくなった。

そこでロシア国民は、手持ちのルーブル現金を、いわゆる闇市場で米ドルやユーロに換金したようだ。具体的には、米ドルやユーロを欲するロシア国民はメッセージアプリであるテレグラムを通じて両替商と交渉し、それが成立したら、駅やファストフード店などに足を運んで現金を受け渡した。一定期間が経つとメッセージの履歴が消えるというテレグラムの機能をロシア国民はフル活用したわけだ。

主要国はロシアに対してハードカレンシーの利用を制限したが、これはあくまで国際間の大口決済での話である。小口決済については、これを封じる具体的な手立てはない。そのため小口決済を通じて、米ドルやユーロの紙幣はロシアに流入し続けていると考えられる。その流入元は、ロシアと関係が深い中央アジア諸国や、ロシアとウクライナとの戦争に対して中立の立場を取るトルコやタイだと考えられる。

こうした国々は、ロシアとの経済的な関係が深い。そのため、自国通貨とルーブルとの交換が行われている。そして、そうした友好国や中立国の通貨は、米ドルやユーロといったハードカレンシーとも交換できる。そのため、二重の交換が必要となるものの、ロシア国民は友好国や中立国に赴けば、現地でルーブルを米ドルやユーロの現金に交換することができる。ただし、その手数料はかなり高くなる。

例えばトルコの両替業者であるグローバルエクスチェンジ社のレートを確認すると、二〇二四年三月末時点で、一ルーブル＝〇・二七リラだった。為替市場は一ルーブル＝〇・三五リラだったため、両替業者の手数料は実に三割に及ぶ。こうして得たリラを、今度は米ドルに換えるとすると、一米ドル＝三八・七リラというレートが適用される。外為市場では一米ドル三二・四リラであるため、手数料は二割である。

つまり、トルコでルーブルを米ドルに両替しようとすると、得られるドル紙幣は七〇ドル（約一万五〇〇〇円）分と、外為市場での評価から四割強も減価する。実際はこれよりレートはよいのだろうが、交通費などのコストを合わせれば、ロシア国民が国内の闇市場で米ドル紙幣を入手する際に適用されるルーブルと米ドルの実勢レートは、為替市場で決まるレートよりも高くなって当然ということになる。

すでに述べたように、ロシア国民の間では、人民元紙幣の人気も高まっている。また人民元は預金引き出し制限の対象ではないため、人民元建ての外貨預金も増えていることが、主要銀行の幹部の発言や中銀の報告書から確認できる。それでも、ロシア国民はハードカレンシー、特に米ドル紙幣の確保を目指すだろう。なぜなら、米ドルこそが信用力が最も高く、価値保存に適した世界の基軸通貨だからである。

3　BRICS共通通貨構想

推進派であるブラジルとロシア

さらに、ＢＲＩＣ共通通貨構想について考えてみたい。二〇二三年八月二二日から二四日までの間、南アフリカ最大の都市ヨハネスブルクで、第一五回BRICS首脳会議が開催された。一五回目となったこのBRICS首脳会議だが、ロシアのプーチン大統領に対する逮捕状が国際刑事裁判所（ICC）から出された直後の開催であり、仮にプーチン大統領が出席した場合、ICC加盟国である南アがどう対応するのかという点で注目された。

それ以外の要因でも、このBRICS首脳会議は、近年稀に見る高い注目を浴びた。長年の課題であったBRICSの拡大に加えて、BRICSによる共通通貨の発行構想が議論されたためである。実際にBRICSの拡大に関しては、二〇二四年一月からアルゼンチン（後に撤回）、エジプト、エチオピア、イラン、サウジアラビア、（ただし加盟申請せず）アラブ首長国連邦が加盟する運びとなった。

一方で、BRICS共通通貨の発行に関しては議論が進まず、会議後の声明文でも具体的な言及は一切なされなかった。そもそもこの構想を提唱したのは、ブラジルのルイス・イナシオ・ルーラ・ダ・シルヴァ大統領（ルーラ大統領）だった。左派・労働党所属のルーラ大統領は、二〇二三年一月に一三年ぶりに大統領へ返り咲いた。ルーラ大統領は生粋の反米主義者であり、米ドル支配からの脱却を声高に主張していることで知られる。

米ドルを中心とする国際通貨体制が容認できないルーラ大統領は、就任早々にアルゼンチンの左派政党である正義党（ペロン党）出身のアルベルト・フェルナンデス大統領（当時）と会談を行い、両国間で貿易決済のための共通通貨をデジタル通貨のかたちで発行する構想を持ちかけた。共通通貨の名称は「スル（南）」とされ、それを南米全体にまで拡大するという野心的な構想が立てられたのである。

南米の両雄であるブラジルとアルゼンチンの間では、定期的に共通通貨を発行しようという構想が浮かび上がる。二〇一九年にもルーラ大統領の前任であるジャイール・ボルソナロ大統領と、フェルナンデス大統領の前任であるマウリシオ・マクリ大統領との間で共通通貨の発行が議論されたが、ブラジル中銀の反対で頓挫した。今回のスル構想も、アルゼンチンで「ドル化」を掲げるハビエル・ミレイ新大統領が就任したことで破綻した。

一方でブラジルのルーラ大統領は、スル構想を打ち上げた直後の二〇二三年四月に訪中した際に、習近平国家主席に対して、BRICS間で貿易決済を目的とする共通通貨を発行する構想を持ちかけた。ルーラ大統領は、アルゼンチンとともに南米で共通通貨を発行することに加えて、BRICSとしても共通通貨を発行することで、広域にわたる非米ドル決済圏を形成しようという壮大なプランを抱えていたわけだ。

ルーラ大統領はBRICS共通通貨構想のイニシアチブをブラジルが取ることで、南米やBRICSのみならず、新興国世界におけるブラジルの影響力の向上を図ろうとしたのだろう。同時にルーラ大統領は、共通通貨の発行に当たって、中国の通貨・人民元がその信用力の中心になることを一方的に期待していたようだ。とはいえ、そうした壮大な決済圏構想は、その壮大さゆえに現実味に乏しく、そもそも実現可能性が低いプランだった。

こうしたブラジル発のBRICS共通通貨に対して、ロシアはまた別の観点から関心を寄せるようになる。ロシアは金の生産国であり、その金保有量はBRICSの中で最も多い。つまりI

ＭＦによると、ロシアは二〇二三年末時点で七五〇〇万トロイオンスの金を保有している。これは中国の保有量（七一九〇万トロイオンス）のみならず、またインド（二五八〇万トロイオンス）やブラジル（四二〇万トロイオンス）を上回る。

つまりロシアは、自らに有利となるように、ＢＲＩＣＳ共通通貨を金本位制に基づいて発行できないか画策していた。このように各国の思惑が交錯したため、第一五回ＢＲＩＣＳ首脳会議では、共通通貨の発行に関する議論は進捗しなかったようだ。そもそもＢＲＩＣＳは、経済の基礎的条件が違う以上に、文化的・社会的にも違いが大きい。そうした国々が集まったところで、共通通貨を発行できるわけがない。

実現可能性に乏しい共通通貨

通貨統合の先駆者である欧州連合（ＥＵ）の通貨統合を振り返ると、それは事実上、数多ある欧州通貨をドイツマルクに収斂させるプロジェクトだった（第2章）。つまり、ＥＵの通貨統合は、すでに国際通貨であったマルクの信用力の下で行われたプロジェクトである。ＢＲＩＣＳ共通通貨はあくまで貿易決済での利用を前提とした通貨であるため、ユーロとは異なり、厳密な意味での「通貨統合」ではない。

とはいえ、それが貿易決済での利用に限定されようと、ＢＲＩＣＳ共通通貨を本当に発行するなら、中国の通貨である人民元の信用力を基本とせざるをえない。つまり欧州通貨統合に際してマルクが果たした「アンカー通貨」としての役割を、人民元が果たす必要がある。ユーロの前段階である「欧州通貨単位」（ＥＣＵ）のように、何らかの通貨バスケットを用意するとしても、その中心をなす通貨は人民元だと考えるのが自然だ。

そしてＢＲＩＣＳ各国は、自国通貨と共通通貨との間の固定為替レートを守ることに心血を注ぐ必要がある。固定相場制度を導入するなら、各国は自国通貨と共通通貨の間で定められた平価を順守しなければならない。変動相場制を導入するとしても、各国は物価目標などに基づくルールベースの健全なマクロ経済運営を通じて、自国通貨と共通通貨の為替レートの安定に努めなければならない。

つまり、ＢＲＩＣＳ諸国のマクロ経済運営は、ＢＲＩＣＳ共通通貨と自国の通貨の間の為替レートを維持するために、強く制約されることになる。特に共通通貨に信用力を提供する中国のマクロ経済運営に、他の加盟国は歩調を合わせなければならなくなる。一方で中国も、共通通貨に参加すれば、他のＢＲＩＣＳ諸国で生じた経済ショックの影響を強く受けることになる。

ただでさえ自国の構造調整圧力の対応で手いっぱいである今の中国に、他国の経済ショックまで引き受ける実力も意思もない。それに、中国の貿易に占めるＢＲＩＣＳ諸国との貿易の割合は、二〇二二年時点で八・七パーセントに過ぎない（図表3－8）。現実問題として、この一〇パーセント程度の貿易相手国のために共通通貨構想に参加し、その共通通貨に中国が信用力を提供するという選択は、経済的にまったく見合わない。

それに、そもそも人民元の信用力の下でＢＲＩＣＳが共通通貨を発行するなら、中国は人民元そのものの国際化に努めなければならない。そのためには、中国は資本規制を緩和しなければばな

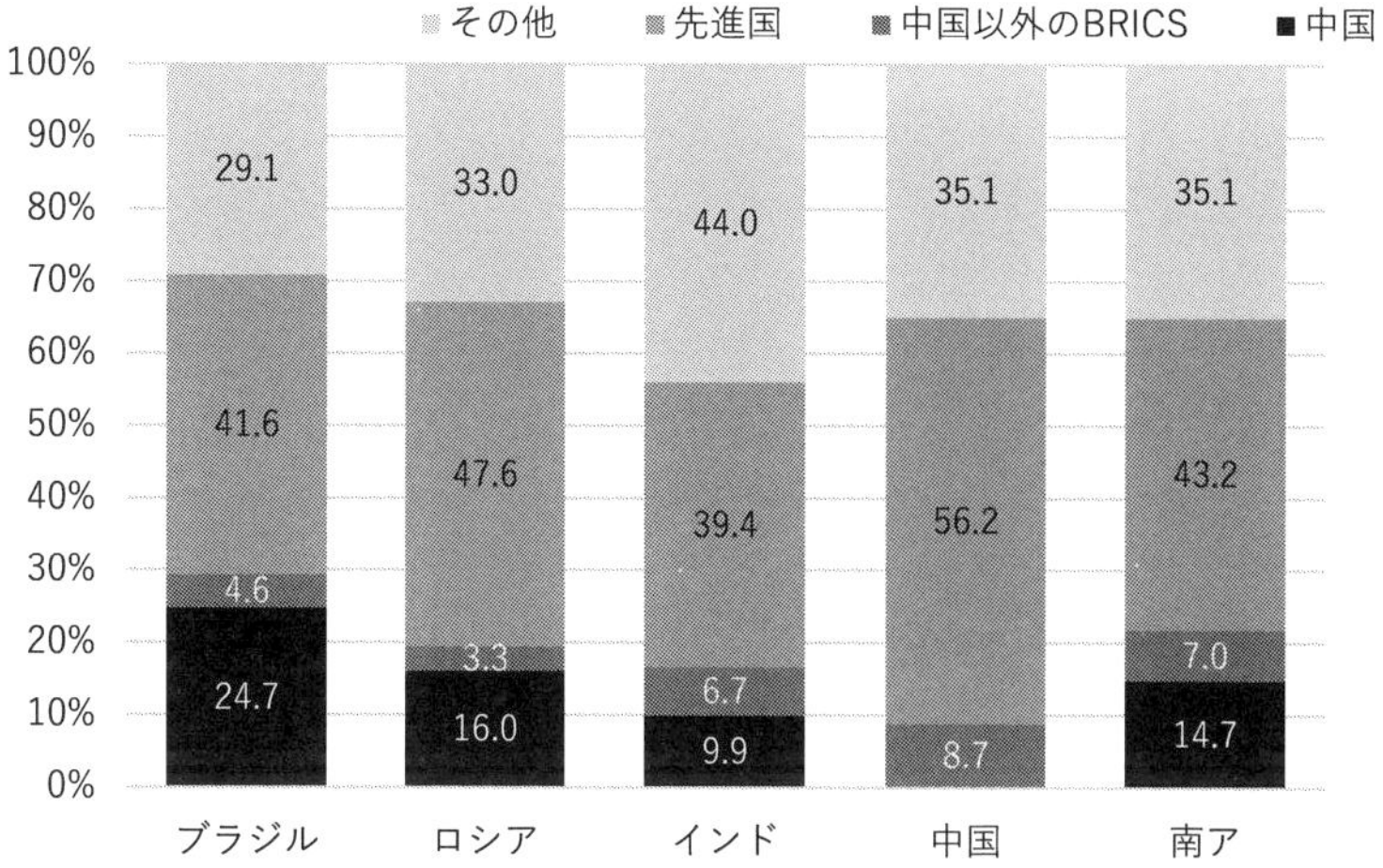

図表3－8　BRICS 各国の貿易相手の内訳（2022年）
（出所）IMF

らないが、同時にＢＲＩＣＳ共通通貨で為替相場の安定性を追求しなければならないため、国際金融のトリレンマに照らすと、中国は金融政策の独立性を放棄する必要に迫られる。ＢＲＩＣＳ共通通貨のために中国がここまでのコストを支払うわけがない。

こう整理すると、人民元の信用力を基にＢＲＩＣＳ共通通貨を発行するというブラジルのルーラ大統領の構想は、実現可能性がかなり低いプランであることが分かる。ではロシアが描く金本位制に基づく共通通貨構想はどうかというと、これもまた実現可能性の低いスキームだといわざるをえない。そもそもロシアが金本位制に基づく共通通貨の発行を主張したのは、ロシアがＢＲＩＣＳで最も金保有量が潤沢だからと考えられる。

しかし第1章で述べたように、管理相場制度に移行したことで、各国の中銀は物価や景気といった実体経済の動向、または金融市場の動向に鑑みて、金融政策、特に金融緩和を実現できるようになった。ロシアもまた管理通貨制度の下で、金の保有量に左右されない金融政策を営んできた。しかし金本位制に復帰すれば、その信頼性を担保するため、ロシアは保有している金に見合う水準で平価を定める必要がある。

保有している金よりも多額の資金が市中に出回っている場合、つまりマネーサプライが保有している金の量に見合わないなら、ロシアはマネーサプライを回収しなければならない。金の生産国だからといって、金の保有量を簡単に増やすことなどできない。金の量が増えたら増えたで、金価格が下落すれば、通貨の価値も下落する。別の言い方をすれば、管理通貨制度から金本位制に復帰すれば、各国の金融政策運営は強く制限される。

貿易決済にだけ用いるとしても、それが各国の通貨や米ドルに交換できないなら、ＢＲＩＣＳ共通通貨は国際通貨としての役割を果たすことができない。そもそもロシアは、共通通貨と金交換の要求に応じないかもしれない。つまるところ、ロシアが提唱した金本位制に基づくＢＲＩＣＳ共通通貨は、ソ連期に失敗した清算ルーブルであり振替ルーブル（第2章）の焼き直しに過ぎず、実現可能性の低い構想だという結論にならざるをえない。

インドもまた、ＢＲＩＣＳ共通通貨の構想から距離を置いている。米欧との関係も重視するインドにとって、反米欧意識の強いブラジルやロシアが主張する共通通貨は受け入れがたい構想だ。そのうえインドは、中国との間でヒマラヤでの国境紛争やチベット問題といった政治的対立を抱えている。ブラジルが提唱するＢＲＩＣＳ共通通貨の場合、信用力の中心は中国になるため、インドが参加する理由はなくなる。

他方で、ロシアが主張する金本位制に基づくＢＲＩＣＳ共通通貨にも、インドは共感しないだろう。インドの金保有量は二〇二三年時点でロシアの四分の一程度であるから、金本位制に基づく共通通貨を導入した場合、そのレートはインド経済にとって不利に働く恐れが大きい。そうした危うさを持つＢＲＩＣＳ共通通貨に参加するくらいなら、インドも中国と同様に、自国通貨ルピーの国際化を優先するはずだ。

なお、上記四カ国に比べると、南アフリカのプレゼンスは政治的にも経済的にも小さい。その意味で南アは受け身の存在だが、南アもまた、米欧との関係を重視している。また南アフリカは、世界有数の鉱山国でもある。鉱物資源は米ドルによって取引されるため、南アは自国通貨ランドの米ドルレートを重視しなければならない。そうした南アがＢＲＩＣＳ共通通貨に参加することも、また考えにくい。

一枚岩ではないBRICS

第2章で述べたように、ＥＵにおける通貨統合の経験、特にユーロ危機は、通貨統合において重要な要素が、経済の基礎的条件の近似よりも、所得移転の機能であることを明らかにする好例だった。重債務国、とりわけギリシャに対して、ＥＵが当初から大規模な金融支援を実施していれば、通貨ユーロは信用力を失うこともなく、またギリシャも財政危機を回避することができただろう。

しかしながら、ＥＵによる支援は後手に回り続けた。そもそもＥＵは、加盟国が財政危機の際に直面した際の救済スキームを整備していなかった。それにギリシャの自己責任を重視するドイツが、金融支援に消極的であり続けた。そして金融支援で合意に達しても、ＥＵはギリシャに対して壮絶な財政緊縮を強制した。その結果、ギリシャの経済規模は危機前のピーク時から三割も縮小することになった。

ＥＵ諸国はユーロの導入まで、通貨の安定にそれこそ心血を注いできた。これはキリスト教文化圏の下、政治的・社会的に類似性が極めて高い欧州だったからこそ可能な取り組みだった。そうした欧州でさえ、本来なら通貨統合に不可欠な財政統合に向けたコンセンサスの形成には難儀している。そうした類似性に乏しいＢＲＩＣＳが、共通通貨の発行に向けた政治的な合意を形成することなど不可能に等しい。

ＢＲＩＣＳが拡大すれば、合意の形成はさらに困難になる。第一五回首脳会議でＢＲＩＣＳは拡大することになったが、イラン、サウジアラビア、アラブ首長国連邦といった中東の産油国の参加を後押ししたのは、同様に産油国であるロシアだった。いわばロシアは、ＢＲＩＣＳの中に、自らと友好関係にある産油国を組み込んだわけだ。中国もこの決定を後押ししたが、一方でロシアの影響力が過度に強まる事態は望んでいない。

他方で、原加盟国の発言力の低下を懸念していたブラジルは、ＢＲＩＣＳの拡大に反対だった。それにグローバルサウスの盟主を自称するインドは、そもそもＢＲＩＣＳという枠組みから距離を置こうとしている節がある。南アはさておき、ブラジル、ロシア、インド、中国の四カ国の思惑は、その実として大きく交錯している。つまりＢＲＩＣＳは、深刻な相互不信を抱えているわけだ。

加えて、ブラジルとインドの場合、中国とロシアと異なって普通選挙が機能しているため、ＢＲＩＣＳに対するスタンスが大きく揺れ戻る可能性がある。ブラジルの現職のルーラ大統領は反米左派の権化だが、対して前職のボルソナロ大統領（二〇一九年一月〜二三年一二月）は、親米右派の化身だった。次期の国政選挙で右派政権が成立すれば、発案者であるブラジルがＢＲＩＣＳ共通通貨構想から距離を置くことになるだろう。

他方でインドである。確かにインドでは、モディ首相が率いるインド人民党（ＢＪＰ）の一強体制が長らく続いている。とはいえ、普通選挙が機能しているため、政権が一夜にして一変する可能性がある。実際にインドは、同様に一強体制を敷いていたインド国民会議（ＩＮＣ）出身のインディラ・ガンディー首相（一九六六〜七七年、八〇〜八四年）が総選挙で落選し、下野した歴史を有している。

また仮に印中関係が緊張感を高めた場合、インドはＢＲＩＣＳという枠組みそのものから離脱することも考えられる。いずれにせよ、普通選挙制度を実現しているブラジルとインドの場合、常に政権交代の可能性を抱えているし、実際に政権が交代したら今までの政策の揺り戻しが生じる環境にある。これでは、共通通貨の発行など実現しえない。結局、ＢＲＩＣＳ共通通貨が日の目を見ることはないだろう。

【コラム】アルゼンチンで誕生した「ドル化」大統領

ブラジルと並ぶ南米の両雄であるアルゼンチンは、二〇二三年八月の第一五回BRICS首脳会議の場で、拡大BRICSへの参加が認められた。しかし直後の一一月一九日に行われた大統領選で、アルゼンチン経済の変革を訴えるハビエル・ミレイ下院議員が新大統領に就任したことで事態は一変する。一二月一〇日に就任したミレイ新大統領は、親米派の立場から、拡大BRICSへの参加を取り止めたのだ。

ミレイ大統領はもともと、市場への介入をよしとせず、いわゆる「小さな政府」を重視するオーストリア学派の影響を強く受けたエコノミストだった。大統領選に当たってミレイ大統領は、中銀制度を廃止し、自国通貨ペソを捨てて米ドルを法定通貨にする「公式なドル化」の断行を公約に掲げた。アルゼンチン経済の体質改善には思い切った荒療治が必要だと、有権者に訴えかけたのである。

ドル化とは、正確には「通貨代替」と呼ばれる経済現象だ。信用力が低い自国通貨の代わりに、米ドルやユーロといった国際通貨や貴金属を用いて経済活動が営まれることを意味する。アルゼンチンの通貨ペソは、長年にわたる経済運営の失敗から、定期的に通貨危機に見舞われている。そのためペソの信用力は低下しきっており、この過程でアルゼンチン国民の多くが、資産防衛のために多額の米ドル紙幣を保有するに至った。

つまりアルゼンチン経済は、すでに高度にドル化した経済である。とはいえ、その程度が

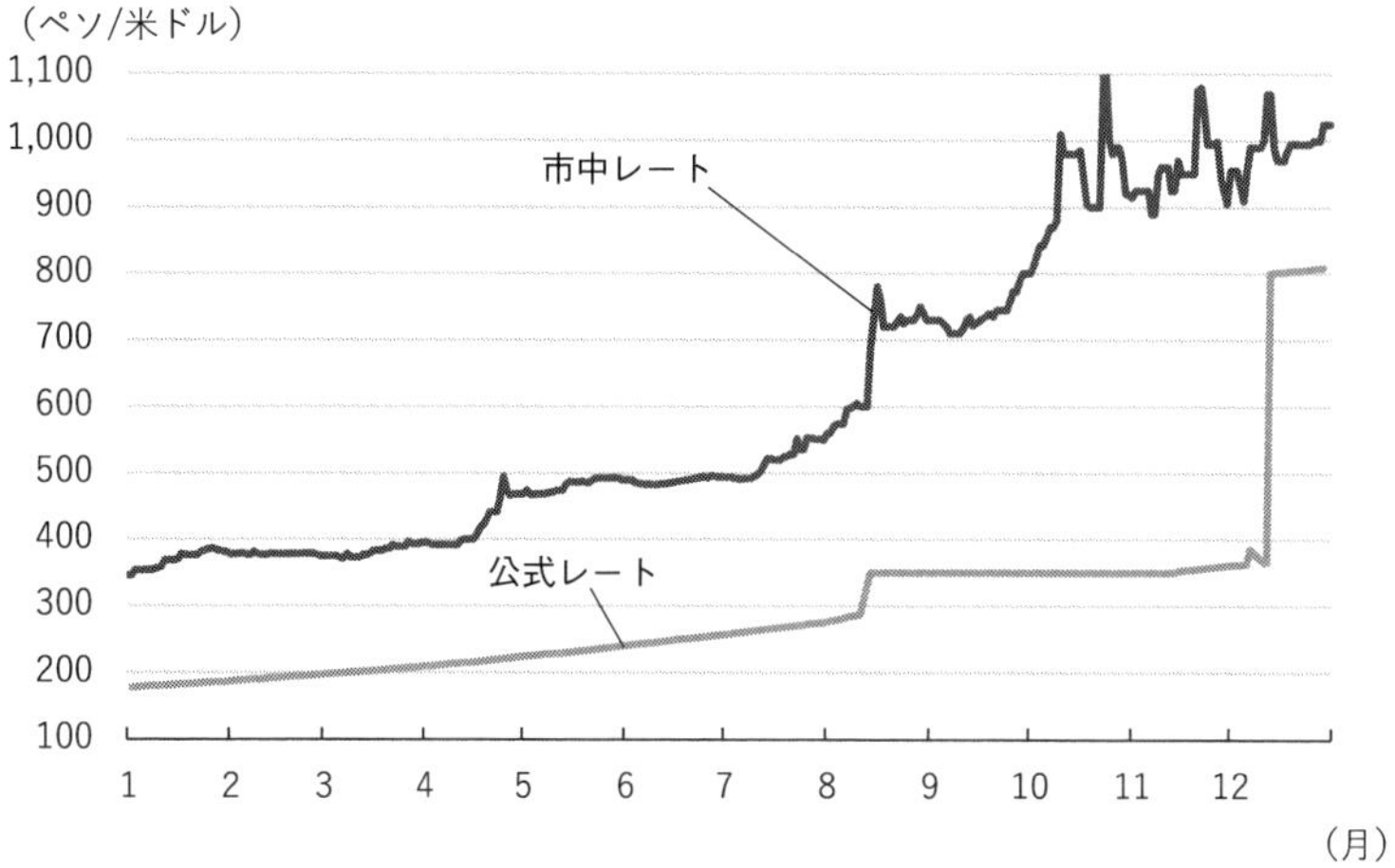

図表3－9　アルゼンチンペソの対ドルレート（2023年）
（出所）アルゼンチン中銀、ブルーダラー

どのくらいかを定量的に計測することは不可能だ。自国通貨であるペソの規模に関しては、銀行の取引データなどから把握は可能だが、米ドルに関しては、闇市場で取引されているため、実態を把握することができないためである。そういう意味で、アルゼンチンのドル経済は、同国の闇経済そのものと言えるだろう。

そうしたアルゼンチンにとって、ペソを廃止してドルを唯一の法定通貨にすることは、いったいどのような意味を持つのだろうか。最大のポイントは、この経済のドル化は、ペソの強制的な回収を意味するため、強力な金融引き締め効果を持つということである。つまり、ペソ建てで取引されるアルゼンチンの経済が急激に圧縮することを意味する。一方で、闇経済であるドル建て取引の経済の部分が、表にあぶり出されることになる。

つまりミレイ大統領が公約に掲げた経済のドル化とは、展望が開けないペソ部門を強制的に閉鎖すると同時に、闇経済をなしているドル部門を顕在化させることで、アルゼンチン経済を正常化するプロセスといっていい。かなりの荒療治であり、短期的にはアルゼンチン経済に強い痛みを伴うが、中長期的にはインフレが安定し、金利も低下するため、経済の発展が促されると期待される。

アルゼンチンの通貨ペソは相場を安定させることができず、一九七〇年以来、四回もデノミネーション（通貨単位の切り下げ）を繰り返してきた通貨である。二〇二三年の一年間だけでも、ペソの対米ドル相場は、市中レートで価値が三分の一に、市中レートよりも割高に設定された公定レートでさえ価値が四分の一に下落している（図表3－9）。そんなペソの安定を図るくらいなら、捨ててしまえばいいというわけだ。

ミレイ大統領が率いるリバタリアン党は少数与党であるため、スムーズな政権運営のためには、中道勢力と歩調を合わせる必要がある。そこでミレイ大統領は、経済のドル化のトーンを引き下げたが、かわりに緊縮財政を急ピッチで進めている。とはいえ、すでに述べた通り、ドル化を断行した場合は経済に強烈な引き締め効果が生じるため、実際にミレイ大統領がアルゼンチン経済のドル化を断行できるかは分からない。

一つだけ確かなことは、国民のほとんどが資産防衛の手段として多額の米ドル紙幣を保有しているアルゼンチン社会においては、共通通貨構想など、国民の信用を得ることなどできないということである。これは何も、アルゼンチンなどの南米諸国に限ったことではない。不安定な通貨を抱える新興国同士が共通通貨を発行したところで、国民の支持を得ることなどできるわけがないのである。

第4章

脱ドル化の試みとその挫折

中米のエルサルバドルは代表的な暗号資産であるビットコインで脱ドル化を試みたが、その成果は出ていない。

本章では、いわゆるＢＲＩＣＳ以外で実施されてきた「脱ドル化」の試みに関して、いくつかの事例を分析してみたい。脱ドル化とは、経済が高度にドル化した国、つまり国内の経済取引までもが米ドルなどの国際通貨で営まれるようになった国が、その改善を図ることを意味する。厳密には異なる「ドル離れ」と「脱ドル化」だが、その取り組みにおいてはオーバーラップする部分が非常に大きい。

暗号資産を用いて脱ドル化を図ろうとした国として、中米のエルサルバドルと南米のベネズエラがある。うちエルサルバドルは、いわゆるマイニングを通じた経済発展の可能性も模索していることでも知られる。またロシアと交戦する前のウクライナも、同様の道を模索していた。本章では、まずこれら三カ国の経験を基本に、暗号資産を脱ドル化の戦術として用いることの是非について考えてみたい。

他方で、古典的な経済政策を通じて自国通貨を利用する機会を増やし、脱ドル化を図ろうとした国も存在する。うち資本規制を強化して脱ドル化を進めようとした代表的な国が、中東のトルコだ。一方、ルールベースの健全なマクロ経済運営を徹底することで自国通貨の信用力の回復に成功し、結果として脱ドル化を実現した国も存在する。それがメキシコだ。両国の経験を検討することを通じて脱ドル化を図るうえで有効な対策を考えてみたい。

1 暗号資産と脱ドル化

暗号資産とは何か

本節では、暗号資産を脱ドル化の手段に位置付けた国々の取り組みを検討してみたい。暗号資産は、かつては仮想通貨と呼ばれていたが、国際的議論を経て、現在では暗号資産と呼ばれるに至った。具体的な検討に先立って、まず暗号資産の定義を整理しよう。日銀は暗号資産を「インターネット上でやりとりできる財産的価値であり、「資金決済に関する法律」において、次の性質をもつもの」と定義している。

その上で日銀は、①不特定の者に対して、代金の支払い等に使用でき、かつ、法定通貨（日本円や米ドル等）と相互に交換できる、そして②電子的に記録され、移転できる、さらに③法定通貨または法定通貨建ての資産（プリペイドカード等）ではない財産的価値が、暗号資産だと説明している。特に③の法定通貨ではない、つまり「民間通貨」であるという側面が、暗号資産の最大の特徴といえるだろう。

代表的な暗号資産としては、サトシ・ナカモトを名乗る人物ないしは集団によって発明されたビットコイン（ＢＴＣ）や、ヴィタリック・ブテリン氏が開発したイーサリアム、米ドルとペグした暗号資産（ステーブルコイン）であるテザーがある。暗号資産は一般的に銀行などの第三者を介在せず、政府の許可を受けた「交換所」や「取引所」と呼ばれる事業者（暗号資産交換業者）から入手・換金する点に特徴がある。

また仮想通貨には、法定通貨と異なり、金や国債といった資産の裏付けがなされていないという特徴がある。暗号資産の信用は、あくまでネットワーク（ブロックチェーン）の参加者同士の信認に依存する。取引記録の正確な記帳を通じて報酬を得る「マイニング」や、ネットワークの維持に貢献することで報酬を得る「ステーキング」が信用力の源泉だ。とはいえ、特定の資産の裏付けがないマイニングやステーキングに基づく暗号資産の信用力は極めて弱い。

そのため、暗号資産の価格は非常にボラタイルな動きとなってしまう。一例として、ビットコイン相場の動きを見てみたい（図表4－1）。ビットコインの価格は二〇二〇年半ばまで一万米ドル程度だったが、二一年初めには六万米ドル台目前まで急上昇した。コロナショックを受けて各国中銀が金融緩和を強化し、余剰資金が市場に溢れたことがビットコイン相場を押し上げたのである。

しかし二〇二二年に入って米欧の中銀が金融引き締めを進めると、ビットコインの価格は二万米ドルを割り込むまで下落した。そして二四年に入ると、米欧が金融緩和に転じるとの期待が高まり、ビットコインの価格は一時七万米ドルを超えたが、すぐに五万米ドル台まで下落した。年後半には再び六万米ドル台まで相場が回復するが、長くはもたなかった。このように暗号資産の値動きは非常に激しく、通貨としての安定性に劣っている。

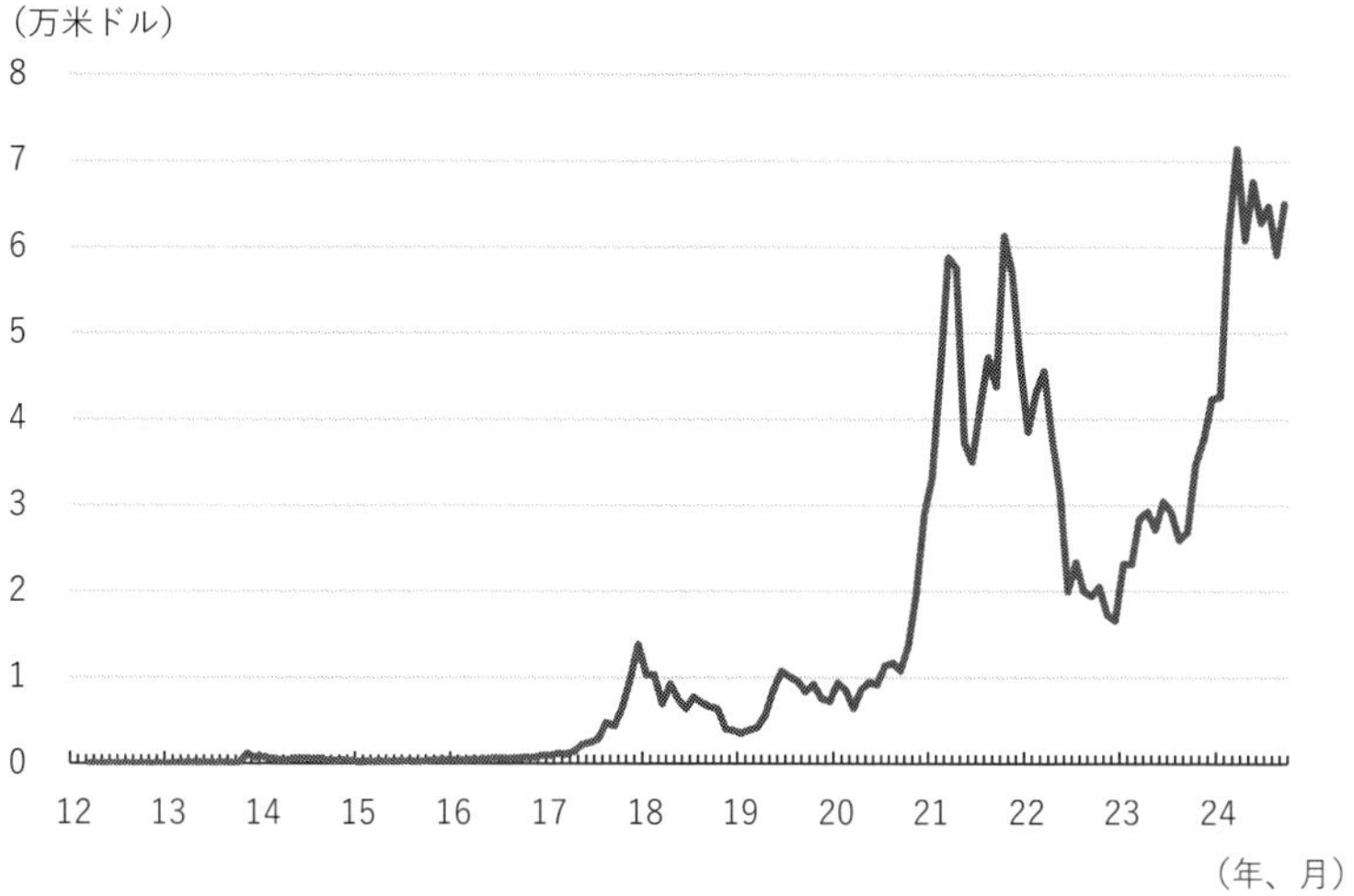

図表4－1　ビットコインの価格
（出所）Investing

暗号資産は、そもそも新時代の送金ツールとして開発された。旧来の銀行による送金サービスは、口座の存在を前提にしたものだ。それに高い送金手数料が取られるし、土日祝日だと利用できない。また銀行が経営破綻したり、サーバーやネットワークがダウンしたりした場合、サービスが機能不全となる危険性がある。そうしたリスクを回避するためには、インターネットを通じて利用者同士が直接、送金のやり取りをした方がいい。

暗号資産の開祖であるビットコインも、新時代の送金ツールとして開発された。そして暗号資産を用いた送金は、銀行口座を経由しないで行われるため、政府や中銀の監視の網を潜り抜けることができるという特徴がある。そのため、大富豪による海外への資本逃避のみならず、組織犯罪集団による資金洗浄（マネーロンダリング）、米国から制裁を科された国（例えばロシアやイラン、北朝鮮）による国際決済に用いられる傾向が強い。

言い換えると、暗号資産は送金ツールとして開発された以上、通貨が持つ普遍的な機能、つまり交換機能、価格表示機能、価値保存機能が制限された存在である。特に交換機能や価値保存機能はかなり制限されており、暗号資産でモノやサービスの価格を表示していたり、仮想通貨での支払いを受け付けていたりする事業者は世界的にも少ない。日本でも、一部の大手家電量販店で用いられる以外、暗号資産による決済は普及していない。

つまるところ、暗号資産は、一定の価値保存機能を持つ金融商品の域を出ていない。またその価値保存機能についても、価格がボラタイルであることが示すように、安定性が欠如している。これでは、暗号資産が米ドルに代わる国際通貨になり得るわけがない。にもかかわらず、暗号資産であるビットコインを法定通貨に定めることで、ドル化を改善しようと試みた国がある。それが中米の国、エルサルバドルだ。

エルサルバドルのビットコイン化

エルサルバドルは、人口わずか六三〇万人程度しかない中米の小国だ。かつてこの国は、クリストファー・コロンブスの名を冠した独自通貨サルバドール・コロンを発行していた。一九九四年以降は一米ドル＝八・七五コロンとする固定相場制度を維持していたが、国民の信頼は得られず、二〇〇一年に米ドルを法定通貨にすると決定した。基軸通貨である米ドルを法定通貨とする、つまり公式なドル化を行うことで、物価の安定を図ったのである。

公式なドル化の結果、実際にエルサルバドルの物価は安定したが、一方で同国はマクロ経済運営の裁量を失うことになり、米国のマクロ経済運営に対してノーガードにならざるをえなくなった。こうした状況の中、二〇一九年六月に就任したナジブ・ブケレ大統領は暗号資産であるビットコインに注目し、その利用を通じて、エルサルバドルの経済発展を促す戦略を思い描いたのである。

そもそもエルサルバドルは、海外からの送金で成り立っている経済である。経常収支は常に名目GDPの五パーセント程度の赤字を計上しており、うち貿易赤字は名目GDPの二〇パーセントにも及ぶが、それをほとんどカバーしているのが海外からの送金（第二次所得収支の黒字）だ。そうした送金を円滑に行うには、送金業者を用いるよりも暗号資産で送金した方が得策だとブケレ大統領は考えたようだ。

ところで、新興国における暗号資産の利用を「金融包摂」（ファイナンシャル・インクルージョン）という概念から肯定する意見がある。銀行に口座を持たず金融サービスを受けることができない人々（アンバンクド）も、インターネットにアクセスできれば、暗号資産を通じて金融サービスを受けることが可能になる。こうした効果、つまり金融包摂を重視する論者は、エルサルバドルのような新興国で暗号資産を用いることを推奨する。

ブケレ大統領もまた、ビットコインの普及を通じ、エルサルバドルで金融包摂を進めようと本当に考えたのかもしれない。しかしそれ以上に、ブケレ大統領は、ビットコインの普及を進めて、脱ドル化を実現しようとしたのだと考えられる。エルサルバドルでビットコインが普及すれば、米ドルでの経済取引が少なくなるため、米国のマクロ経済運営の影響からエルサルバドル経済は距離を置くことができる。

それに、ビットコインを国家として採掘すれば、エルサルバドルはドル化で失った金融緩和機能も回復できる。加えて、ビットコインの価格が上昇すれば、その資産効果で国民の所得水準が向上する。ビットコインが法定通貨となった二〇二一年九月、その価格は四万五〇〇〇米ドル程度だった。しかし二四年初めに七万米ドルを超えたことで、この間に国民は、ビットコインを売らなければ二万米ドル以上の含み益を得た計算となる。

国会はブケレ大統領の意向に従い、世界で初めてビットコインを米ドルと並ぶ法定通貨とする法律を二〇二一年六月に可決、九月に施行した。同時に政府は、スマートフォンでの利用を前提としたビットコイン専用の口座アプリ「チボ」を立ち上げ、一個人一口座三〇米ドル相当のビットコインをチボに振り込んだ。そして政府は、国内企業に対してビットコインでの支払いを受け付けるよう義務化し、その普及を図った。

しかしながら、ブケレ大統領の肝煎りで導入したビットコインに対して、エルサルバドルの国民は信用を寄せることがなかった。シカゴ大学のフェルナンド・アルバレス教授が中心となった全米経済研究所（NBER）のチームが二〇二二年七月に発表した調査結果によると、三〇米ドルのクレジットを利用した後もチボを利用し続けたエルサルバドル国民は、有効回答数の二割弱にとどまったという。

またチボによるビットコインの送金サービスを利用した国民は三パーセント程度にとどまり、

米ドルの送金でも八パーセント程度だったようだ。多くの新興国がそうであるように、エルサルバドルでもまた、多くの人々がスマホを持ち、インターネットにアクセスしている。一方で、長年にわたる経済社会不安から、新興国では多くの人々が、安定した資産として基軸通貨である米ドルを、それも紙幣で持つことを好んでいる事実がある。

これは歴史的に社会で根付いた慣行であり、魅力的な新技術が開発・導入されたからといって、すぐに変わるものでもない。結局のところ、チボを用いてビットコインや米ドルの取引を行ったエルサルバドル国民は、一部の若者に限定されたようだ。その後も、エルサルバドルでビットコインが順調に普及しているという話は聞こえてこない。エルサルバドルの経験は、暗号資産が脱ドル化の手段になりえないことを示す好例といえよう。

ベネズエラの暗号資産ペトロ

続いて、南米ベネズエラの事例を読み解いてみよう。ビットコインという世界的に取引されている暗号資産に希望を託したエルサルバドルと異なり、ベネズエラは自ら独自の暗号資産「ペトロ」を発行し、脱ドル化を試みようとした点でユニークだ。このペトロは、マイニングやステーキングによる信用ではなく、ベネズエラが豊富に産出する原油を信用の裏打ちにした暗号資産という点でも、異彩を放っている。

もともとベネズエラは、南米をスペインから独立に導いた一九世紀の革命家シモン・ボリバルにちなんだ通貨であるボリバルを発行していた。ベネズエラは産油国であるから、一九七〇年代の二度の石油危機がベネズエラに多額の外貨収入をもたらし、ボリバルの切り上げ圧力になった。しかし一九八〇年代に入ると原油価格が下落したことで、ベネズエラは累積債務問題に陥り、ボリバルは不安定な通貨になってしまった。

ボリバルの価値を決定的に棄損させたのが、一九九九年に就任したウゴ・チャベス大統領による拡張型の経済運営だった。チャベス大統領は国内の貧困一掃を目指して拡張型の経済運営に努めたが、これによって高インフレが常態化し、ボリバル相場も下落が続いた。その結果、ベネズエラは二〇〇七年三月に一〇〇〇分の一のデノミを実施し、新通貨ボリバル・フエルテ（強いボリバル）を発行することになる。

しかしながら、チャベス大統領の後継として二〇一三年に就任したニコラス・マドゥロ大統領もまた拡張型の経済運営を志向した。さらに一七年八月、関係が悪化した米国から経済制裁を科されたことで、ベネズエラはハイパーインフレに陥った。この間、著しいハイパーインフレの下で通貨の供給もままならなくなったベネズエラでは、米ドルが事実上の通貨として機能するようになり、ドル化が大きく進むことになった。

結局、反米左派政権による失政が、自らが米国による経済的支配だと批判するドル化の深刻化を招く呼び水になるという皮肉な結果をもたらしたわけだ。起死回生を狙ったマドゥロ政権は、翌二〇一八年八月に一〇万分の一のデノミを実施して新通貨ボリバル・ソベラノ（最高のボリバル）を導入するとともに、このタイミングでペトロを発行すると発表した。ペトロの価格は、当時の原油市況に鑑み、六〇米ドルに設定された。

またペトロとボリバル・ソベラノの間には、一ペトロ＝三六〇〇ボリバルという固定レートが定められる予定だった。法定通貨と暗号資産を原油価格にリンクさせることでマドゥロ政権は脱ドル化を進めようと目論んだわけだが、その試みは上手くいかなかった。その第一の理由は、米国による制裁を忌避した近隣諸国がマドゥロ政権によるペトロ利用の呼びかけに応じなかったことにある。

マドゥロ政権は、ベネズエラも属する米州ボリバル同盟（ＡＬＢＡ）に加盟する反米左派の近隣諸国に対して、ベネズエラ産の原油の輸入決済に際してペトロの利用に応じるなら、原油価格を割り引くと提案した。ベネズエラはＡＬＢＡ諸国に対して一種の所得移転を行うことでペトロの普及を図ったわけだが、ベネズエラとの取引で米国による二次制裁が科されることを警戒した近隣諸国は、ペトロの利用に応じなかったのである。

第二の理由は、国民の信用を得ることができなかったことにある。長年にわたる通貨の下落で、ベネズエラ国民の通貨や政府に対する信用は低下しきっていた。したがって、ペトロが原油に裏打ちされた仮想通貨であると政府がいくら説明しても、ベネズエラ国民はペトロを信用しなかった。実際に政府は、ペトロをどう原油と、あるいはそれと同等の価値資産と交換するか国民に対して明示していなかったようだ。

実際に原油という現物と交換されたところで、ベネズエラ国民はその用途に困っただろう。一番望ましい兌換の在り方は、原油と同等の価値の国際通貨や金での支払いに応じることだった。しかし米国による制裁で米ドルの入手は難しくなっていたし、そもそも脱ドル化を図りたいマドゥロ政権にとって、それは受け入れることができない選択だったようだ。これでは国民がペトロを信用しなくても当たり前である。

結局ベネズエラ国民は、ペトロを顧みることなく、米ドルやビットコインなどメジャーな暗号資産を利用し続けた。そのためマドゥロ政権は二〇二四年一月一五日に、ペトロの運用そのものの停止に追い込まれた。脱ドル化を図りたいマドゥロ政権だったが、その政府が原油という実物資産を裏付けに発行した暗号資産は、米ドル以前に、他のメジャーな暗号資産にさえ信用力が劣るものだったということになる。

ベネズエラの経験は、長年にわたって通貨政策が破綻した国が起死回生を図って暗号資産を発行したところで、内外の信頼を得ることができないことを良く物語っている。その後ベネズエラは、二〇二一年一〇月にも一〇〇万分の一のデノミを行い、ボリバル・ソベラノを新通貨ボリバル・デジタルに切り替えた。直後の対ドルレートは一米ドル＝四・一ボリバルだったが、二三年末には三六ボリバルまで減価している。

マイニングによる経済成長計画

ここで、エルサルバドルに話を戻したい。同国のブケレ大統領は、経済成長の推進役として、ビットコインの採掘、つまりマイニングにも期待を寄せていたことでも知られている。いわゆるビットコインシティ構想がそれである。この構想は、エルサルバドル東部にビットコイン特区を設けて、付加価値税（ＶＡＴ）以外の所得税や固定資産税などを非課税とし、採掘業者（マイナー）や投資家の誘致を行うというものだった。

ビットコインシティは、コンチャグア火山と太平洋岸のフォンセカ湾に挟まれた地域で建設される予定だった。マイニングには多大な電力を要するため、電力の浪費だという批判がつきまとう。そこでブケレ大統領は、コンチャグア火山による地熱発電を用いてマイニングを行えば、そうした批判を回避できると考えた。またビットコインシティの建設費用は、ビットコインを担保に発行する債券（ボルケーノ債）で集金する計画だった。

先にも述べたように、エルサルバドル国内のビットコイン化は一向に進んでいない。しかしブケレ大統領は、国際通貨基金（ＩＭＦ）からの警告にもかかわらず、二〇二四年二月の再選後も、ビットコインシティ構想の実現を進めると公言してはばからない。ブケレ大統領は、エルサルバドルが経済発展を図るうえでは、ビットコインがその実現手段になりえるとまだ考えているようだ。

エルサルバドルのほかにも、暗号資産のマイニングに経済発展の推進力としての役割を期待した国として、東欧のウクライナがある。同国には、欧州最大級の原子力発電所であるザポリージャ原子力発電所がある。二〇一九年五月に就任したウォロディミル・ゼレンスキー大統領は、二〇二〇年八月にザポリージャ州の成長戦略プランを公表した際、その中核にマイニング施設建設計画の推進を据えたことで知られる。

ゼレンスキー大統領が率いるウクライナ政府は、ザポリージャ原発の余剰電力を用いれば、大規模なマイニングが可能だと踏んだようだ。またウクライナ政府は、同国西部にあるリウネ原発にも、マイニング施設を建設しようとした。このようにゼレンスキー大統領は暗号資産のマイニングに期待を寄せていたわけだが、金融システムの安定性に配慮する中銀との関係が緊張し、複数の中銀高官が辞職する事態も生じた。

ウクライナは二〇二二年二月より、ロシアとの間で全面的な交戦状態となっている。この過程でザポリージャ原発がロシアの支配下に入ったため、ゼレンスキー大統領が描いた大規模なマイニングに基づく経済発展戦略は実現不可能となった。とはいえ、仮にロシアとの戦争が回避でき、ザポリージャ原発にマイニング施設を建設できたとしても、それでウクライナの経済発展が促された可能性は低い。

エルサルバドルやウクライナのように、経済発展が阻まれてきた新興国では、一部の実業家やそれに近い政治家が富を独占し続けている。一方で、縁故主義や汚職の蔓延もあって、社会では若者を中心に厭世観が拡がっている。そうしたウクライナの数奇な運命には同情を禁じえない。とはいえ、暗号資産の利用や採掘へと傾斜していくことは、限りある資源を新興国が極めて勝率の低いギャンブルに注ぎ込むようなものだ。

一見すると迂遠かもしれないが、ルールベースの健全なマクロ経済運営を通じて基軸通貨である米ドルと自国通貨の為替レートを安定させ、そのうえで地道に社会構造の改革を図ることこそが経済発展の王道だ。結局のところ、新興国が暗号資産を用いて脱ドル化を実現し、経済発展のジャンプアップを試みても、それは失敗するだけだということを、エルサルバドルやベネズエラ、ウクライナの経験は示唆している。

【コラム】リブラ構想の挫折

米系ビックテック企業のメタ社（旧フェイスブック社）は、いわゆるＧＡＦＡの一角を占める。メタ社はかつて、リブラと呼ばれる暗号資産の発行を目指していた。リブラは後にディエムと改称されるが、リブラとして記憶している人の方が多いだろう。リブラは二〇一九年六月に発表され、二〇年の発行を目指していた暗号資産だが、その価値が複数の国際通貨から構成される通貨バスケットとの間で固定される点に特徴があった。

ドイツの週刊誌デア・シュピーゲルが二〇一九年九月二〇日付で報じたところによると、メタ社は米ドルを中心に、ユーロ、日本円、英ポンド、シンガポールドルから構成される通貨バスケットを準備し、それとリブラの為替レートを固定させようとしたようだ。このように安定した資産との間で価値を固定した暗号資産は「ステーブルコイン」と呼ばれ、通常の暗号資産に比べると価格変動リスクが低下する点が特徴となる。

そのうえでメタ社は、リブラを暗号資産の本来の役割である送金ツールとして使用しようと考えた。メタ社が提供するＳＮＳであるフェイスブックのユーザーは二〇億人以上ともいわれ、このプラットフォームが送金サービスを提供すれば、充実した送金ネットワークが構築され、アンバンクドに対する金融包摂が進むことになる。それに、充実したネットワークを後ろ盾に、日々の決済でもリブラの普及が進むと期待していた。

しかし、この構想もまた挫折することになった。最大の理由は、主要国が、リブラというステーブルコインの存在そのものに対して警戒感を強めたことにある。フェイスブックというプラットフォームの大きさゆえに、メタ社の提供するステーブルコインが犯罪者やテロリストらによる資金洗浄（マネーロンダリング）や違法送金の温床となりかねないことを、主要国は懸念したのだ。

それに、リブラのようなステーブルコインが、新興国の資本逃避を促す可能性を有していることに対する危機感もあった。米国の利上げ局面で新興国の通貨が売られたとき、資産逃避を図る人々がリブラを買い増したり、あるいはリブラを通じて米ドル建ての資産を買ったりすれば、新興国からの資金流出が急増する事態となる。実際にそうなれば、そうした資金流出で、新興国通貨に対する下落圧力が強まる。

こうしたことから、いわゆるG20（主要二〇カ国財務相・中銀総裁会議）は二〇一九年一〇月に声明を発表し、リブラのような国際性が高いステーブルコイン（グローバルステーブルコイン）に対する規制を強化する方針を示した。こうした主要国による強い警告を受けてメタ社は方針を転換し、米財務省の監督の下で米ドルとリンクした暗号資産ディエムUSDを発行すると二〇年春に発表することになった。

その後メタ社は、二〇二二年一月に米国の民間銀行であるシルバーゲート銀行にディエム事業を譲渡すると発表、ステーブルコインの発行から完全撤退した。メタ社はその理由を明らかにしていないが、ディエムの発行を通じて得るメリットに比べて、米国が求める規制の基準を順守するといったコストが大き過ぎたのだろう。ステーブルコインの発行に当たって米国が求めた安全基準を満たすことは、メタ社には不可能だったようだ。

　結局のところ、メタ社は自らの力を過信していたといわざるをえない。そして事業を継承したシルバーゲート銀行も、仮想通貨交換業大手FTXトレーディングの経営破綻後に預金流出が加速したことで、二〇二三年三月に事業の清算を余儀なくされている。リブラの挫折は、非常に強い影響力を持つグローバル企業でも、信用力を持つ暗号資産を発行することが難しいことをよく示している。

2　トルコの脱ドル化

ドル化が進む国トルコ

　続いて、資本規制の強化を通じて脱ドル化を図った国であるトルコの経験を読み解いてみたい。

　米投資銀行大手のゴールドマン・サックスはかつて、ＢＲＩＣＳに次ぐ有望な新興国一一カ国（ネクスト11）の一カ国にトルコを数えていた。一人当たり名目ＧＤＰ（国内総生産）は二〇二三年時点で一万三一一〇米ドルに達しており、世銀の高所得国の基準（一人当たり国民総所得が一万三八四五米ドル以上）をほぼ満たしている。

トルコの人口は八五〇〇万人近くに達しており、魅力的な消費市場である。それにトルコはEUとの間で関税同盟を締結しているため、多くの消費財メーカーがEU向けの生産工場を構えている。政治的には、ロシアや中央アジア諸国との関係が良好である。ロシアがウクライナに侵攻して以降、トルコは国連と共に両国を仲介し、黒海経由でのウクライナ産穀物の輸出に関する合意（黒海イニシアチブ）を取り付け、国際社会で存在感を高めた。

トルコはもともと、中東と欧州の結節点だ。そのため、トルコはEUにとっては無視できない存在である。加えてトルコは、アゼルバイジャンから欧州に向かう天然ガスパイプラインTANAP（トランス・アナトリア・パイプライン）の経由国でもある。EUがロシア産天然ガスから他国産天然ガスへの転換を進める中で、トルコの地政学的な重要性は日に日に高まっている。

一方で、トルコは戦後来、通貨危機を何度も経験したため、国民の自国通貨リラに対する信用が失われてしまっている。現在のリラは二〇〇五年に当時の旧一〇〇万リラを新一リラとする一〇〇万分の一のデノミを受けて導入されたもので、当時の相場は一米ドル＝一・五リラ程度だった。しかし、二三年末の相場は一米ドル＝三〇リラ程度まで下落しており、価値は二〇分の一となっている。

トルコで通貨危機が相次いだ理由は、歴代の政権が財政拡張を重視し、それを支えるために中銀が金融緩和を続けたことにある。通貨の下落が常態化したトルコでは、国民が資産防衛の観点から、金や不動産といった現物資産へ投資したり、米ドルやユーロの紙幣を保有したりするようになった。つまりトルコでは、ドル化が非公式なかたちで拡がることになったのである。

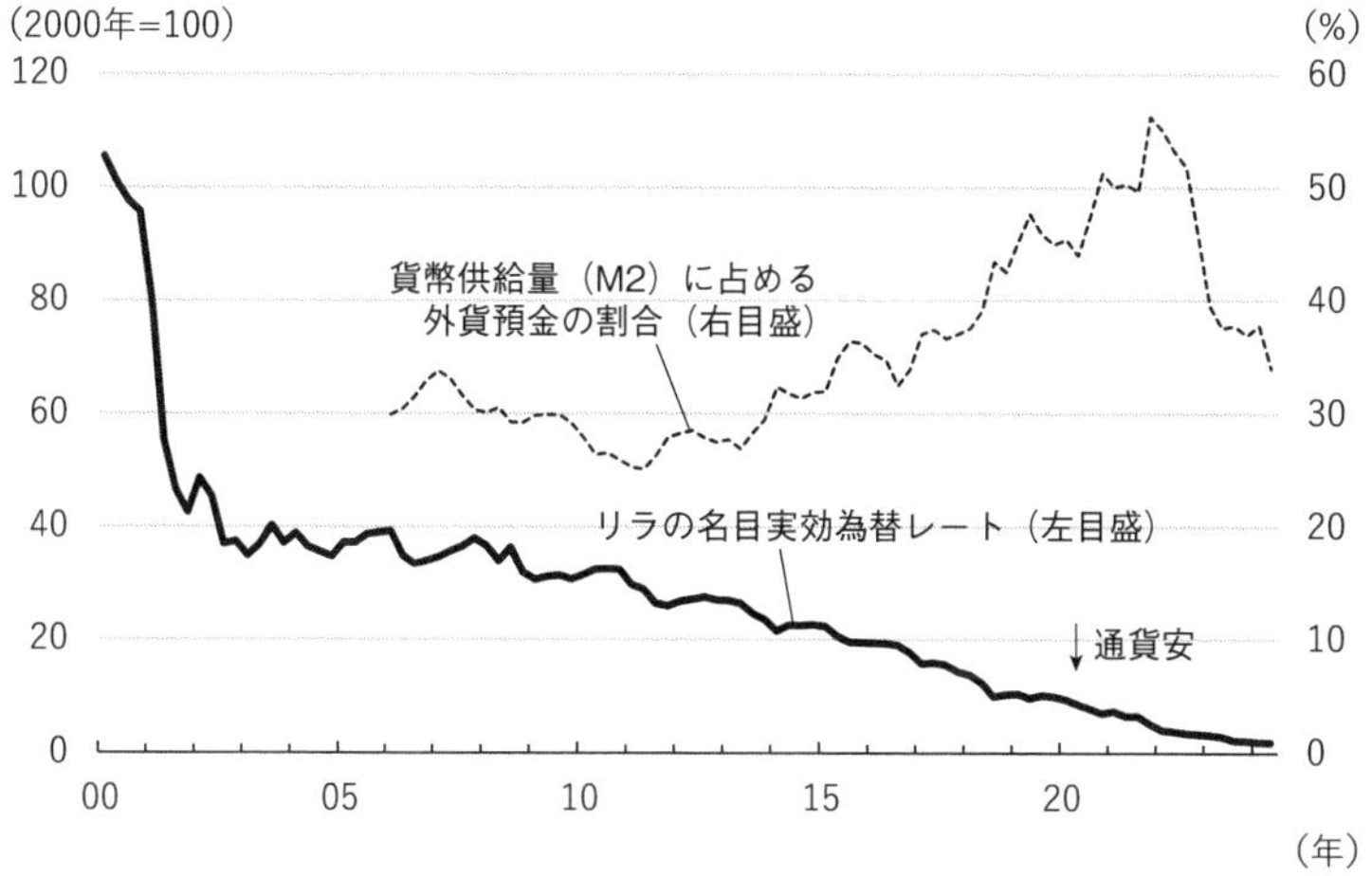

図表4－2　トルコのドル化指標
（出所）トルコ中銀

近年では、二〇一四年八月に首相から転じたレジェップ・タイイップ・エルドアン大統領の下で財政拡張と金融緩和が常態化し、リラ相場の下落を招いている。特に対米関係の悪化が意識されてリラが暴落した二〇一八年八月以降、トルコではドル化が加速し、貨幣供給量（マネーサプライ）に占める外貨預金の割合が四〇パーセント台から五〇パーセント台へと顕著に上昇することになった（図表4－2）。

マクロ経済の運営は自国通貨で行われるため、ドル化が進むと、その国のマクロ経済運営は困難となる。この状況を改善するためには、マクロ経済の運営を財政と金融の両面から引き締め、通貨の下落に歯止めをかける必要がある。しかしエルドアン大統領は、マクロ経済運営を引き締めることを拒絶し、財政拡張を続けるとともに、中銀に対して金融緩和を要求し続けた。

そこでトルコは、資本規制の強化を通じてリラ相場を安定化させるとともに、トルコ経済の脱ドル化を進めようと目論んだ。つまり経済の「リラ化」（リライゼーション）を進めようとしたわけだ。次節でその概要を説明するが、そうした資本規制の強化ではリラ相場が安定せず、エルドアン大統領は結局、マクロ経済運営の引き締めを受け入れざるをえなくなるのである。

トルコのリラ化政策

二〇二一年一二月にリュトフィ・エルバン財務相が辞任したことを受けて、リラ相場は急落した。エルバン財務相は前年の二〇年一一月に就任し、同時に就任したナジ・アーバル中銀総裁とともにマクロ経済運営を引き締めることが期待されていたが、エルドアン大統領と衝突したアーバル総裁は就任後わずか六カ月で解任されていた。さらにエルバン財務相が辞任したことで、投資家がリラに売りを浴びせたのだ。

この事態を受けてトルコ財務省は、リラ建ての預金を外貨換算の価値で保証する新たな預金保護制度（ＫＫＭ）を導入し、リラ安に歯止めをかけようとした。この制度は、三、六、九、一二カ月満期の定期預金に対して、リラの米ドル相場の下落率が預金金利を上回った場合、満期時に政府が銀行を通じ差額を補填するというものだった。しかしこの政策は、リラ安の主因である財政拡張につながるという本末転倒な性格を持っていた。

そこでトルコ財務省は、輸出業者に対して外貨建ての売上高の二五パーセントを中銀へ強制的に売却させる政策を二〇二二年一月に導入し、四月にはそれを四〇パーセントへと引き上げた。

リラ買いドル売り介入で減少した外貨準備高を補うことと、企業がリラ資金を使う機会を増やすことがそのねらいだった。トルコ政府は為替レートを防衛すべく、一歩踏み込んだ資本規制の強化に着手したのである。

同年六月、政府は一五〇〇万リラ以上（当時の為替レートで約九〇万米ドル）の外貨資産を保有する企業に対して、その額に応じて貸出を制限する制度を導入した。具体的には、外貨資産が総資産の一〇パーセントを超えるか、外貨収入が売上高の一〇パーセントを超える企業に対して、国内の銀行がリラ資金を貸し出すことを禁止した。この規制の発表後、手持ちの米ドルを売却してリラを買う企業が続出し、相場は一瞬、リラ高に振れた。

同年一二月には、中銀が『二〇二三年における金融政策及びリラ化に関する戦略』という戦略文書を公表し、金融政策や資本政策を通じて、銀行のバランスシートの資産と負債の両サイドでリラ資金の割合を高める方針を示した。銀行のバランスシートに占める外貨建て預金と融資の割合を低下させ、リラ建て預金と融資の割合を上昇させることで、経済全体の脱ドル化を進めるとの決意を中銀は表明したことになる。

資本規制を強化した結果、マネーサプライに占める外貨預金の比率は、二〇二一年末の五六・二パーセントで天井を打ち、二三年末には三六・九パーセントまで低下した。さらにこの間に、銀行のバランスシートに占めるリラ資金の割合は、資産サイドで四九パーセントから六一パーセントに、資本・負債サイドで四二パーセントから五二パーセントに、それぞれ上昇した（図表4－3）。

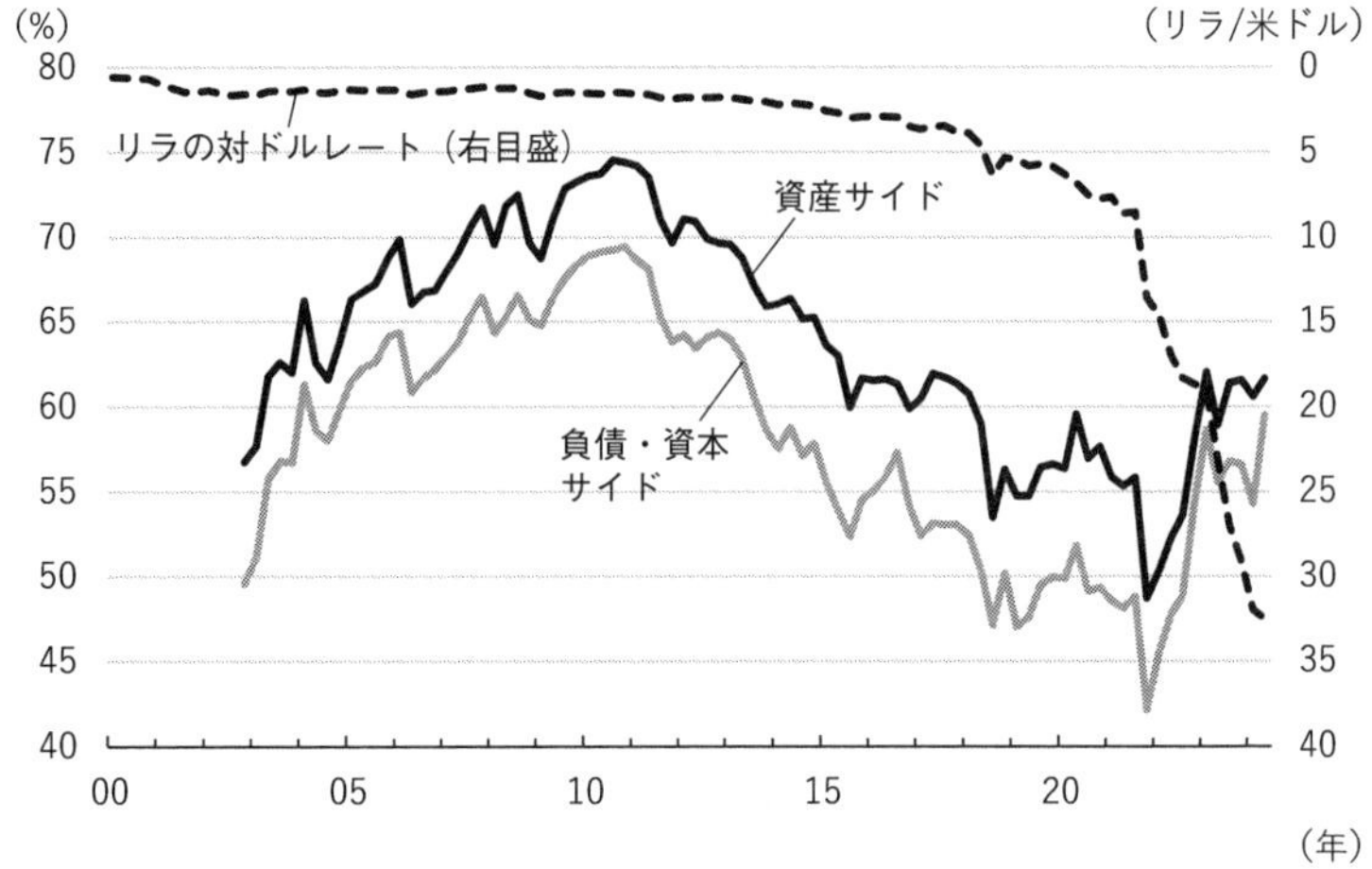

図表4−3　銀行のバランスシートに占めるリラ資金の割合
（出所）トルコ中銀

このように、資本規制の強化は、ある程度の「リラ化」につながったようだ。とはいっても、マネーサプライに占める外貨預金の割合や銀行のバランスシートに占める外貨資金の割合は、それぞれリラの暴落が始まった二〇一八年程度まで水準が改善したものの、それで頭打ちとなっている。つまり、長期的なトレンドで評価すれば、ドル化指標の改善は限定的であり、資本規制の強化という手法の限界を物語っている。

重要なことは、やはり財政拡張と金融緩和の組み合わせを修正することにほかならない。二〇二三年六月に就任したメフメト・シムシェキ財務相の下、政府は増税を行うなどようやく財政再建に着手した。またシムシェキ財務相と同時に就任したハフィゼ・ガーイェ・エルカン総裁の下で中銀も利上げを行い、同総裁が辞任する二四年二月までに政策金利は四五パーセントまで引き上げられた。

後任のファティ・カラハン総裁は政策金利をさらに五〇パーセントへと引き上げ、これを維持している。それでも、トルコでは年六〇パーセントを超えるような高インフレが常態化しているため、実質金利はマイナスのままだ。しかしながら、マクロ経済運営が財政と金融の両面から引き締められ続けていることを投資家は好感し、二〇二四年に入るとリラ相場の下落には歯止めがかかるようになった。

資本規制の限界

トルコは資本規制の強化を通じて、脱ドル化でありリラ化を図ろうとした。しかしその効果は限定的であり、結局のところ、マクロ経済運営を財政と金融の両面から引き締めなければ、リラ相場の下落には歯止めがかからなかった。一方で、この間に資本規制を強化したことで、国際収支統計が示すように、トルコの資本流入（直接投資流入とポートフォリオ投資流入）は低迷することになった（図表４－４）。

資本規制を強化すれば資本流出が抑制されるが、同時に資本流入も制限される。中国のように経常収支が黒字の経済であれば、資本流入が制限されてもまだ耐性がある。しかしトルコは、経常収支が赤字の経済である。つまり国内貯蓄が不足している経済であるため、海外貯蓄が流入しなければ高成長は実現しえない。そうした国が資本規制を強化すれば、海外貯蓄の流入が抑制されるため、経済成長力は下振れする。

それでも通貨が安定するなら、資本規制の強化には一定の意味があるかもしれない。とはいえ、

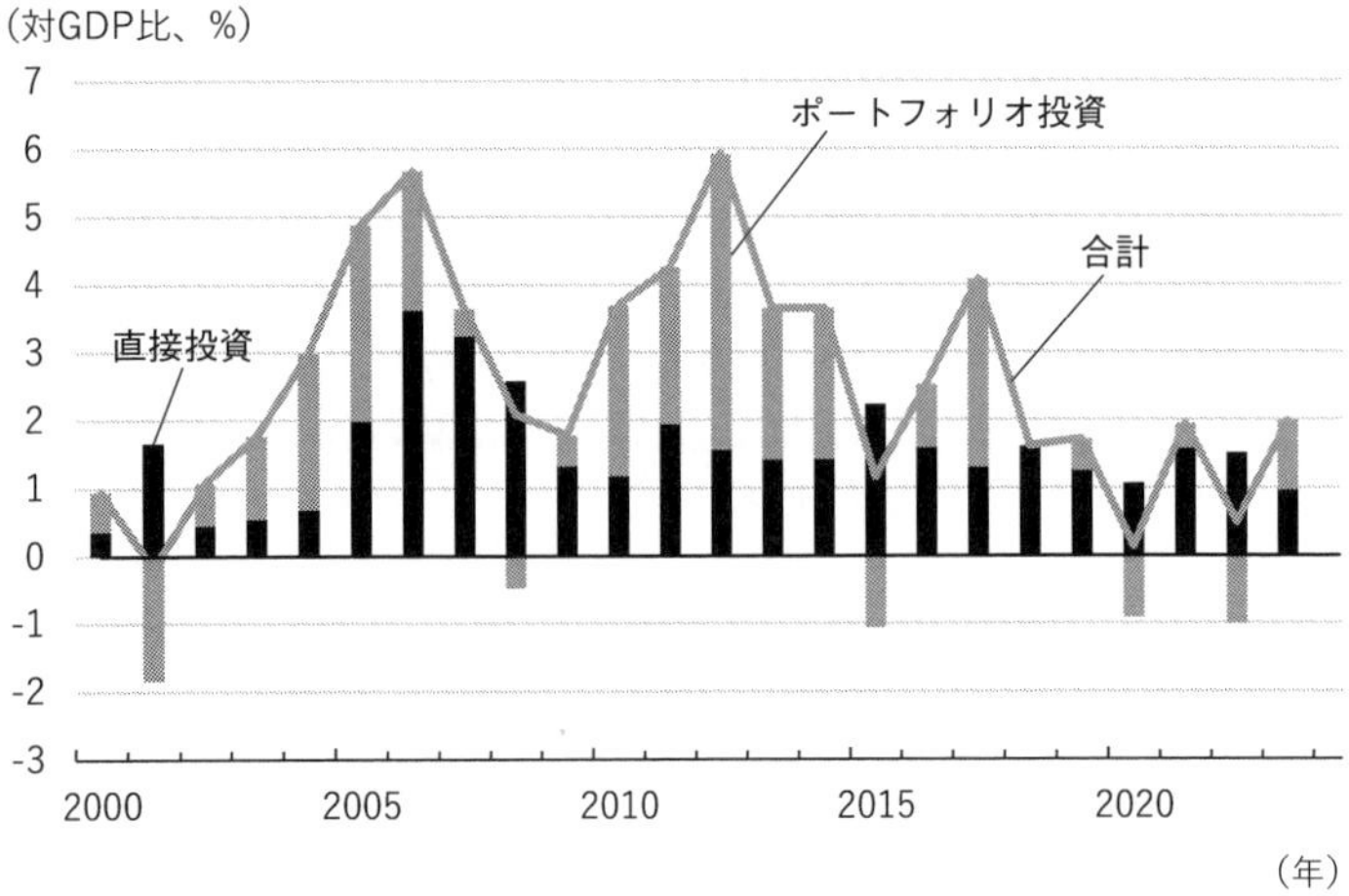

図表4－4　トルコの資本流入
（出所）国際通貨基金（IMF）

ＩＭＦ一四条国に認められているような本格的な為替制限（政府・中銀による為替管理）を導入でもしない限り、通貨の安定は限定的である。トルコも中国もすでにＩＭＦ八条国であるため、本格的な為替制限の導入は国際社会に容認されない。それこそ、一段の投資家離れを呼び、資本流入が一段と先細ることになる。

結局のところ、通貨を安定させるためには、マクロ経済運営を健全化させる必要がある。トルコでは二〇二三年五月の大統領選でエルドアン大統領が再選した直後より、シムシェキ財務相とエルカン総裁（後にカラハン総裁）の下でマクロ経済運営の健全化が進んだ。エルカン総裁による大幅な利上げがクローズアップされることが多いが、これはエルカン総裁のプロデューサーであるシムシェキ財務相の存在無くして不可能な政策運営だった。

シムシェキ財務相は、かつてロンドンやニューヨークの投資銀行で勤務した経験を持ち、エルドアン政権下でも二〇〇九年から一八年まで副首相と財務相を務め、投資家から高く評価されていた。しかしそのタカ派姿勢がエルドアン大統領に嫌われ、政権の要職から追放された経緯がある。大統領のラブコールを受けて二三年六月に財務相に復帰したが、その際にシムシェキ財務相は、大統領に大幅な利上げを受け入れさせたといわれる。

それでも、過去の経緯からトルコのマクロ経済運営の引き締めが続くかどうか、金融市場は慎重に見定めていた。そのため、二〇二三年の間は、リラ相場の下落には歯止めがかからなかった。途中、カラハン総裁はプライベートな事情を理由に辞任を余儀なくされるが、シムシェキ財務相が主導するマクロ経済運営の引き締めはその後も継続している。これが好感され、二四年に入ってリラ相場は下げ止まるようになったわけだ。

重要なことは、トルコが今後も健全なマクロ経済運営を続けることができるかどうかだ。トルコは二〇二八年五月までに次の国政選挙を控えている。これまでのポリティカルサイクルに従えば、エルドアン大統領は二六年頃から大統領選を意識し、政府に財政拡張を求め、中銀に金融緩和を求める可能性が高い。仮に政府が財政拡張に、また中銀が金融緩和に応じることになれば、リラは再び下落を余儀なくされる。

エルドアン大統領が率いる与党・公正発展党（ＡＫＰ）は、近年、選挙での苦戦が続いており、二〇二三年の総選挙では下野も意識される状況だった。また大統領自身、一九五四年生まれと相応の高齢であるため、後継候補への権力の移譲も視野に入れなければならない。こうした状況下でも健全なマクロ経済運営に努めることができるなら、リラ相場は回復すると見込まれる。しかしその可能性はかなり低いのではないだろうか。

【コラム】通貨暴落でも増えた所得

ところで、リラの暴落にもかかわらず、二〇二一年以降、トルコの米ドル建て一人当たり名目GDPは増えている。このパズルの謎を解くべく一人当たりGDPの変動を㈠物価要因（GDP価格指数の変化率）と㈡成長要因（実質GDPの成長率）、㈢為替要因（リラの対米ドルレートの変化率）で分解すると、二〇年までは物価の上昇以上に通貨の下落が激しく、それが一人当たり所得の減少をもたらしたことが分かる（図表4－5）。

しかし二〇二一年以降は、成長要因による押し上げもあるが、それ以上に物価要因による押し上げが拡大しており、それが為替要因による押し下げを上回るかたちで、一人当たりGDPの増加をもたらしている。こうして考えると、トルコの二一年以降の一人当たりGDPの増加は、経済の成長を反映した現象というよりも、物価の急騰によってもたらされた「膨張」であると判断した方がよさそうだ。

この間、トルコの消費者物価は急上昇している。具体的に、二〇二二年の消費者物価は七二パーセントと、ロシア発のエネルギーショックを受けて前年（一九パーセント）から上昇が急加速した。二三年は五三パーセントまで上昇が鈍化するが、一方でトルコ政府は、最低

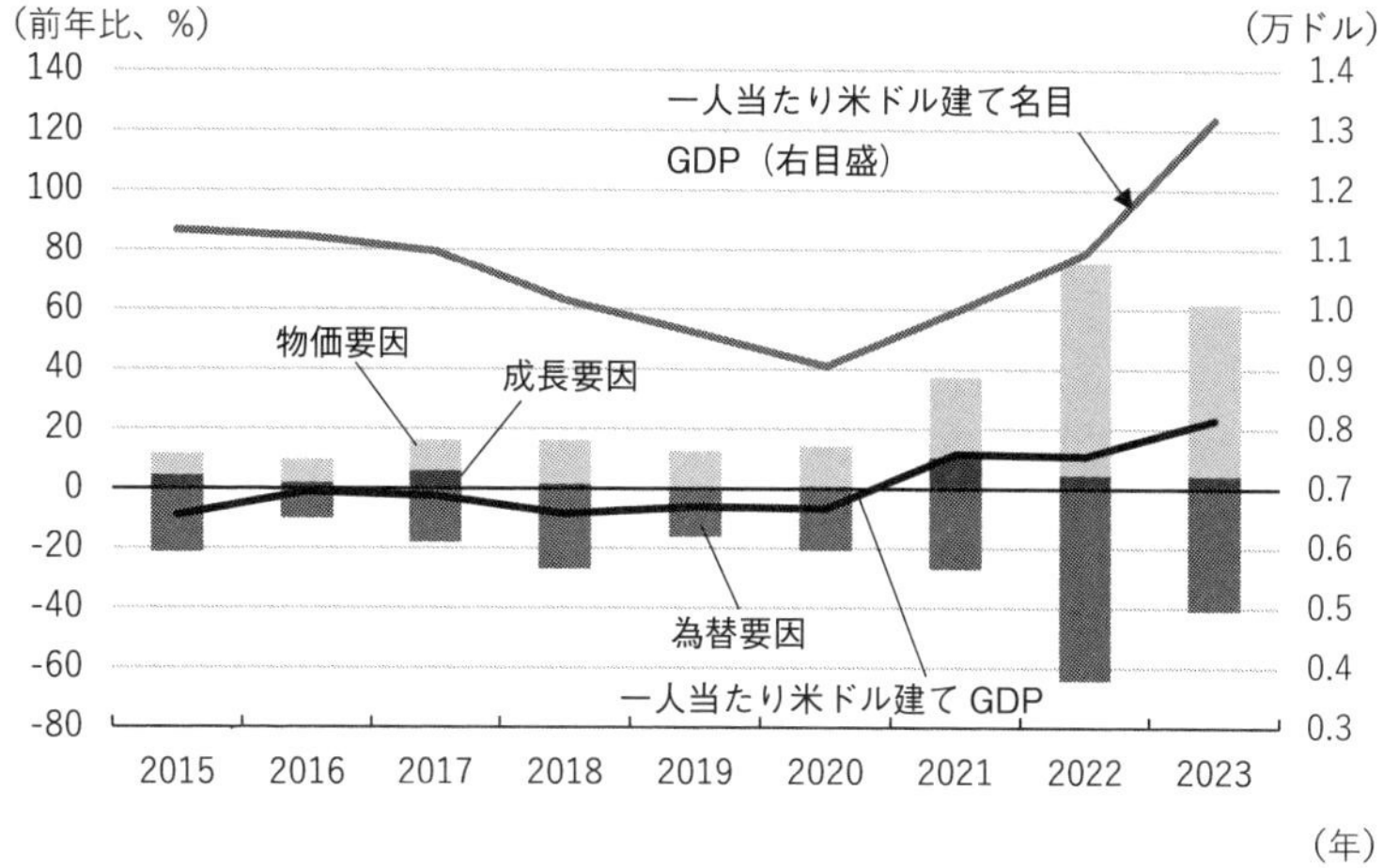

図表4－5　トルコの一人当たり GDP の動き
（出所）トルコ中銀、トルコ統計局

賃金を二二年に七三パーセント引き上げ、翌二三年には一〇四パーセントも引き上げた。つまり、二三年の最低賃金は実質ベースで五割以上も増えたことになる。

トルコは二〇二三年五月に大統領選を控えていた。そのため、再選を狙うエルドアン大統領が、最低賃金を大幅に引き上げたのだ。結局、二一年以降のトルコの一人当たりＧＤＰの増加は、好調な企業業績の下で実現したものではなく、政府による介入によって人為的に作り上げられた現象に過ぎない。このように、政府による介入を通じて実現された実質所得の増加は、インフレを促すだけである。

一人当たりＧＤＰが健全なかたちで増加している国の通貨には、必ず上昇圧力が高まる。しかし、トルコの二〇二一年以降の一人当たりＧＤＰの増加は、政府による介入で実現したものだ。この違いを為替市場が見抜いたため、リラ相場は上昇しなかったのだろう。当然、このような経済運営の持続可能性は低く、息切れは早い。マクロ経済運営を正常化しない限り、トルコ経済は通貨安と所得減の負のサイクルに再び陥ることになると考えられる。

3　メキシコの脱ドル化

脱ドル化に成功したメキシコ

最後に、メキシコのペソ化の経験について考えてみたい。メキシコは脱ドル化に成功した数少ない国の一つだが、それを健全なマクロ経済運営で勝ち取ったことに特徴がある。とりわけ物価目標に基づく堅実な金融政策運営が、メキシコの通貨ペソの信用力を向上させることにつながった。このメキシコの経験は、ルールベースのマクロ経済運営の重要性と、それを継続することの困難さをわれわれに物語る。

戦後のメキシコ経済は、制度的革命党（ＰＲＩ）による一党体制の下、一九五〇年代から七〇年代まで、インフレを伴わない堅調な成長が続いた（メキシコの奇跡）。とりわけ七〇年代には、いわゆるオイルマネー（七三年の第一次オイルショックを受けて生じた国際余剰資金）がメキシコに流入し、それを基にＰＲＩ政権は国内の経済開発に注力することができた。その結果、メキシコは新興工業経済地域（当初はＮＩＣＳ、後にＮＩＥＳ）の一カ国に登り詰めた。

しかし米国がインフレ撃退のために金利を急速に引き上げたこと（ボルカーショック、第1章を参照）で、メキシコは対外債務の利払いに窮するようになった。また利上げで世界の余剰資金が米債に集中したため、メキシコは資本逃避に見舞われるようになった。主力の輸出品であった一次産品の価格も低迷したため、外貨を稼ぐことができなくなったメキシコは、一九八二年八月に債務不履行（デフォルト）を宣言するに至った。

その結果、通貨ペソの相場が暴落し、メキシコはハイパーインフレーションに陥った。そしてメキシコ国民は、資産を防衛するために米ドル紙幣を確保し、銀行預金も米ドル建てで行うようになる。米国と国境を接しているメキシコの場合、米国との経済関係が他の中南米諸国と比べても密接であり、ドル紙幣を調達しやすい環境にあった。そのため、一九八二年の通貨危機で、メキシコでドル化が急速に進むことになった。

またメキシコは、一九九四年から九五年にかけても通貨危機に見舞われた。きっかけはやはり、米国の利上げだった。九四年一一月に米国がインフレ対策として利上げを行ったことで、メキシコから多額の資本が流出、通貨を維持できなくなったメキシコは一二月二〇日にペソの対米ドルレートを一五パーセント切り下げたが、結局は変動相場制度への移行を余儀なくされ、ペソの価値は一カ月で半分以下に下落した。

このメキシコ通貨危機で、グローバルな新興国通貨危機の連鎖の火ぶたが切って落とされた。

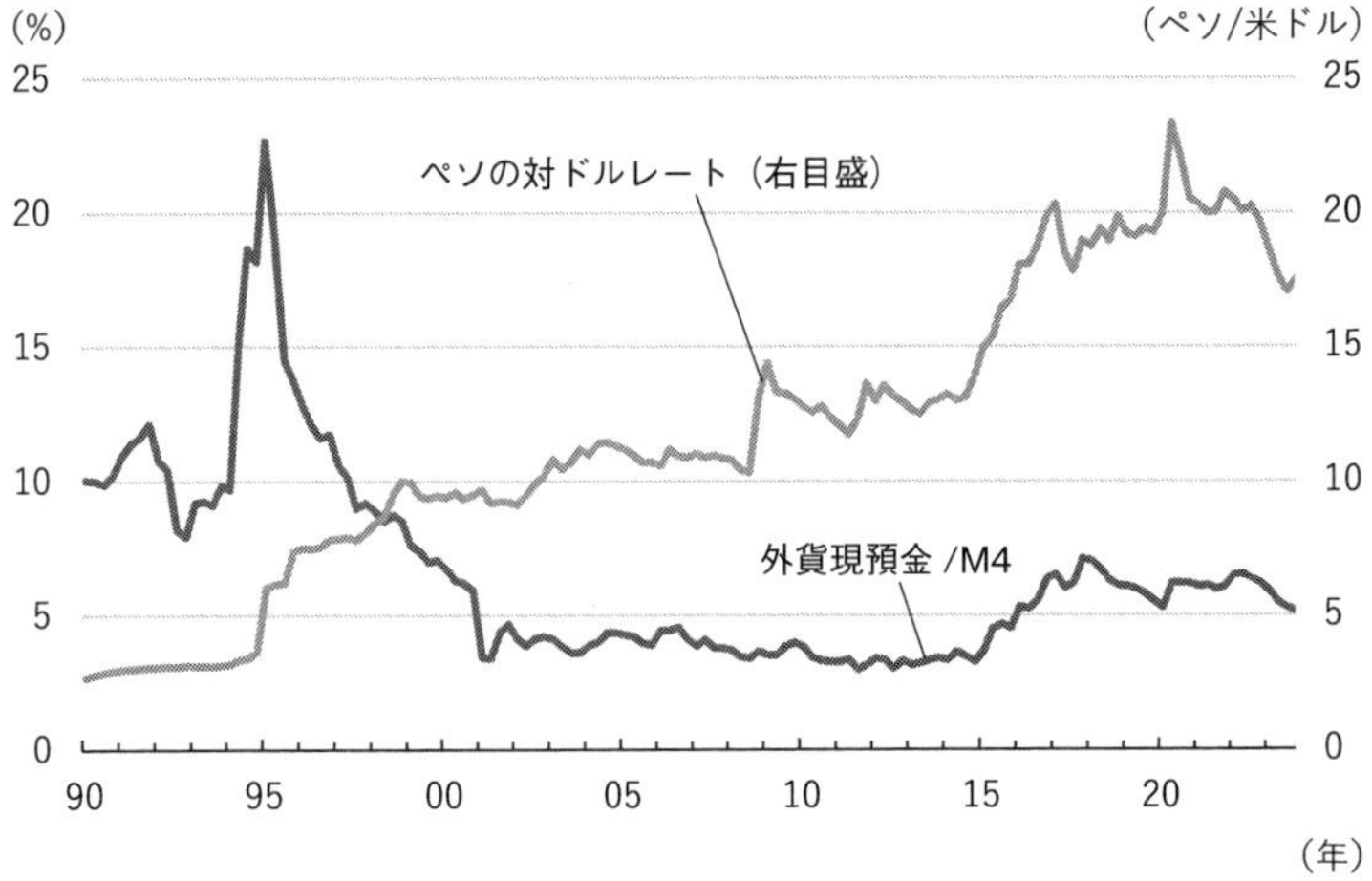

図表4－6　メキシコのドル化指標とペソの対米ドルレート
（注）2001年に基準が変更されている。（出所）メキシコ中銀

わずかな小康を経た後、一九九七年から九八年にかけてアジア通貨危機が生じ、アジアの多くの国がドルペッグ制の放棄に追い込まれた。九八年八月にはロシアが、九九年にはブラジルやアルゼンチンも通貨危機に陥る。メキシコが当初の震源地だったため、こうした新興国通貨危機の伝染はテキーラ効果と呼ばれた。

話をメキシコに戻そう。通貨危機を受けてドル化が再燃したメキシコでは、ドル化指標（M4に占める外貨の割合、M4＝M2＋非居住者が保有する国内金融資産＋国内銀行の海外支店及び代理店の預金）が、一〇パーセント台から二〇パーセントに急上昇したが、二〇〇〇年には五パーセント台にまで落ち着いた（図表4－6）。二〇〇八年には世界金融危機が生じ、ペソが下落したにもかかわらず、ドル化は進まなかった。

二〇一五年一二月に米国が利上げに着手すると、世界的にドル高が進み、ペソも一米ドル＝

一五ペソ前後から二〇ペソ台まで下落した。その後、二〇年二月のコロナショックでペソ相場は二〇ペソ台半ばまで急落したが、ドル化指標が五パーセントから六パーセントのレンジで安定して推移している。つまり、ペソ安にもかかわらず、メキシコではドル化が進まなかったわけだ。

米国がコロナショック後の利上げに着手した二二年三月以降、世界的にドル高が進んだが、にもかかわらず、ペソ相場は堅調であり、ドル化指標も五パーセント前後で安定していた。このように、メキシコは二度の通貨危機を経たにもかかわらず、ドル化の定着を免れたのである。つまり、メキシコはペソ化であり脱ドル化に成功した稀有な経済だ。ではなぜ、メキシコは脱ドル化に成功することができたのだろうか。

通貨目標から物価目標へ

注目されることは、二度の通貨危機を経て、メキシコがルールベースのオーソドックスな財政・金融政策に努めたことだ。一九八〇年代前半の通貨危機を受け、メキシコは八九年まで米ドルとペソとの間で固定相場制度を導入し、九一年一一月には一定の範囲内で相場の変動を容認する管理相場制度（クローリングペッグ制）に移行した。為替相場を維持するために、中銀は米国との間で適切な金利差を保たざるをえなくなった。

その結果、中銀が金融緩和で政府の財政拡張を支えることは不可能となった。そしてこのことが、メキシコの財政再建を促し、インフレを安定させた。一方で、クローリングペッグ制の導入は実質為替レートの増価を招き、メキシコの経常収支を悪化させた。それでも、海外からの資金流入でメキシコは国際収支を支えることができたが、一九九四年一一月の米国の利上げによって、そのマネーの流れが逆転することになった。

メキシコにとっての不運は、米国が利上げに着手する直前に政情不安に陥っていたことだ。一九九四年元旦に南部チアパス州で生じたサパティスタ民族解放軍（ＥＺＬＮ）による反乱を皮切りに、三月にはＰＲＩの次期大統領候補だったルイス・ドナルド・コロシオ氏が暗殺され、九月にはＰＲＩ幹事長フランシスコ・ルイス・マシウ氏が暗殺されるなど、メキシコの政情は米国が利上げに着手する前に不安定化していた。

政情不安と米国の利上げに伴う資本逃避に耐えられなくなったメキシコは、一九九四年一二月に変動相場制度に移行したが、そのためにペソ相場が一段と暴落することになった。メキシコは年明け一月に国際通貨基金（ＩＭＦ）から金融支援を受けることになり、さらに三月に入ってマクロ経済運営を強烈に引き締めたことで、ペソの下落にようやく歯止めをかけることができた。

二〇〇一年、メキシコ中銀は新たに物価目標（インフレターゲット）を取り入れ、それに基づくルールベースの金融政策運営に着手することになった。この仕組みの導入に当たってメキシコ中銀は、まず〇三年までに消費者物価の上昇を三パーセントに抑制するという最終的な目標を設定し、そのうえで〇一年のインフレを六・五パーセントに、〇二年を四・五パーセントにするというロードマップを示し、金融引き締めに努めた。

こうした物価目標の定め方はインフレ予測ターゲット方式と呼ばれるものだが、結果として二〇〇一年のメキシコの消費者物価上昇率は六・四パーセントと、当初掲げた物価目標を達成する

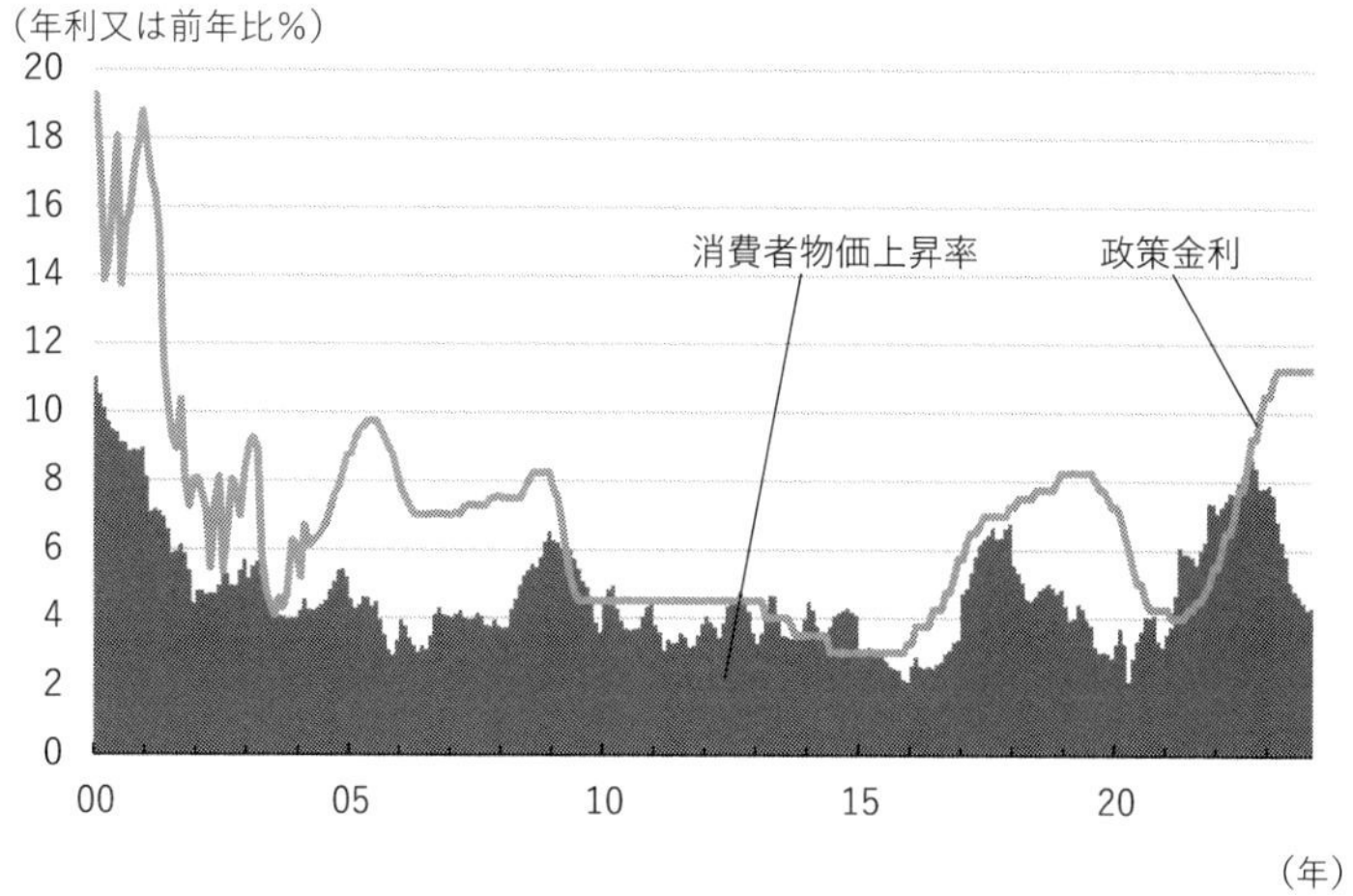

図表4－7　メキシコの消費者物価上昇率と政策金利
（出所）メキシコ中銀

ことになった。翌〇二年は五・〇パーセント、さらに〇三年には四・六パーセントと、後の二年は最初に定めた物価目標を上回ることになったが、それでもインフレは順調に鈍化することになった（図表4－7）。

物価目標に基づく金融政策運営が軌道に乗ったことから、メキシコ中銀は二〇〇三年に消費者物価上昇率を三パーセント±一パーセントにとどめるという物価目標を導入、現在に至るまでそれを維持している。この間、メキシコの消費者物価上昇率は、〇八年の世界金融危機や一五年の米利上げ、二〇年のコロナショックと、ペソ安が進んだ期間を除いては、おおむね三～五パーセントのレンジにとどまっている。

物価目標を定めたことと、その実現に注力したことで、中銀の金融政策は透明性を増した。他方で、一九九四年の通貨危機以降、政府が健全な財政運営に努めたことも見逃せない。この

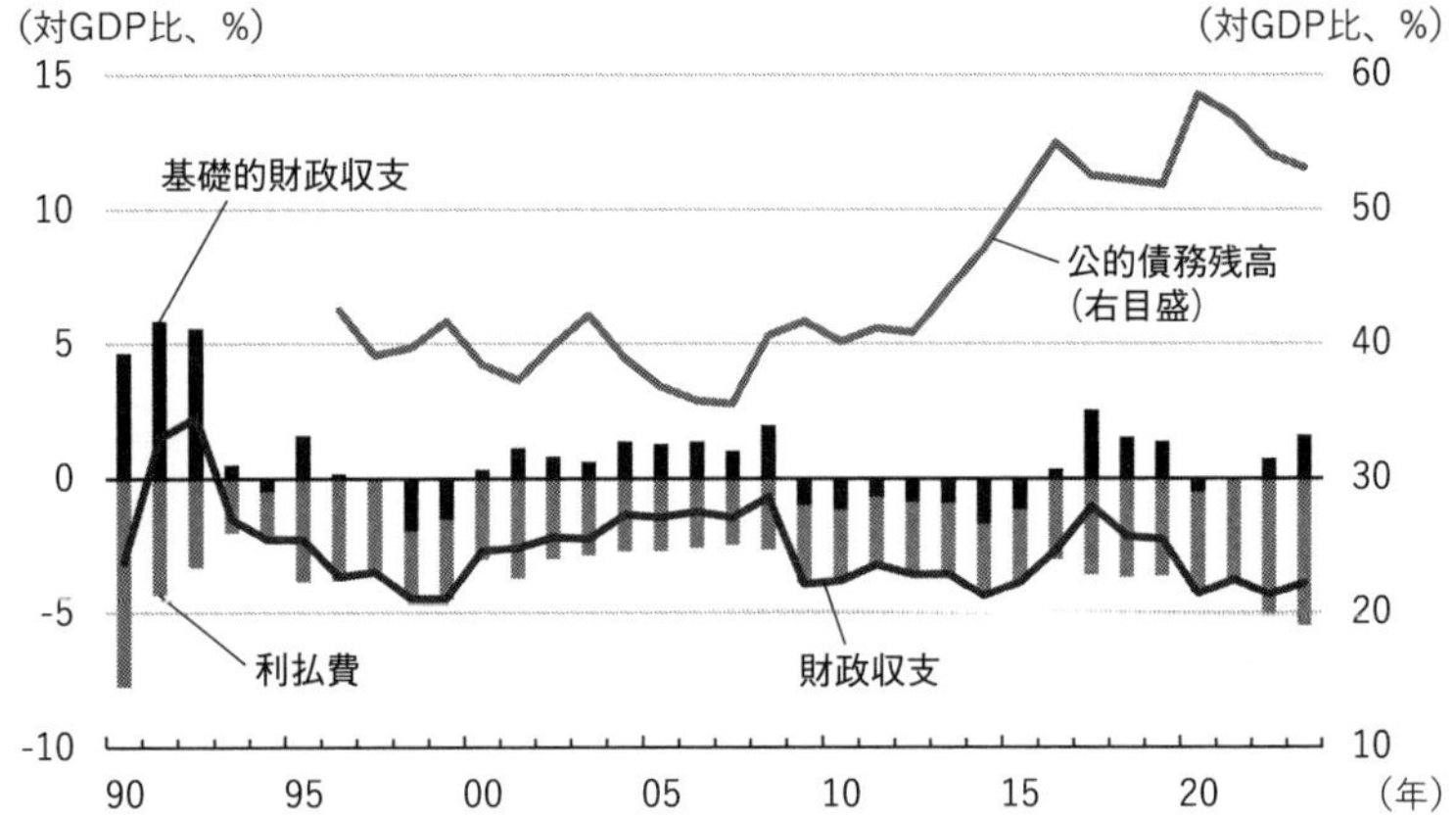

図表4－8　メキシコの財政収支
（出所）IMF

間、政権は中道右派の国民行動党（PAN）と中道左派のPRIが交互に担ったが、両党とも保守的な財政運営に努めた結果、メキシコの基礎的財政収支（財政収支から利払費を差し引いたもの）をおおむね均衡して推移している（図表4－8）。

メキシコの経験は、ルールベースでのマクロ経済運営を徹底すること、つまり健全な政策運営を貫くことこそが、通貨と物価の安定につながり、ドル化を改善する結果をもたらすという事実を良く物語っている。単に物価目標を採用するだけでは意味はなく、それを基に金融政策を健全に運営できるかどうかがカギを握る。物価目標の存在は、中銀が健全な金融政策運営を堅持するうえでの指針に過ぎない。

問われる中銀の独立性

健全なマクロ経済運営を貫くうえでカギを握るのは、中銀の独立性だ。独立性が高ければ、中銀はルールベースで金融政策を運営することが可能となる。メキシコを含む中南米諸国の多くは、一九八〇年代に通貨危機を相次いで経験した。その際、ＩＭＦの指導もあって、いくつかの国は中銀の独立性の向上に成功した。例えばチリは、八九年の法改正で中銀の責務に物価の安定を定め、中銀の独立性を向上させた。

メキシコの場合も、通貨危機の前年である一九九三年に憲法で中銀の独立性が明記され、翌九四年にそれが発効されていた。メキシコは同年末に通貨危機に陥ってしまうが、その後も中銀の独立性は維持されたため、中銀は物価の安定に腐心することができた。こうした中銀によるルールベースの金融政策運営が物価と通貨の安定をもたらし、メキシコのドル化を改善させたのである。

他方で、中銀の独立性の高さは、常に政治的な攻撃にさらされる。メキシコでは、二〇一八年に就任したアンドレス・マヌエル・ロペス・オブラドール大統領（二〇一八年一二月～二四年九月）が財政拡張を好んでおり、物価の安定を重視する中銀との間で関係が悪化した。またブラジルでも、二〇二三年一月に大統領に返り咲いた左派のルーラ大統領が、翌二月に中銀の独立性を見直す可能性に言及するなど、中銀に対して公然と圧力をかけている。

ブラジルでは、ルーラ大統領の前任であるボルソナロ大統領が進めた構造改革パッケージの一環として、二〇一九年の法改正で中銀の独立性が明記された。同時に、それまで大統領と同じだった中銀総裁の任期も四年に変更され、二一年から運用が始まった。この間、ブラジル中銀で物価の安定に注力してきたロベルト・カンポス・ネト総裁は、二四年末に任期満了を迎える。この

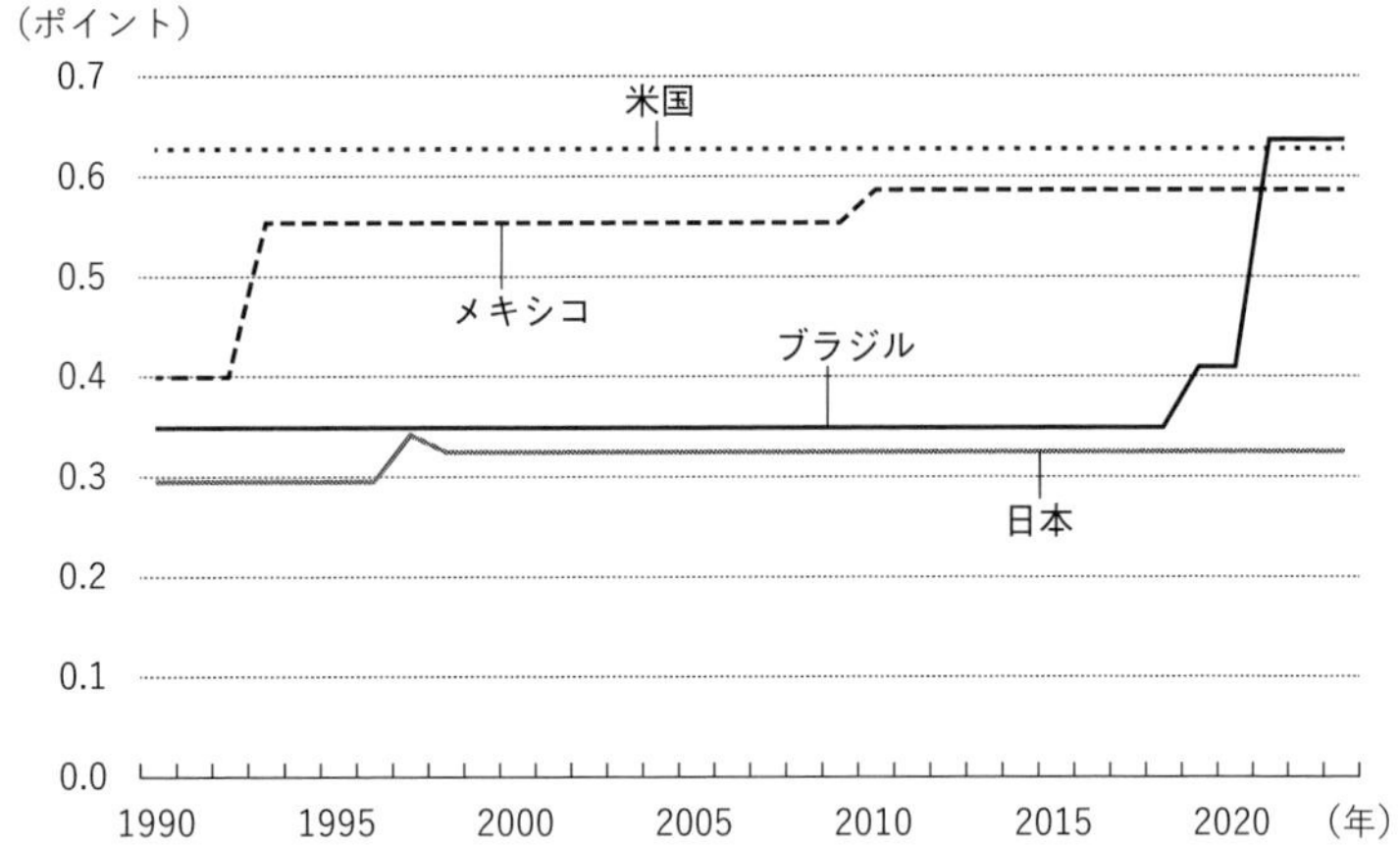

図表4−9　中央銀行の独立性指数
(出所) ダビデ・ロメリ准教授のウェブサイト (https://davideromelli.com)

タイミングで、ルーラ大統領が中銀の独立性を見直すかもしれない。

透明性の高い経済政策運営を持続することは、その実として、非常に難しい。ルールベースに基づく透明性の高い金融政策運営がなされてきたメキシコでも、時の政権によって中銀の独立性を弱められてしまう可能性がある。中銀の独立性が弱まれば、政府からの利下げ圧力に中銀が屈しやすくなる。利下げによって短期的には景気が浮揚するかもしれないが、中長期的には物価高と通貨安が常態化し、結局はドル化が進んでしまうことになる。

ところで、中銀の独立性を評価する研究には、世銀やIMFといった国際金融機関に属する実務家によるものもあれば、大学に属する学者によるものもあり、その蓄積は多い。うちダブリン大学トリニティ・カレッジのダビデ・ロメリ准教授は、世銀のエコノミストらが作成した中銀の独立性指標を更新し続け、時系列で公表している。これによると、日銀の独立性は、メキシコやブラジルに劣っていることが分かる（図表4－9）。

日銀の独立性は、諸外国と比べた場合、必ずしも高いとは評価されていない。二〇一三年一月に導入された二パーセントの物価目標も、物価上昇の抑制を図る観点ではなく、当時の自民党安倍政権の意向を汲み、金融緩和を強化する観点から導入されている。こうした状況では、日銀の独立性は弱いと評価されても致し方がない。ルールベースの金融政策運営を曲解した結果が、二〇二二年以降の超円安であるといえよう。

悪夢が正夢となるメキシコ

ルールベースの金融政策運営に努めて物価の安定を実現してきたメキシコ中銀にとって、その独立性を弱められることは悪夢に等しい。残念ながら、その悪夢が正夢となりかねない状況に、メキシコは陥ることになった。二〇二四年六月二日、メキシコで大統領選と総選挙が行われた。大統領選では、前任のオブラドール大統領の後継者である前メキシコシティ市長クラウディア・シェインバウム氏が、六割以上の得票を得て勝利した。

総選挙でも、シェインバウム新大統領を擁する左派政党の国家再生運動（MORENA）と、同党を中心とする与党連合が上下両院で改憲が可能となる三分の二以上の議席を獲得した。この結果が嫌気され、翌三日のメキシコの金融市場は大荒れの展開となり、同日の通貨ペソは終値ベースで一米ドル＝一七・七ペソと選挙前の一七・〇ペソから四パーセント下落することになった。

合わせて株式と債券も暴落、メキシコはトリプル安となった。

メキシコでは左派のオブラドール前大統領が就任して以降、政府が財政拡張を強く志向するようになった。オブラドール前大統領が任期終盤の二〇二四年二月に発表した憲法改正案の中でも、年金支給額の大幅な引き上げが盛り込まれており、財政の悪化につながるとの懸念が高まっていた。またオブラドール前大統領は、選挙制度や司法制度の在り方をMORENAに有利なように改変することも企図していた。

総選挙と大統領選でMORENAが大勝したことで、投資家は政府の経済運営がさらに左派色を強めることへの警戒を強めた。同時に投資家は、MORENAが中銀の独立性を弱める法改正を行うリスクを意識するようにもなった。これまでは政府が財政拡張を志向しても、高い独立性が保証されていた中銀がルールベースの金融政策運営に努めたため、メキシコは物価と通貨の安定を確保できていた。

しかしMORENAが法改正を通じて中銀の独立性を低下させれば、中銀の金融政策運営もハト派となる。シェインバウム新大統領は二〇二四年一〇月に正式に就任した。大統領選での勝利に当たって新大統領は、財政規律を順守し、中銀の独立性を守ると表明している。とはいえ新大統領が属する与党連合は、上下両院で議会の過半数どころか改憲が可能なほどの勢力となるに至っている。

その強力な後ろ盾をもとに新大統領は左派的な経済運営に努めるのではないかという見方が、投資家の間には根強く存在する。実際に新大統領が左派的な経済運営を強めれば、金融市場はトリプル安というかたちで警告を発することになる。加えて新大統領が、中銀の独立性を低下させるような法改正を行えば、一九九四年以来となる本格的な通貨危機に見舞われることになりかねない。

中南米には、それが度重なる通貨危機を呼び起こしてきたにもかかわらず、左派的な経済運営が好まれる傾向がある。それは、マルクス経済学の影響を色濃く受けたアルゼンチンの経済学者ラウル・プレビッシュ以来の伝統ともいえる。いわゆる「大きな政府」の下で輸入代替工業化を通じた経済開発に努めるとともに、財政拡張と金融緩和で需要を刺激し続けることこそ、中南米経済の発展につながるという伝統的な経済観である。

とはいえ、そうした経済観の下で、中南米諸国は一九七〇年代以降、通貨危機を経験することになった。先の通貨危機から一世代が巡ったことで、メキシコでもまた、そうした左派的な経済運営に対する欲求が蘇りつつあるようだ。メキシコはこれまで脱ドル化のサクセスストーリーの語り部だったが、このままではそこから脱落したホラーストーリーの語り部と化してしまうかもしれない。

第5章

米ドルは盤石なのか

バイデン氏とトランプ氏の下で常態化した財政拡張は米ドルの信用力の悪化につながる恐れを有している。

本書では、基軸通貨としての米ドルの強さを分析するとともに、各国におけるドル離れや脱ドル化の取り組みを概観してきた。通読すれば、基軸通貨としての米ドルの位置づけは揺らいでおらず、むしろ強まっていることが分かる。そして各国における脱ドルの動きも、そのほとんどが具体的な進捗を見ていない。そのため、今後もしばらくは、米ドルが基軸通貨の役割を担うことになるという結論が得られることになる。

とはいえ、米ドルの基軸通貨としての位置づけが、未来永劫にわたって盤石かどうかは分からない。なにより、近年の米国では大型の経済対策が定着しており、マクロ経済運営が健全性を失っている。これが今後も続くようなら、米ドルの基軸通貨としての位置づけは着実に低下する。それ以外にも、米国がロシアなどの敵対国に科している経済・金融制裁の在り方は、米ドルの信用力の悪化につながる恐れを有している。

加えて、中央銀行デジタル通貨（ＣＢＤＣ）といった新技術の登場が、米ドルの信用力の悪化につながる展開も意識される。特に米国自らがリテール型ＣＢＤＣを普及させることは、米国のマクロ経済運営を困難にさせる恐れがある。このように本章では、米ドルを取り巻く環境の変化に注目することを通じて、米ドルの基軸通貨としての位置づけに綻びが生じていないか、改めて検討してみたい。

1　健全性を失う米国の経済運営

トランプ元大統領の誕生と政策転換

米国のマクロ経済運営、特に財政政策は、かつてに比べると健全性を失っている。とりわけ二〇〇八年の世界金融危機以降、政府による財政拡張が常態化していることは大きな問題だ。二〇二二年から二三年にかけての高インフレも、民主党ジョー・バイデン政権による大型の経済対策の影響を受けたものである。こうした状況が今後も続き、さらに深刻化するようであれば、米ドルの基軸通貨としての位置づけは着実に低下するだろう。

一九八〇年代の米国は、いわゆる「双子の赤字」（財政収支と経常収支の赤字）の存在に悩まされていた。うち財政赤字は名目GDPの五パーセントまで膨らみ、経常収支赤字も三パーセントまで拡大することになった（図表5－1）。この双子の赤字を解消すべく、当時の共和党ロナルド・レーガン政権はドル安を志向し、ドル高是正のための国際協調を主要国に迫った。これがプラザ合意（一九八五年）である。

ここで二〇二三年の米国の財政赤字を確認すると、名目GDPの六・五パーセントであり、プラザ合意の時期よりも悪いことが分かる。一方で、経常収支赤字は同三・〇パーセントと、一九

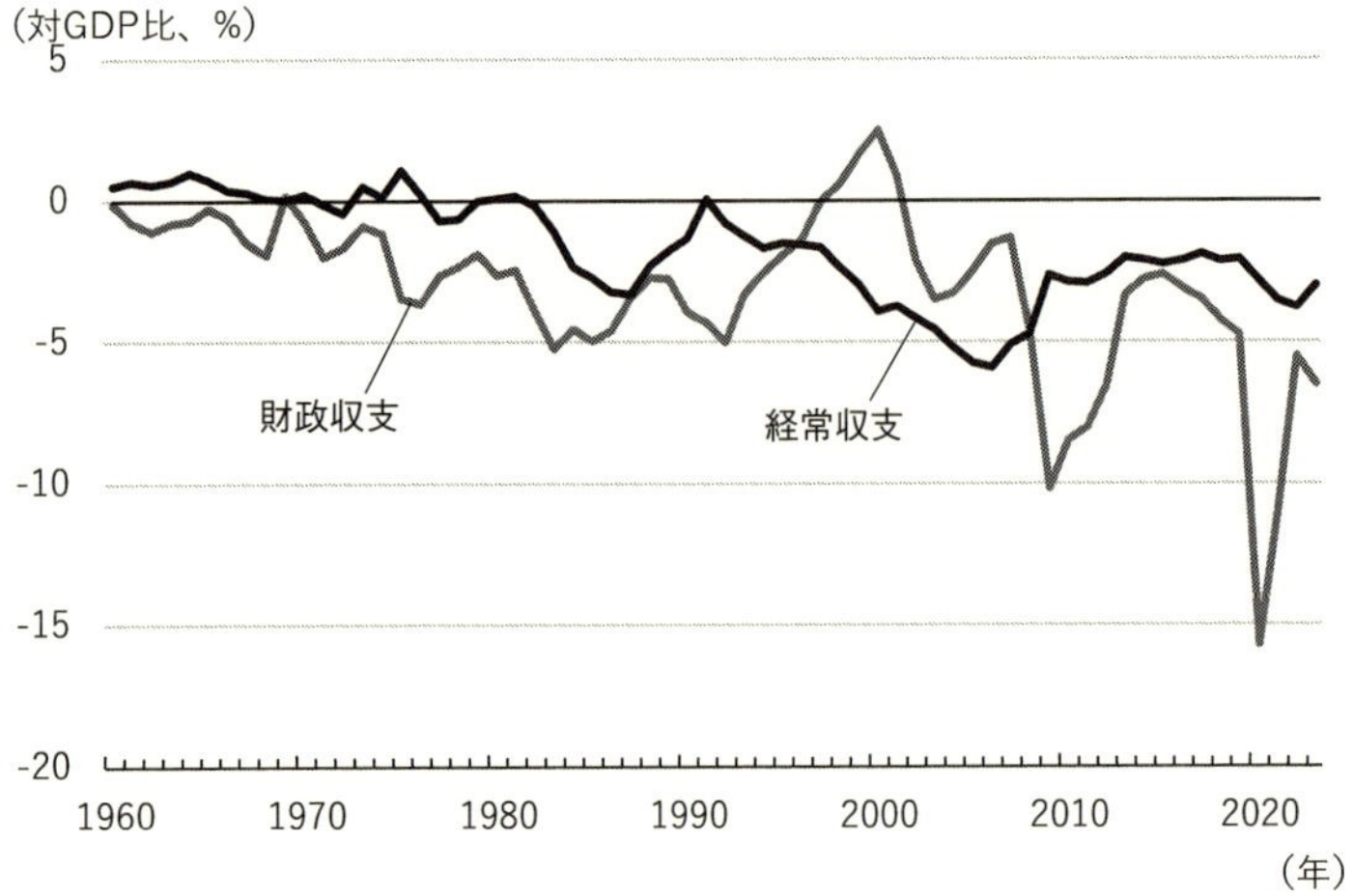

図表5－1　米国の「双子の赤字」（1960～2023年）
（出所）米財務省、米商務省経済分析局（BEA）

八〇年代半ばとほとんど同じ水準だ。財政赤字が深刻でも、経常収支と財政収支の差分である民間収支が潤沢な黒字を計上しているため、経常収支の赤字はGDPの三パーセント程度にとどまっているのである。

この間、二度の大きな経済ショックが米国を襲っている。一つ目が二〇〇八年九月に生じた世界金融危機（リーマンショック）であり、二つ目が二〇年二月に生じた新型コロナウイルスの世界的流行に伴う経済危機（コロナショック）である。この二つの経済ショックを受けて、米国の財政は歳出と歳入の両面から大きく悪化した（図表5－2）。この間、財政赤字の改善は限定的だった。

二度の大きな経済ショックで米国財政が悪化したこと自体は致し方のないことだ。問題は、その後も米国の財政が改善しないことにほかならない。その理由は、主に共和党の経

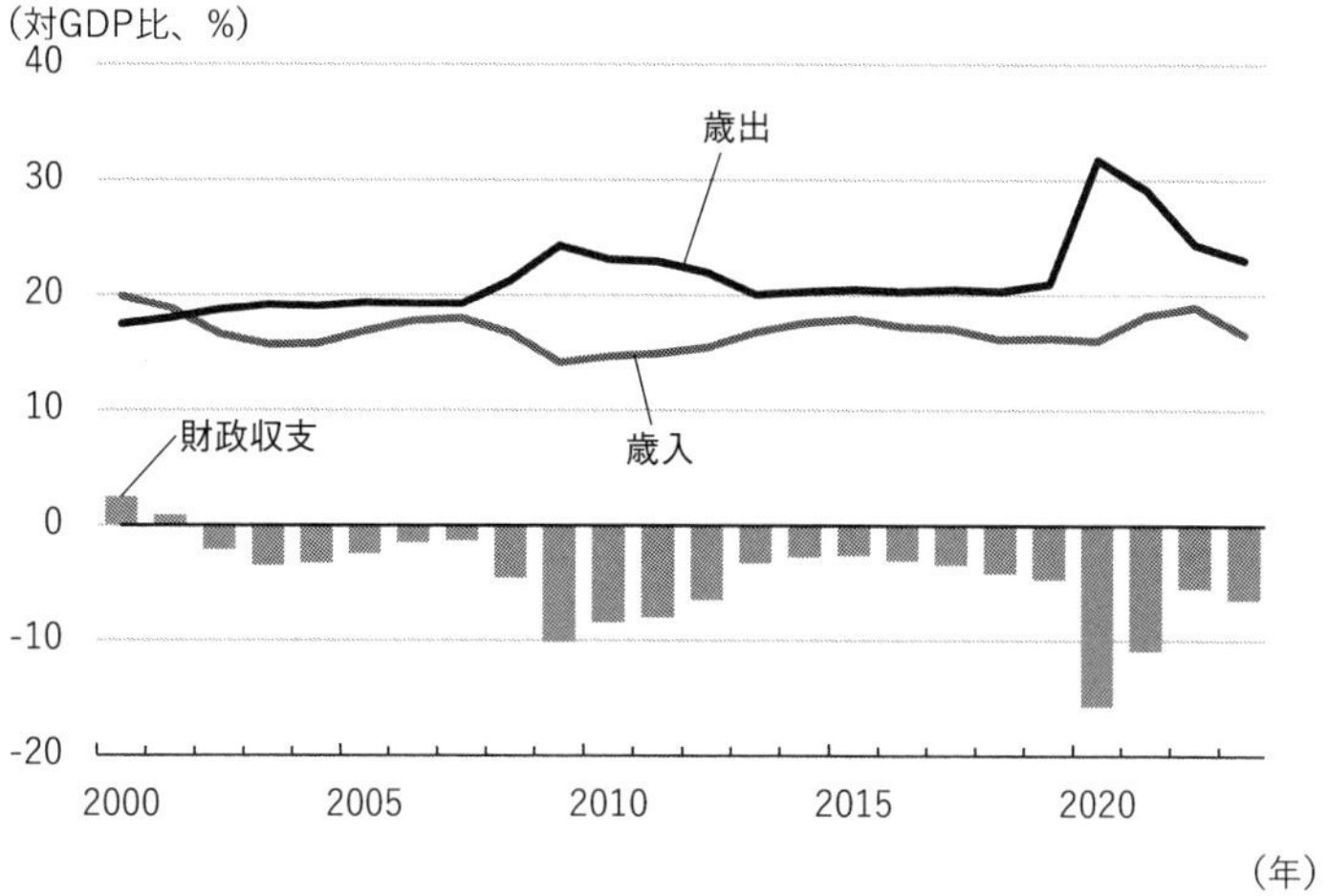

図表5－2　米国の財政収支（2000～23年）
（出所）米財務省、米商務省経済分析局（BEA）

済運営観の変質にあると考えられる。戦後来、二大政党制を取る先進国の多くでは、右派が成長を重視する経済運営を、左派が分配を重視する経済運営を担ってきた。米国では共和党が成長重視の、民主党が分配重視の経済運営を担ってきたわけだ。

リーマンショック後の米国を率いたのは民主党バラク・オバマ政権だった。オバマ大統領は景気回復を優先、二〇〇九年二月の復興・再投資法に基づいて大型の経済対策を打ち出し、同年六月に倒産した自動車最大手ゼネラル・モーターズ（GM）を国有化するなど、財政拡張に努めた。当時のベン・バーナンキFRB議長も三度にわたる大規模な量的緩和策（通称QE）を通じて金融緩和を強化し、経済と財政を支えた。

その結果、米国経済は不況を早期に脱することに成功したが、一方で巨額の公的債務が残ることになった。従来なら、そうした巨額の債務を解消し、米国経済を再び活性化させるのが共和党の役割だった。しかしその伝統は、二〇一七年一月に誕生した共和党ドナルド・トランプ政権の下で大きく変わることになる。トランプ元大統領が歴代の共和党の指導者と異なり、財政拡張を好んだためだ。

トランプ元大統領はもともと不動産王として知られた実業家であるが、民主党寄りの人物だった。しかし後に保守派に転向し、二〇一六年の大統領選に共和党から出馬する。特定の人種や宗教に対する差別的かつ奔放な発言に対して共和党内からも批判が寄せられ、当初は泡沫候補という扱いだったが、他の候補が決め手に欠けることもあり、共和党の予備選で勝利した。そして大統領選も制し、第四五代の大統領に就任したのである。

就任後にトランプ元大統領は、法人税や個人所得税の最高税率を引き下げるとともに、貧困層の所得税も免除する減税政策を実施した。通商面では保護貿易主義を唱え、環太平洋戦略的経済連携協定（ＴＰＰ）からの離脱や大西洋横断貿易投資パートナーシップ協定（ＴＴＩＰ）交渉の凍結がなされた。こうした政策運営は伝統的な共和党の経済運営観とは必ずしも相容れず、民主党寄りの側面が大きい。

同時に、独立性が保証されているはずのＦＲＢに対しても、利上げ局面にあった二〇一七年から一八年の間、トランプ元大統領は公然と圧力をかけた。この姿は、米ドル本位制を終焉に導いたリチャード・ニクソン元大統領に似ているといっていい。ニクソン元大統領もまた共和党出身だったが、財政拡張を好むとともに、ＦＲＢに対して公然と利下げを要求し、タカ派の議長（ウィリアム・マーティン）を解任してハト派の議長（アーサー・バーンズ）を指名したことで知られる。

常態化する大型経済対策

二〇二〇年二月に生じたコロナショックを受けて、トランプ政権は三月六日に八三億米ドルの新型コロナ対策予算法を成立させた。これを皮切りにトランプ政権は、一八日には第二弾、二七日には第三弾と、矢継ぎ早に経済対策を拡充することになる。特に第三弾は、総額二兆二〇〇〇億米ドルにも上る史上最大規模の救済措置となり、各世帯への現金給付や失業保険の拡充、民間企業支援といった椀飯振る舞いの内容だった。

翌四月には、総額四八四〇億ドル規模の経済対策が追加され、任期終盤の同年一二月にも九〇〇〇億米ドル規模の追加経済対策が実施された。二〇二〇年の一年間だけで、総額四兆米ドル、GDPの二割程度に相当する経済対策が取られた計算である。再選を目指すトランプ元大統領は、有権者の支持を得るために財政拡張に努めたのだ。その結果、同年の米国の公的債務残高はGDPの一三〇パーセントまで膨張した（図表5－3）。

大規模な財政拡張の甲斐なくトランプ元大統領は一期四年で退場したが、それに続いた民主党ジョー・バイデン大統領もまた大規模な財政拡張路線を継続し、発足直後の二〇二一年三月に総額一・九兆米ドルの大型経済対策を成立させた。さらにバイデン政権は、財政拡張を重視する民主党らしく、コロナショックに伴う経済への下押し効果が一服し、景気が急速な回復軌道に乗った二一年後半以降も、大規模な財政拡張を続けた。

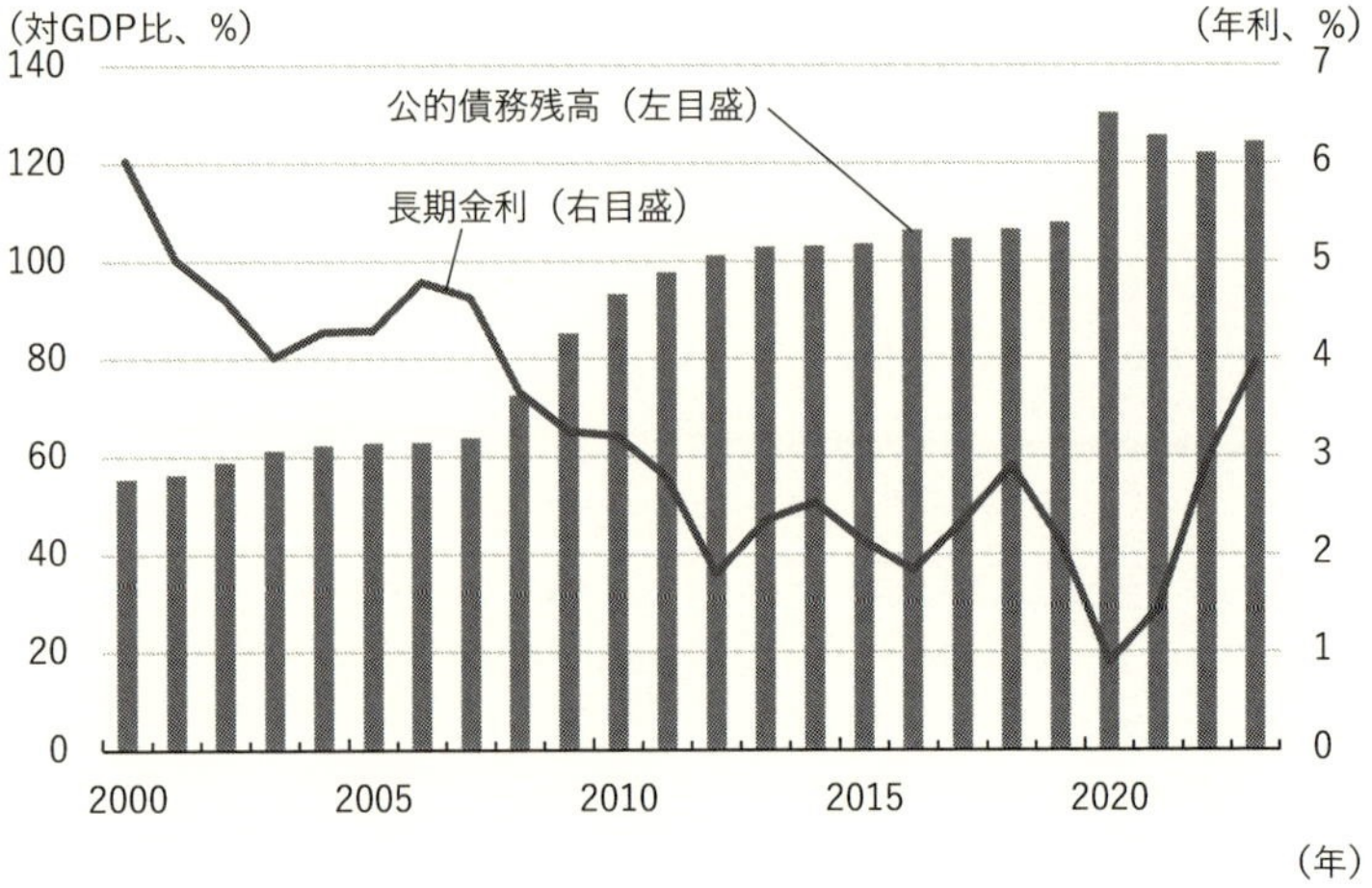

図表5-3　米国の公的債務残高（2000～23年）
（出所）米財務省、米商務省経済分析局（BEA）

具体的にバイデン政権は、二〇二一年一一月にインフラ投資を促すためのインフラ投資雇用法を制定、その規模は総額一・二兆米ドルに上った。翌二二年八月には、半導体の国内での生産を強化することを目的とする八〇〇億米ドル規模のCHIPSプラス法を、また高インフレの抑制と同時にエネルギー安全保障や環境対策を進めることを目的とする五〇〇〇億米ドル規模のインフレ抑制法（IRA）をそれぞれ成立させた。

こうして米国では、二度の経済ショックを経て、大型の経済対策が常態化するに至った。特にバイデン政権による財政拡張は、二〇二二年から二三年にかけての高インフレの主因の一つにもなった。バイデン政権が財政面から強力なアクセルを踏んだため、FRBが金融面からブレーキを踏んでも、その効果が相殺されてしまったためだ。バイデン政権が大型の経済対策を取らなければ、高インフレは早く沈静化していたと考えられる。

米国の場合、国債発行の権限はあくまで議会にある。財務省が発行する国債が上限に達した場合、議会が債務上限を引き上げなければ歳出が打ち切られ、一部の政府機関が直ちに閉鎖されることになる。さらに、政府は発行済みの国債の元本償還や利払いのための資金も調達できなくなる。そのため、財務省短期証券などの短期国債が支払い不能（デフォルト）に陥る。このデフォルトは、あくまで技術的（テクニカル）なものだ。

とはいえテクニカルなデフォルトでも、それが起これば米国のみならず世界の金融市場が不安定となる。そうした事態を回避すべく、予算を拡張したい政権と予算を緊縮させたい議会との間で、ギリギリの交渉が行われる。議会で財政健全派が多数を占めているうちは、この折衝を通じて米国の財政拡張に歯止めがかかる。しかし議会で財政拡張派が多数を占めれば、債務上限の引き上げが容易となり、政権は財政拡張に突き進むことができる。

繰り返しとなるが、米国では共和党が伝統的に健全財政を重視してきた。しかしその共和党でも、トランプ元大統領のような財政拡張論者（トランプ主義者）の影響力が高まっており、民主党との違いが薄れつつある。つまり米国では、かつてに比べると、財政赤字が拡大し、債務が増えやすくなっている。これが今後も続くようなら、投資家は米国の経済運営に対して不信感を募らせ、米ドルの基軸通貨としての位置づけが低下する事態となる。

第1章で述べたように、米ドルの信用力は、おおむね三〇年ごとに変化している。現在の局面が二〇〇〇年からの三〇年までのサイクルにあるとすれば、米ドルは三〇年以降に次のサイクルを迎えることになる。今後も米国で大型経済対策が定着し、財政の健全化が進まなければ、二〇三〇年以降の次の三〇年間のサイクルで、米ドルの基軸通貨としての位置づけが大いに揺らぐことになりかねない。

少子高齢化と移民問題

ところで、マクロ経済運営とは異なる話だが、米国経済の強みの一つに人口の安定的な増加がある。米議会予算局（CBO）が二〇二四年二月に発表した二五年の潜在成長率（生産に必要な全要素を使った場合に達成される成長率）は二・二パーセントだったが、うち人口（正確には労働力人口）増が寄与する度合いは一・二パーセントポイントにも達している。しかし、こうした人口の安定的な増加にも陰りがみられるようになってきている。

米国でもまた他の先進国と同様に少子高齢化が進んでいる。世界銀行によると、米国の出生率は戦後のベビーブームも一服した一九六〇年時点でさえ三・七もあった。しかし一九七三年には一・八八と人口の維持に必要となる二を下回り、二〇二二年には一・六六まで低下した。なお米国立保健統計センター（NCHS）によると、一三年の出生数は過去四〇年で最低（三五九万人）となったため、出生率はさらに低下したようだ。

少子高齢化が進んでいるにもかかわらず人口が増えているのは、人口減を補うに余りある移民が流入しているためだ。再びCBOの推計によると、バイデン政権下で米国に流入した移民は年平均二六〇万人に達した。特に、二〇二三年からの二年間では七〇〇万人近くも増加したとされている。〇〇年から二〇年までは年平均一〇〇万人レベルだったことから、バイデン政権下での移民の急増度合いは群を抜いていることが分かる。

バイデン政権が移民に対して特に寛容だったわけではない。二〇二二年から二三年にかけての移民の急増は、それ以前のコロナ禍で移民が急減したことの反動という側面が大きい。つまりパンデミックが終焉したことで、それまで出国できなかった移民希望者が続々と米国に向かうことになった。その結果、バイデン政権下で移民が急増したのである。こうした問題は欧州でも起きており、社会の緊張を招いている。

さらなる問題は、そうした移民の約七割が、正規の手続きを踏まずに入国する不法移民であることだ。不法移民のほとんどは、メキシコと国境を接する米国南部から流入してくる亡命希望者である。亡命の基準に達していない不法移民は国外追放となるが、一方でそれ以外は米国内で釈放され、移民裁判所による判断を仰ぐ。亡命申請が却下されても、本国が亡命希望者を引き取るわけがないため、多くの亡命希望者が米国で自由の身となる。

米国の世論は、正規の手続きを踏んだ移民に対してはおおむね好意的なままだが、不法移民に関しては厳しさを強めている。シェルターなど居住施設の提供に伴う経済的負担の急増や、治安の悪化が深刻となっているためだ。こうした状況を受けてバイデン政権は、トランプ政権がメキシコと接するテキサス州南部の国境地帯で進めた「壁」の建設を再開すると、二〇二三年一〇月に表明する事態に追い込まれた。

こうした中で米商務省センサス局は、二〇二三年一一月に、米国の総人口が八〇年にピークを

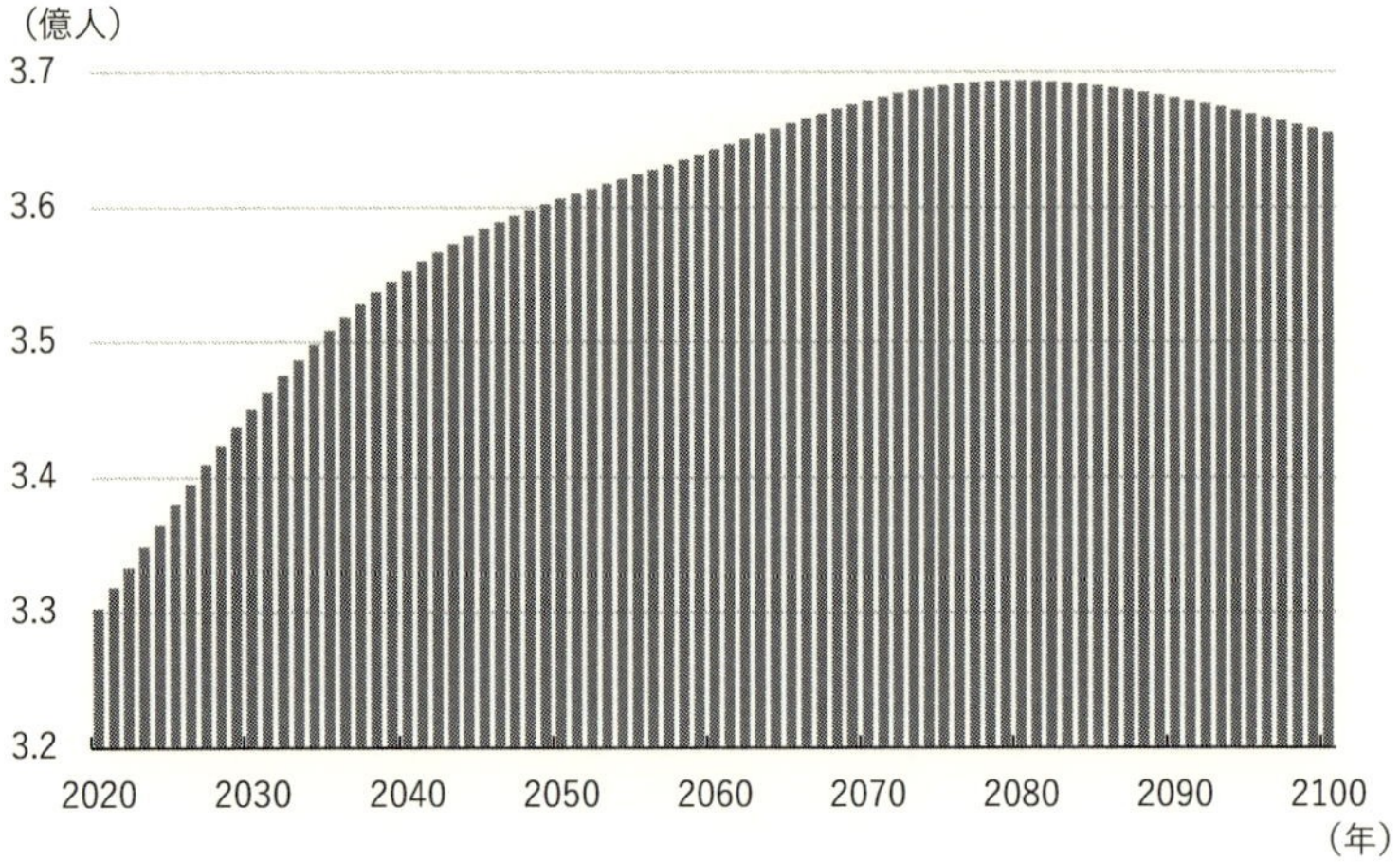

図表5－4　米国の人口推計①人口の水準（2020～2100年）
（注）中位シナリオ　（出所）米商務省センサス局

打つという推計を発表した（図表5－4）。この推計によると、米国の国内出生者は七〇年代前半には減少に転じ、それ以降の米国の人口を支えるのは、移民だけとなるようだ（図表5－5）。とはいえ、移民流入だけでは米国の人口減少を賄いきれないため、八〇年代に入ると米国の総人口は減少するというのがセンサス局の見立てだ。

にもかかわらず、米国で移民排斥主義が蔓延すれば、移民の受け入れが制限され、米国の人口が予想よりも早く減少することになりかねない。確かに不法移民に関しては、その急増は経済的かつ社会的な不安定をもたらす要因となっているため、何らかの対策が必要だろう。そうはいっても、継続的に移民を受け入れていかないと、米国の人口は維持できなくなる。不法移民と合法的な移民を切り分けた対応が必要となる。

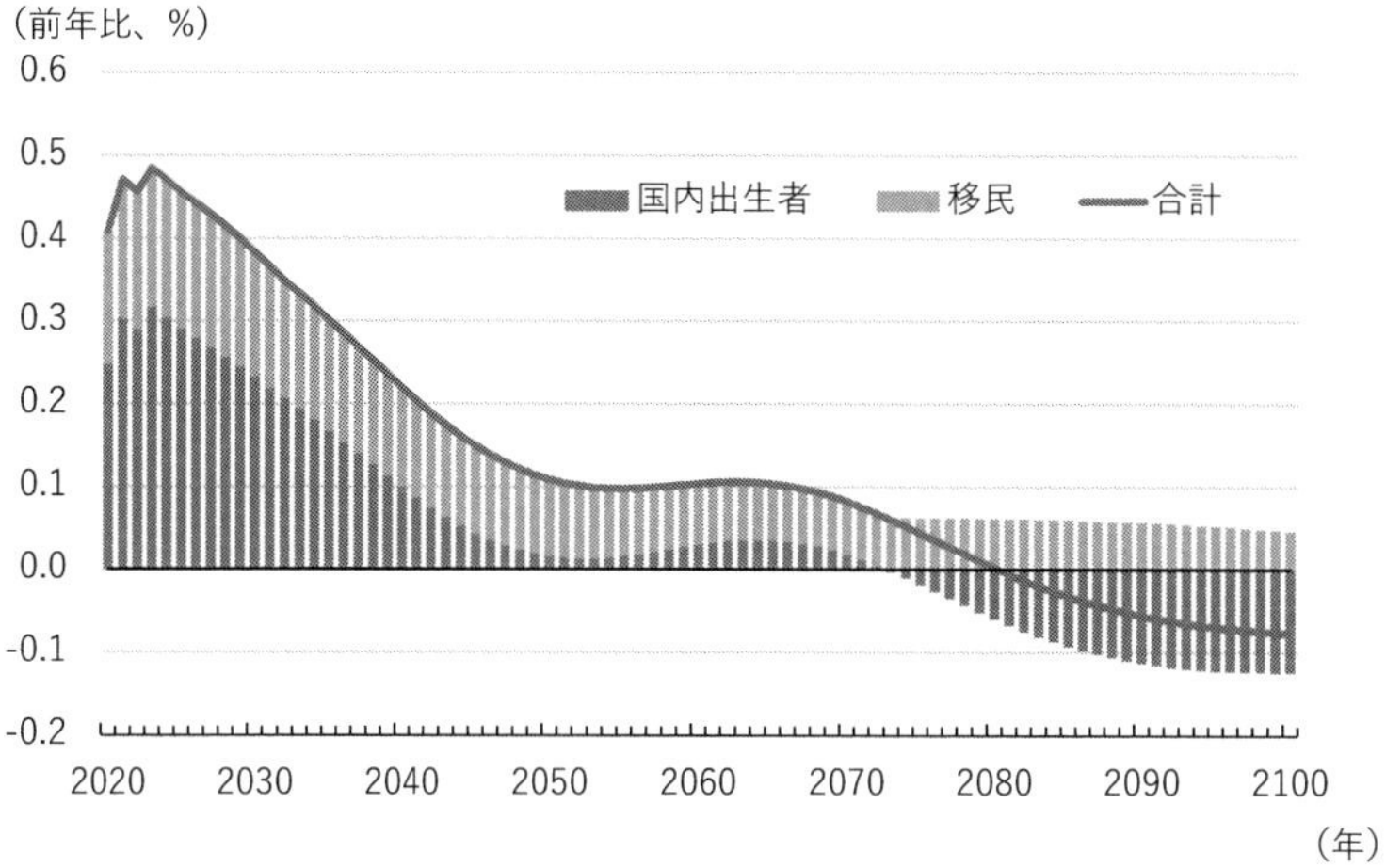

図表5－5　米国の人口推計②人口の変化率（2020～2100年）
（注）中位シナリオ　（出所）米商務省センサス局

しかしながら米国には、人種差別的な理由から合法的な移民の流入まで規制を課した歴史がある。一九二四年から六五年まで適用された移民法では、カトリック系が多い南欧・東欧系からの移民と中国や日本からの移民が規制の対象となった。仮に米国で移民排斥主義が蔓延し、合法的な移民の流入までもが制限されれば、米国の人口がセンサス局の推計以上のピッチで減少することになる。

人口減少は米国経済の潜在成長率を押し下げる。納税者一人当たりの負担は重くなるし、国内市場も縮小するため、経済が活力を失うからだ。そうなれば、米国の覇権国としての信用力も低下し、また米ドルの基軸通貨としての位置づけにも綻びが生じる。移民対策を厳格化させるにしても、それを不法移民に限定できるのか、それとも合法的な移民にまで適用することになるのかで、話は大きく変わってくる。

2　経済制裁と米ドルの信用力

経済制裁で低下する米ドルの信用力

前節では、米国のマクロ経済運営、特に財政政策が健全性を失っていることを指摘した。加えて、米国が近年、敵対国に対する経済・金融制裁の手段として米ドルを利用していることも、米ドルの基軸通貨としての信用力を低下させる恐れがあることを指摘したい。米国はこれまで、北朝鮮やイラン、ロシアなどの敵対国に対して、世界秩序を乱したことに対する報復を理由に、経済・金融制裁を科してきた。

制裁の内容は様々だが、基本的に米国は、敵対国に対して米ドルの利用を禁止する措置を科してきた。つまり、そうした敵対国が第三国との経済取引で米ドルを利用することを禁じたわけだ。その基本的な手法は、敵対国の事業者（特に金融機関）を米国の金融市場から締め出すというものだ。さらに、敵対国の事業者と取引する第三国の事業者に対しても米国の金融市場から締め出す二次制裁を用意することで、敵対国のドル利用を封じた。

米国が米ドルという基軸通貨を抱えることの最大の強みは、米ドルの利用を禁止することで、米国を頂点とする世界経済体制から敵対国を排除できる点にある。その実効力も、経済のグローバル化や情報通信（ＩＴ）技術の向上によって、かつてより飛躍的に高まるようになった。各国の金融機関の米ドル勘定の変動を通じて、米財務省やＦＲＢが米ドルの取引情報を察知することができるようになったためだ。

とはいえ、米ドルの利用を制限することが、米ドルの基軸通貨としての信用力をかえって低下させる恐れがあることに対する懸念も、確かに高まっている。それが問われたのは、やはりロシアに対する経済・金融制裁だった。二〇二二年二月、ロシアはウクライナに軍事侵攻を仕掛けた。その直後、米欧日の主要国はロシアに対して矢継ぎ早に経済・金融制裁を科すことになり、それは今に至るまで継続、さらに強化されている。

主要国が侵攻直後に科した制裁は、以下の三本柱から形成された。つまり①ロシアの主要銀行をＳＷＩＦＴ（国際銀行間通信協会）システムから排除する制裁、②ロシアの米国の金融機関との決済取引（コルレス）を禁じる制裁、③ロシア中央銀行が米欧日の中銀に預託している外貨準備へのアクセスを遮断する制裁である。いずれも、米ドルの利用をルールとする世界経済のゲームから、ロシアを排除する措置だった。

このロシアに対する経済・金融制裁は、米国の意に背いた国は、米国を頂点とする世界経済体制から締め出されるリスクがあることを世界中に知らしめる出来事となった。同時に、ロシアに対する経済・金融制裁の内容に鑑みて、主要国の多くの金融関係者が、米国による経済・金融制裁はかえって世界のドル離れを促し、米ドルの基軸通貨としての信用力の悪化をもたらす可能性があることを指摘するようになった。

象徴的なものとして、当時クレディ・スイス・グループの金利ストラテジストであったゾルタン・ポズサー氏による指摘がある。同氏は米ブルームバーグによる二〇二二年三月二日付のポッドキャスト配信で、ロシアに対する経済・金融制裁が米ドルの準備資産としての魅力を低下させ、世界におけるドル離れを促す可能性について見解を述べた。必要な時に利用できないなら、米ドルを持つ合理性が低下するというわけだ。

こうした懸念の高まりを受けて、米財務省のジャネット・イエレン財務長官は、同年三月一一日に行ったコロラド州デンバーでの講演後の記者会見で、準備資産であり基軸通貨としての米ドルの価値はいささかも揺らいでいないという見解を示すに至る。本書の分析と同様に、米ドルと対等に渡り合うことができる国際通貨は今のところ存在せず、その意味で米ドルの基軸通貨としての位置づけは盤石だと強調したわけだ。

一方でイエレン財務長官は、ロシアに対する経済・金融制裁をきっかけに準備資産や決済通貨として米ドルを用いることのデメリットを意識する新興国が増えたことを、二〇二三年四月一六日に行われた米CNNテレビとのインタビューで率直に認めている。そうした新興国は、自国通貨で国際決済の機会を増やそうと試みるようになっており、第3章で述べたロシアと中国の貿易決済は、その典型といえる。

新興国ほど、基軸通貨である米ドルが持つネットワーク外部性を享受した方が経済的に大きなメリットを得ることができる。しかし政治的な観点からすれば、米ドル依存はその国の政策自主権を奪うことにつながりかねないという事実を、ロシアに対する経済・金融制裁は世界に知らしめた。それが上手く行くかはまた別の話だが、米国による経済・金融制裁が新興国のドル離れに向けた機運を高めたことは確かである。

米共和党で議論されるドル離れ制裁

米国でも、ロシアに対する経済・金融制裁をきっかけに、新興国のドル離れが加速し、それが米ドルの基軸通貨としての位置づけの後退につながる可能性が議論されるようになった。この過程で、トランプ元大統領を中心とする共和党関係者（いわゆるトランプ主義者）が、ドル離れを図る国に対し新たな制裁を科すことを検討するようにもなった。意図的にドル離れを図る国に制裁を科して、その動きに歯止めをかけようという構想である。

米ブルームバーグが二〇二四年四月二六日付の記事で関係者の話として報じたところによると、トランプ元大統領の経済顧問らは、米ドル以外の通貨で二国間貿易を行おうとしている国に対して、同盟国か敵対国かを問わずにペナルティーを科す構想の検討を開始したという。具体的には、ドル離れを企てたと認定した国に対して、米国が原材料や先端品の輸出を制限することを議論しているようだ。

また為替操作国への認定という手段も想定されているという。米財務省は連邦議会に対して、半期ごとに『為替政策報告書』と呼ばれるレポートを提出することで知られている。これは米国の貿易相引国のうち上位二〇カ国・地域を対象に、対米貿易黒字が一定の水準を超えた国に対して、為替介入などを通じて故意に自国通貨安を誘導していないかを調査してまとめたものである。

米政府はこの報告書で「為替操作国」に指定された国に対して、追加関税などの報復措置に踏み切る可能性に言及する。そうすることで、米国は、指定国に通貨安の是正を迫ることができる。なお民主党バイデン政権になってから、米政府は主要国間の協調を重視し、こうした手段を取ることはなくなっている。また「為替操作国」の前段階に当たる「監視対象国」に認定される国も減少している。

しかしトランプ元大統領の経済顧問らは、この仕組みを用いて、ドル離れを企てている国に対して、追加の輸入関税を課すなどの懲罰措置を科せばいいと考えているようだ。そのためトランプ元大統領や元大統領に近しい共和党関係者が政権に返り咲いた場合、新たにドル離れという評価軸が含まれることで、為替報告書で「監視対象国」に認定される国が増えることになるかもしれない。

このようにトランプ主義者の中には、一種の強制力の行使を通じて新興国におけるドル離れを防ぎ、米ドルの基軸通貨としての位置づけを保とうとする動きがある。一方でトランプ主義者は、伝統的な孤立外交路線を重視し、米軍の在外活動に否定的である。こうしたトランプ主義者たちの主張には矛盾がある。米軍が海外に展開し、国際秩序の安定に貢献しているからこそ、各国は米債や米ドルを購入しているためだ。

覇権国でなければ基軸通貨を発行することはできない。覇権国は世界経済体制の頂点に立つとともに、その秩序を維持しなければならない。そうした力を覇権国が行使するからこそ、各国は米ドルを基軸通貨として信認する。国際秩序の安定への貢献は、覇権国である米国に課された義務である。そうした義務を履行せずに米国が米債や米ドルを信用し続けろと要求したところで、各国はそれを受け入れないだろう。

米ドルそのものが、世界の経済・金融の秩序を安定させる「国際公共財」としての性格を持っている。確かに資金洗浄（マネーロンダリング）に代表される組織犯罪など、世界の経済・金融秩序に混乱をもたらす存在は、米ドルを基軸通貨とする国際通貨体制から排除されるべきだろう。またそうした存在が生まれないように、国際通貨体制の運用ルールを厳格化することも、致し方がない措置である。

とはいえ、その米国が恣意的に国際通貨体制の運用ルールを変更するようでは、米国は各国の信頼を失うことになる。本来、経済取引を決済する際にどの通貨を使うか、その権利は各国の政策自主権の範囲であり、さらにいえば、企業や銀行といった民間の経済主体の裁量に委ねられるべきものだ。しかし共和党のトランプ主義者たちは、ドル離れを図る国に対して制裁を科そうとしているのである。

同盟国も対象にする制裁の是非

米国による経済・金融制裁の対象が、いわゆる同盟国にも広がっていることの是非も問われるべきだろう。米国のイエレン財務長官は二〇二四年五月にイタリアのストレーザで開催されたG7（先進七カ国財務相・中銀総裁会議）に出席した際、英ロイター通信とのインタビューで、ロシアと取引を行う欧州の銀行に対して「二次制裁」を適用する用意があると表明した。

イエレン財務長官は具体的な銀行の名前を明らかにしなかったが、その欧州の銀行とは、事実上、オーストリアのライファイゼン・バンク・インターナショナル（ＲＢＩ）とイタリアのウニクレディトのことを意味している。旧ソ連が一九九一年一二月に崩壊した後、米欧の金融機関は相次いでロシア市場に参入することになるが、ＲＢＩとウニクレディトはその象徴的な存在である。

ロシアの銀行市場は、ソ連時代の旧国営貯蓄銀行（ズベルカッサ）に起源を持つズベルバンクや、旧対外貿易銀行に起源を持つＶＴＢバンク、新興銀行ではあるものの国営ガス企業ガスプロムの子会社であるガスプロムバンクといった、政府に近い銀行による寡占状態が長らく続いている。しかしＲＢＩとウニクレディトは、そうしたロシアの銀行市場の中で一定の収益を上げてきたことで知られている。

例えばＲＢＩの『年次報告書』によると、同社の二〇二三年の営業利益は九〇億六五〇〇万ユーロだったが、うちロシア事業はその三割に当たる二六億七九〇〇万ユーロを稼いでいた。一方でウニクレディトの場合、同年のグループ全体の営業利益は一四三億七二〇〇万ユーロだったが、うちその七パーセントに当たる九億五五〇〇万ユーロをロシア事業が稼いでいた。

もちろん、ＲＢＩやウニクレディトは、商業ベースの取引を行っているに過ぎない。しかしイエレン財務長官は、ウクライナとの戦争を受けてロシアの軍事経済化が進んだことにより、両行による取引が民生用の目的なのか、軍事用の目的なのか、あるいはその両方かの区別が困難になったと指摘したうえで、両行もまた米国による「二次制裁」の対象になりえると発言したのである。

ＲＢＩとウニクレディトだって、可能ならロシアから撤退したいだろう。とはいえ外資系企業のロシア撤退は困難を極めており、英国の金融大手ＨＳＢＣがロシア事業を地場銀（エクスポバンク）に売却するに当たっては二年の歳月を要している。またロシア政府は、ロシア事業から撤退する外資系企業に対して、売却資産の大幅な割引を要求している。そのためＲＢＩとウニクレディトにも、撤退に当たって多額の損失が生じるだろう。

とりわけロシア事業が大きいＲＢＩの場合、その撤退に伴って巨額の損失を計上することになるだろう。かといってロシア事業をこのまま継続すれば、米国から二次制裁を科されて、米ドルの利用や米金融市場へのアクセスを禁じられることになる。そうなった場合、ＲＢＩはそもそも金融機関としての業務を継続することができなくなる。そのリスクに鑑みれば、ＲＢＩはロシア事業の撤退に伴い生じる巨額の損失の負担に応じざるをえない。

ＲＢＩは永世中立国であるオーストリアの金融機関だ。そのオーストリアは米欧の軍事同盟である北大西洋条約機構（ＮＡＴＯ）に未加盟だが、ＥＵには加盟している。ＥＵのほとんどの国がＮＡＴＯに加盟している以上、オーストリアも米国にとっての同盟国に等しい。ＮＡＴＯに加盟しているイタリアは、もちろん米国にとっての同盟国だ。それでも、ロシア経済を圧迫するという観点からは、同盟国の金融機関とはいえ二次制裁の対象にするという米国の方針は正しいかもしれない。

実際には、米国が何の配慮もなしにＥＵの銀行に対して二次制裁を科すとは考えにくい。とはいえ、同盟国も対象とする米国の経済・金融制裁の在り方が、かえって同盟国側の対米不信を生み、米ドルを利用することへの不信感を生み出しかねない点に関しては、議論の余地が大きいのではないか。特にEUは、米国でトランプ主義者が勢力を強めていることを警戒しており、米国に対する政治的な不信感を抱いている。

それでも、米ドルが強いままであり、基軸通貨として高い信用力が維持されているなら、問題は限定的かもしれない。しかし今後も米国の経済運営が健全性を取り戻せなければ、米ドルは基軸通貨としての信用力を失うことになる。にもかかわらず、米国が経済・金融制裁の手段として米ドルの利用を制限するような政策を取れば、新興国のみならず、同盟国においてもドル離れが進み、米ドルの基軸通貨としての位置づけが低下しかねない。

3　CBDCの登場と米ドル

CBDCとは何か

さらに、いわゆるCBDC（中央銀行デジタル通貨）が普及することも、基軸通貨としての米ドルの信用力の低下につながる恐れがある。とはいえ、それは米国がリテール型CBDCの発行を進めた場合に限定されて起きる現象といえそうだ。言い換えれば、米国が自ら米ドルの価値を棄損するようなことをするとは考えにくい。同時に、他国がいくらＣＢＤＣを発行しても、米ドル自体の優位性は揺るがないと考えられる。

日銀はＣＢＤの特徴は以下の三つの条件を満たすことだと解説している。すなわち①デジタル化されていること、②円などの法定通貨であること、③中央銀行の責務として発行されること、の三つである。ステーキングやマイニングによって信用力を持たせようとする暗号資産（第４章）とは異なり、中銀が政府の信用の下に発行するデジタル通貨がＣＢＤＣというわけだ。

通常、中銀は銀行券という紙幣を発行し、これを流通させるが、それにはコストが伴う。例えば、日銀が発行した紙幣は、警備輸送会社の現金輸送車によって銀行に運ばれる。その際には、現金が第三者に強奪されないよう、厳重な警備体制の下で運ばれるため、多額の人件費がかかる。銀行に運ばれた現金は、現金自動預け払い機（ＡＴＭ）に配分・充当されるが、このＡＴＭのネットワークを維持するためにも巨額のコストが伴う。

預金者がＡＴＭや銀行の窓口から多額の預金を引き出した場合、それを狙った強盗やひったくりに遭うかもしれない。それに銀行に強盗が押し入り、多額の現金を強奪する可能性もある。商店は店じまいの後で現金を金庫に入れるが、その金庫も盗難に遭うリスクを持っている。そもそも、多額の現金を入れた財布を落とす可能性もある。しかしデジタルであれば、そうした現金保有に伴うコストを削減できる。

また「金融包摂」（ファイナンシャル・インクルージョン）の観点からも、ＣＢＤＣにはメリットがあると説明される。発展途上国には、銀行口座を持たない人々（アンバンクド）が依然として

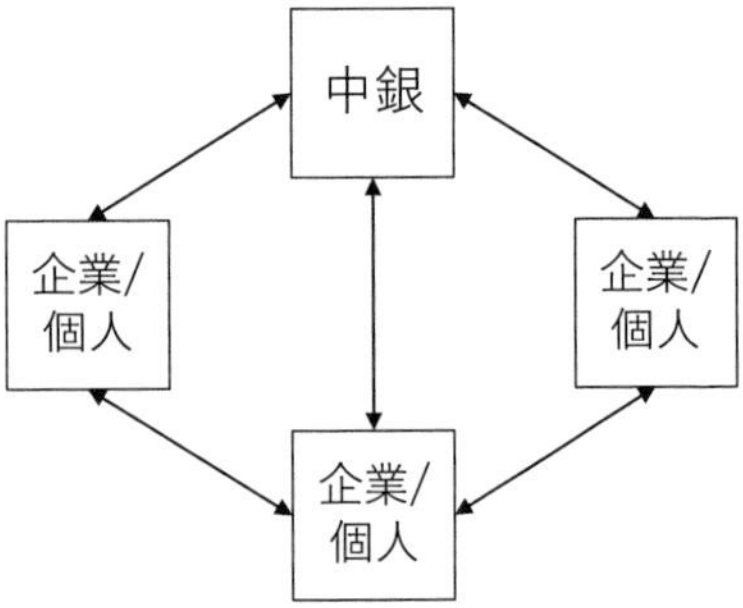

図表5－6　CBDCの取引形態（直接型）
（出所）筆者作成

多く存在する。一方で、発展途上国でもスマートフォンは多く普及しているため、インターネットへのアクセスは容易となっている。中銀がCBDCを発行すれば、こうしたアンバンクドに対しても、金融サービスを提供することが可能になる。

この金融包摂という概念は、暗号資産（第4章）の発行を正当化する理由の一つでもある。世界で最もCBDCの発行に積極的なスウェーデン中銀（リクスバンク）も、CBDCを肯定する理由に金融包摂を挙げている。しかし先進国であるスウェーデンには、アンバンクドはほとんど存在しない。キャッシュレス化も銀行口座に連動するかたちで進んでいるため、CBDCを発行する理由に金融包摂を持ち出しても、あまり説得力はない。

そもそも先進国なら、程度の差はあれ各国で電子マネーが普及しており、キャッシュレス化が進んでいる。それに暗号資産の取引でも、金融包摂が進む可能性はあるだろう。とはいえ、これらのサービスは、民間事業者によって提供されている。民間事業者による取引が増えると、中銀による金融政策の波及効果が弱まったり、金融システムの秩序の維持が困難になったりする恐れがある。

また暗号資産の取引は、資金洗浄（マネーロンダリング）に代表される組織犯罪に利用される可能性を有している。事業者の経営が破綻すればサービス自体が打ち切られるリスクもある。そうした事態を防ぐためには、法定通貨そのものをデジタル化し、公共事業者である中銀を通じた取引を拡大させた方がいいかもしれない。中銀がＣＢＤＣの発行を検討する背景には、こうした政策当局の危機感も存在する。

ＣＢＤＣの流通形態は大別してホールセール型（銀行間の大口決済）とリテール型（一般向け小口決済）に分かれる。日銀と欧州中央銀行（ＥＣＢ）による実証実験プロジェクト・ステラは、代表的なホールセール型のＣＢＤＣプロジェクトだ。一方でリテール型は、中銀が企業や個人とダイレクトに取引を行う直接型（図表５－６）と、発行のみを中銀が担い銀行が取引を担う間接型（図表５－７）に分かれる。

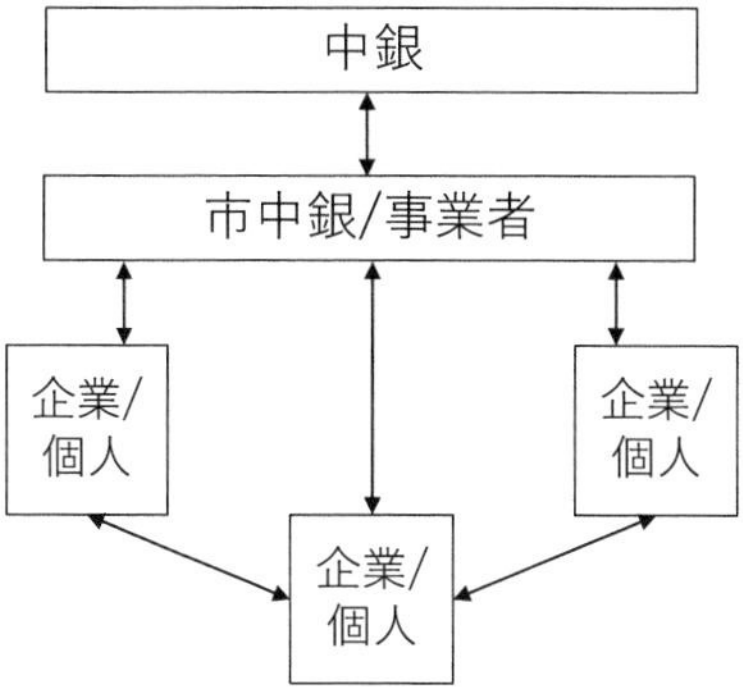

図表5－7　CBDCの取引形態（間接型）
（出所）筆者作成

リテール型の検討は間接型が主流であり、スウェーデンのリクスバンクによるｅクローナや、中国人民銀行によるデジタル人民元が、これに相当する。一方、ＣＢＤＣの発行形態は口座型とトークン型に大分される。口座型は、利用者が中銀に開設した口座間で取引を行う形式となる。一方でトークン型は、利用者が持つカードやスマホなどに中銀からデジタル通貨が入金（チャージ）され、取引が行われる形式である。

これは、すでに普及している交通系電子マネーやスマホ決済のイメージに近い。これらの場合は銀行の口座に紐づけられているが、その取引を中銀とダイレクトで行うわけだ。こうしたリテール型ＣＢＤＣの発行は、確かに民間事業者による決済サービスが持つ種々のリスクの軽減につながるかもしれない。一方で、民間の電子マネー事業と競合するため、民業圧迫との強い批判が付いて回る。

デジタルドルが持つリスク

実際のところ、リテール型ＣＢＤＣの導入に関して、米国は慎重な立場を堅持している。共和党トランプ政権期の二〇一九年一二月、当時のスティーブン・ムニューシン財務長官は「デジタルドル」構想を一蹴し、ＣＢＤＣの発行から完全に距離を置く方針を示した。また後継の民主党バイデン政権は、二二年三月の大統領令でＣＢＤＣの発行に向けた課題の整理に着手するように関係部局に要請したが、ＣＢＤＣの発行そのものは進めていない。

米国がデジタルドルの発行に慎重な理由は、リテール型ＣＢＤＣが持つ欠点が現出した場合、米ドルひいては米国経済の信用力が低下しかねないことにある。ＣＢＤＣが持つ最大の問題点は、その取引が市中の銀行口座を必ずしも経由しないことだ。米国の預金者がＣＢＤＣにメリットを感じた場合、預金者は銀行から多額の預金を引き出し、それをＣＢＤＣにシフトさせる。その動きが急激であれば、銀行が取り付け騒ぎに陥る恐れがある。

それに、銀行預金からＣＢＤＣへの大規模な資金シフトが生じた場合、銀行を通じた実体経済に対する金融政策の波及メカニズムが失われることになる。通常、中銀による金融引き締めで市場の金利が上昇すれば、銀行は貸出金利と預金金利を引き上げる。貸出金利の上昇は借入需要を圧迫する一方、預金金利の上昇が預金需要を刺激するため、実体経済に出回る資金の回収が進み、経済活動にブレーキがかかる。

反面で、金融緩和で金利が低下し、実体経済に出回る資金の量が増えれば、経済活動にアクセルがかかる。このように金融政策は、銀行を通じて実体経済に波及する。したがって、リテール型ＣＢＤＣの普及で銀行預金が流出すれば、金融政策の波及メカニズムが失われることになる。米国で金融政策の波及メカニズムが失われれば、米国のマクロ経済運営は不安定となり、世界経済にも甚大な悪影響が及ぶ。

またリテール型ＣＢＤＣは、資金洗浄などの組織犯罪に用いられるリスクも大きい。とりわけトークン型の場合、厳格な本人確認が必ずしも必要でないため、第三者によって不正利用される可能性が高い。口座型の場合、トークン型で懸念されるような不正利用の可能性は低いが、一方で取引の匿名性が必ずしも担保されないという問題点がある。取引の匿名性が担保されないと、個人情報が漏洩するリスクがある。

米政府とＦＲＢが通貨取引に対して介入を強めることへの懸念もある。リテール型のデジタルドルを発行した場合、米政府やＦＲＢは利用者の取引情報を一元的に管理する必要に迫られる。このことは人権の侵害であるし、事実上の国民監視に当たるとして、共和党は強く反対している。これは先に述べた匿名性の議論にもつながるが、個人情報が守られないような通貨を国民が納得して利用するわけがない。

いずれにせよ、とりわけリテール型ＣＢＤＣが持つ数々のデメリットや懸念事項を克服するかたちで米国がデジタルドルを発行しない限り、デジタルドルは米国の金融・経済を大きく混乱させる存在になりかねない。そして、実際に米国の金融・経済が大きく混乱すれば、それ自体がグローバルな金融・経済秩序の混乱を招くとともに、米ドルの基軸通貨としての位置づけもまた低下を余儀なくされる。

他国のＣＢＤＣと米ドル覇権

こうした中で、中銀の中銀とも呼ばれる国際決済銀行（ＢＩＳ）は二〇二四年四月に世界の七つの中銀（ユーロ圏を代表してフランス中銀、日銀、韓国銀行、メキシコ中銀、スイス中銀、イングランド銀行、ＦＲＢ）が、ホールセール型のＣＢＤＣの利用に向けた実証実験を行うと発表した。またＢＩＳはこの実証実験に、国際金融協会（ＩＩＦ）を通じて、民間の金融機関も参加するように呼び掛けている。

つまり、主要国の中銀は、ホールセール型ＣＢＤＣの制度設計には前向きな姿勢を示しているわけだ。すでに金融機関同士の資金取引は高度にデジタル化されているため、ホールセール型ＣＢＤＣとの親和性は高い。既存の決済システムとＣＢＤＣを競合させることで、よりよい銀行間決済の在り方を模索しようというわけである。当然、各国の中銀は、米ドルを利用し続けることを前提に、ホールセール型ＣＢＤＣの利用を模索している。

そうした主要国の中銀とは距離を置くかたちで、中国人民銀行は独自の理由からリテール型Ｃ

ＢＤＣの発行を模索している。中国ではすでに、ウィーチャットペイ（微信）とアリペイ（支付宝）という民間事業者によるサービスが推進力となり、キャッシュレス化が進んでいる。一方で、民間事業者のサービスには、すでに指摘したように様々なリスクがつきまとう。デジタル人民元を発行すれば、こうしたリスクを軽減できる。

それに、人民銀は二〇一五年の人民元ショック以降、資本流出に関して神経を非常に尖らせている。民間事業者が提供する電子マネーをデジタル人民元に切り替えれば、人民銀が市中における資金の取引を監視できるため、海外への資本流出を防ぐことができる可能性がある。このように、国内における通貨秩序の管理という観点から、中国はリテール型ＣＢＤＣの発行を議論しているのである。

さらに中国は、貿易決済をＣＢＤＣで行うことの可能性も追求している。デジタル人民元で貿易決済ができれば、中国はＳＷＩＦＴ（国際銀行間通信協会）の利用の頻度を下げることができる。そしてデジタル人民元による貿易決済圏を構築できれば、仮に中国がロシアのように米欧から経済・金融制裁を科され、ＳＷＩＦＴから排除されたとしても、中国はその影響を緩和できると期待される。

とはいえ、デジタル人民元による貿易決済圏が構築できるかどうかは、結局のところ、人民元の国際化と同じ議論を辿ることになる。つまり、発行形態がデジタルだろうとアナログ（紙幣）だろうと、中国が資本取引を自由化しなければ、人民元は国際社会で普及しようがない。デジタル人民元による貿易決済は拡がるかもしれないが、人民元の国際化そのものが進まない限り、デジタル人民元による貿易決済の拡がりは限定的だろう。

こうしたことは、ロシアがＣＢＤＣを発行しようと、ブラジルがＣＢＤＣを発行しようと、本質的には変わらない。別の言い方をすれば、中国が発行するＣＢＤＣが米ドルの基軸通貨としての地位を脅かすことは、まず考えにくい。ＣＢＤＣが米ドルの基軸通貨としての信用力の悪化をもたらすケースは、米国自身がリテール型ＣＢＤＣを発行し、そのリスク要因が発露した場合に限定されると考えられる。

そうであるからこそ、そうした状況に陥ることがないように、米国のみならず、主要国は実証実験を重ねて、慎重に慎重を期すかたちで、既存の国際通貨体制と整合的なかたちでのＣＢＤＣの発行を模索している。少なくとも主要国で実際に発行されるＣＢＤＣは、米ドルの利用を前提としたホールセール型ＣＢＤＣに限定される方向にある。リテール型ＣＢＤＣの普及は一部の国にとどまるのではないか。

ＣＢＤＣは普及するのか

すでに述べたように、少なくとも主要国では、ホールセール型ＣＢＤＣは普及が進む方向性にある。そしてそれは、既存の銀行間決済システムを補完ないしは代替するかたちでの普及となりそうだ。現在、主要国の銀行間決済は、大口取引と小口取引に分かれて行われていることが多い。ホールセール型ＣＢＤＣを利用することで、こうした銀行決済システムを補強することができると期待されている。

具体的に、日本の銀行間決済の仕組みを例示してみたい。日本では、いわゆる全国銀行資金決済ネットワーク（全銀ネット）と呼ばれる資金清算機関において、銀行間決済が行われている。そして全銀ネットが提供する全国銀行データ通信システム（全銀システム）というサービスに基づき、一一〇〇を超える銀行（含む信金、信組、農協、ゆうちょ銀行など）による相互間の振込や送金が、リアルタイムで処理される。

そのうち一件一億円以上の大口取引の情報については、それが全銀システムから日本銀行金融ネットワークシステム（日銀ネット）へと直ちに伝えられ、日銀当座預金上で即時グロス決済（振替の指図が中銀に持ち込まれ次第、直ちに実行される決済方法）が行われる。このようにして、日本の銀行間決済は、小口に関しては全銀ネットが担い、大口に関しては日銀ネットが担うというかたちになっている。

同様の仕組みは諸外国でも導入されており、米国では米連銀が運用するFEDワイヤーや民間が運用するCHIPS（クリアリングハウス銀行間支払システム）が大口決済を担い、ACH（オートメイテッド・クリアリング・ハウス）が小口取引を担っている。このように、現在では大口取引と小口取引に分けて行われている銀行間決済を、ホールセール型CBDCを通じて一括で行えば、決済がさらに円滑化する可能性がある。

一方で、リテール型のCBDCに関しては、依然として多くの課題が残されている。何より、銀行を経由する現在の金融政策の波及経路が断たれてしまうリスクは看過できない。そうなれば安定的なマクロ経済運営が不可能となる。経済活動の安定性が低いようなら、その国の通貨の価値は高まらないばかりか、棄損することになる。そうしたリスクを冒してまで、リテール型のCBDCを普及させるメリットはないといえよう。

それに、リテール型のCBDCは現金のような安定性を有していない。口座型だろうとトークン型だろうと、CBDCは電力が無ければ利用できない。しかし現金であれば、電力があろうとなかろうと関係なく利用できる。紙幣の偽造を防止するためのコストは必要だが、システムメンテナンスのコストはかからない。現金はアナログな手段だからこそ、抜群の安定性を持っている。

加えてCBDCは、現金とは異なり匿名性にも劣る。CBDCでの取引は、電子データの移行を伴う以上、その取引が必ず記録されるため、個人情報が流出する恐れが大きい。さらに政府や中銀が、そうした取引情報を基に国民を監視する可能性もある。特に中国やロシアなど、資本流出に神経を尖らせている国の場合、取引を通じて国民を監視する可能性が意識される。そのような通貨を、果たして国民は信用するだろうか。

リテール型CBDCと現金は並行で流通すると考えられるが、取引の匿名性を重視する国民は現金を利用し続けるはずだ。しかし、仮にリテール型のCBDCの利用が強制され、現金での取引が規制されるようなら、国民は貴金属など現金以外の手段で決済を試みるようになるかもしれない。つまり、CBDCの導入そのものが、その国の通貨の信頼を低下させる事態につながりかねないわけだ。

リテール型CBDCは電子マネーともサービスが競合する。先進国のみならず新興国でも、民間事業者による電子マネーが普及している国は少なくない。CBDCの発行を強行すれば民間事業者の反発は必至であるし、民間事業者の意欲を奪いかねない。公共の役割は自らが電子マネー（デジタル通貨）を提供することではなく、民間事業者によるサービスが適切に運用されるかどうかを監視することにあるのではないだろうか。

海外でリテール型のＣＢＤＣが使えたとしても、米ドルのみならずユーロ、日本円のように資本取引が撤廃された国際通貨ならまだしも、資本取引が制限されているソフトカレンシー同士の決済では、拡がりは限定的だろう。結局のところ、リテール型のＣＢＤＣは、メリットよりもデメリットが大きいと判断されて、一部の国を除き、あまり普及しないのではないだろうか。

【コラム】カンボジアのCBDC

東南アジアにある人口一八〇〇万人弱の小国カンボジアは、リテール型ＣＢＤＣの普及に成功した国の一つといわれる。しかしながらＣＢＤＣは、実際は、中銀が提供するデジタル決済システムであり、厳密な意味でのＣＢＤＣとはいえない。とはいえ同国の経験は、リテール型ＣＢＤＣを普及させるうえでの現実的な課題を浮き彫りにするものであるため、その概要を解説してみたい。

カンボジア国立銀行（中央銀行）は二〇二〇年一〇月、リテール決済用のスマートフォンのアプリ「バコン」をリリースした。このスマートフォン用決済アプリは、日本のスタートアップ企業（ソラミツ社）が開発したシステムに基づくもので、リテール型ＣＢＤＣとしての性格も有している。カンボジア国民の多くはこのアプリを用いて、個人や法人間での送金、店頭などでの支払いを行うようになった。

それまでのカンボジアでは決済アプリが乱立しており、国立銀のリテール決済システムに参加しない事業者も存在した。そこで国立銀は、様々な事業者のサービスを接合するためにバコンの運用を開始したのだ。国立銀のチア・セレイ総裁が二〇二三年一二月一九日付の「日経アジア」紙とのインタビューで、バコンの口座開設数は一〇〇〇万に達し、国民の六割がバコンを利用できる環境にあると答えるなど、バコンは急速に普及した。

バコンは国際決済にも対応している。具体的には、マレーシアやタイ、ベトナム、ラオスといった東南アジア諸国の金融機関のほか、中国のユニオンペイやアリペイとの決済に対応している。海外に出稼ぎに行った在外カンボジア人による国際送金も、バコンで可能である。バコンは現地通貨であるリエル建てのみならず、米ドル建てでも利用できる。バコン上での両替はできないが、ユーザーはドル送金も可能である。

実際に、バコンを通じて取引される通貨はリエルよりも米ドルが多いようだ。国立銀の『年次報告書』によると、バコンを用いた米ドルの取引回数は二〇二三年に一三二万回と、リエルの取引回数（六九万回）の二倍だった。もともとカンボジアはドル化が進んだ経済であるため、バコンもまた米ドルの利用を前提としている。しかしバコンの利用を通じて国民がリエルでの決済が増えたことは、リエルの信用力を高めているようだ。

実際に、長年九〇パーセント台で推移していた銀行預金に占める外貨預金の割合は、バコ

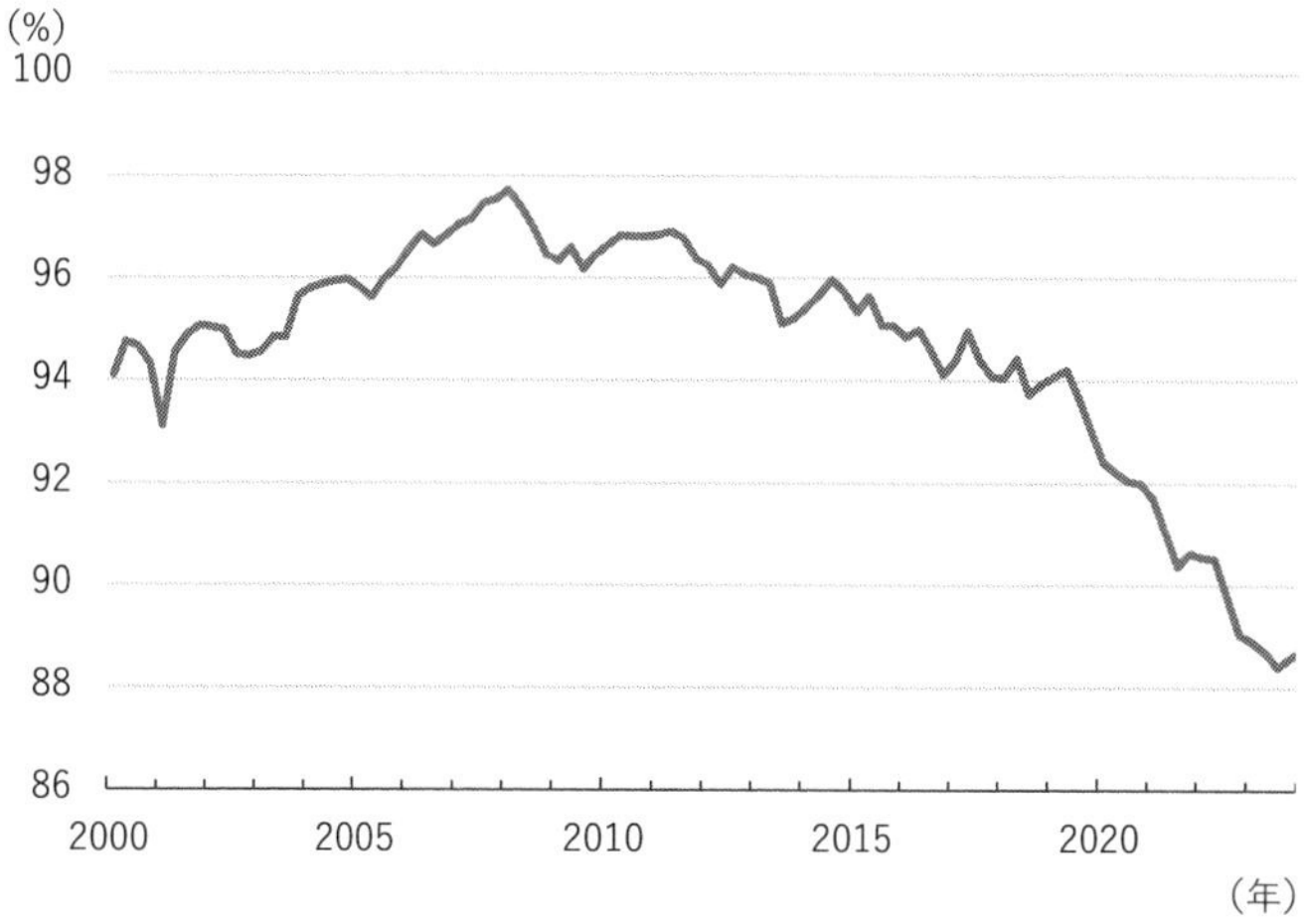

図表5－8　銀行預金に占める外貨預金の割合
（出所）カンボジア国立銀行

ン導入後に八〇パーセント台まで低下している（図表5－8）。粘着的だったカンボジアのドル化が、バコンの導入によって改善が進んだわけだ。リテール型CBDCの性格を持つ決済アプリがドル化の改善につながる可能性があるということは、ドル化に悩まされている新興国にとって大きな励みとなるだろう。

またバコンの普及は、カンボジアの金融包摂（ファイナンシャル・インクルージョン）の改善にもつながった。カンボジアでは米ドルによる現金決済が主流であり、国民の七割近くが銀行口座を持たない人（アンバンクド）である。一方で、国民のモバイル保有比率は八割と高い。国立銀のセレイ総裁は国民の六割がバコンにアクセスできると説明しているので、バコンはアンバンクドに対する金融サービスの提供に成功したといえよう。

とはいえ繰り返しとなるが、カンボジアのバコンは基本的にスマートフォン決済アプリであり、それにリテール型ＣＢＤＣの性格が付帯されているという理解が正しい。そもそもカンボジア国民がバコンを利用しているのは、それが米ドルでの決済や送金に対応しているからだろう。国立銀が発行するリエルしか使えなかったら、バコンが国民の間で広く受け入れられる事はなかったと考えられる。

実際、バコンを通じて決済・送金される通貨は米ドルが圧倒的だ。つまるところバコンは、確かにリテール型ＣＢＤＣの機能を持つものの、高度にドル化した経済を前提とした決済・送金ツールに過ぎないともいえる。見方を変えれば、そうした経済がリテール型ＣＢＤＣを発行したとしても、米ドルの利用を前提とした制度設計でないとその普及が見込めないことを、カンボジアの事例は物語っている。

終章

基軸通貨と日本円

約34年ぶりの円安水準を受けて実施された財務省、日銀、金融庁による3者会合（財務省、2024年3月27日、毎日新聞提供）

本書は、基軸通貨としての米ドルの位置づけを問い直すことをその狙いとするものだ。それと同時に、新興国を中心に進んでいるドル離れや脱ドル化と呼ばれる現象に対して、独自の評価を与えることを目標としている。基軸通貨としての米ドルの位置づけを問い直すことは、ともすれば願望論や感情論に陥りがちな「脱ドル化」や「ドル離れ」という経済現象を客観的に分析することにつながると考えたためだ。

本書での検討を要約すると、米ドルは当面の間は、基軸通貨として機能し続けることになる。米ドル以外に、基軸通貨としての条件を満たす国際通貨が存在しないためだ。とはいえ、その条件が満たされなくなれば、米ドルの基軸通貨としての位置づけは揺らぐことになる。とりわけ、今後も米国のマクロ経済運営の健全化が進まなければ、米ドルの基軸通貨としての位置づけは低下を余儀なくされるだろう。

他方で、米ドルが基軸通貨であり続けようと、あるいは新たな基軸通貨が生まれようと、日本を含めた圧倒的多数の国は、基軸通貨を発行する国に対して受け身の存在である。そうした圧倒的多数の国は、基軸通貨を発行する覇権国を頂点とする世界経済体制に組み込まれ続ける。そして、基軸通貨を発行する覇権国の存在を念頭に、健全なマクロ経済運営に努めることができる経済だけが、為替レートを安定させることができるのである。果たして、日本にそれが可能だろうか？

1　利上げと日本円

利上げができない日本

安定した為替レートの存在は、経済成長、経済発展の礎だ。一方で、国際金融の世界には、為替相場の安定性、金融政策の独立性、資本移動の自由が鼎立しないという命題（国際金融のトリレンマ）がある。これに従うなら、為替レートの安定性を確保しようとする場合、金融政策の独立性を放棄するか、資本移動の自由を制限するか、いずれかの対応を取る必要がある。

金融政策の独立性を放棄すれば、経済対策としての金融緩和や引き締めができなくなる。しかし資本移動の自由を制限すれば、海外から投資マネーを引き寄せることができなくなる。したがって主要国は、変動相場制を採用して為替相場の安定性を放棄するという選択を取っている。その国のマクロ経済運営がしっかりしていれば、変動相場制でも為替レートが急落することなく、安定して推移するためだ。

二〇二二年三月、米国の中銀である連邦準備制度理事会（ＦＲＢ）が利上げに着手した。ＦＲＢは金融政策運営に際して二パーセントの物価目標を掲げている。ゆえにＦＲＢは、二パーセントをはるかに上回るインフレが生じたため、追加利上げを積極的に行った。またＦＲＢが利上げ

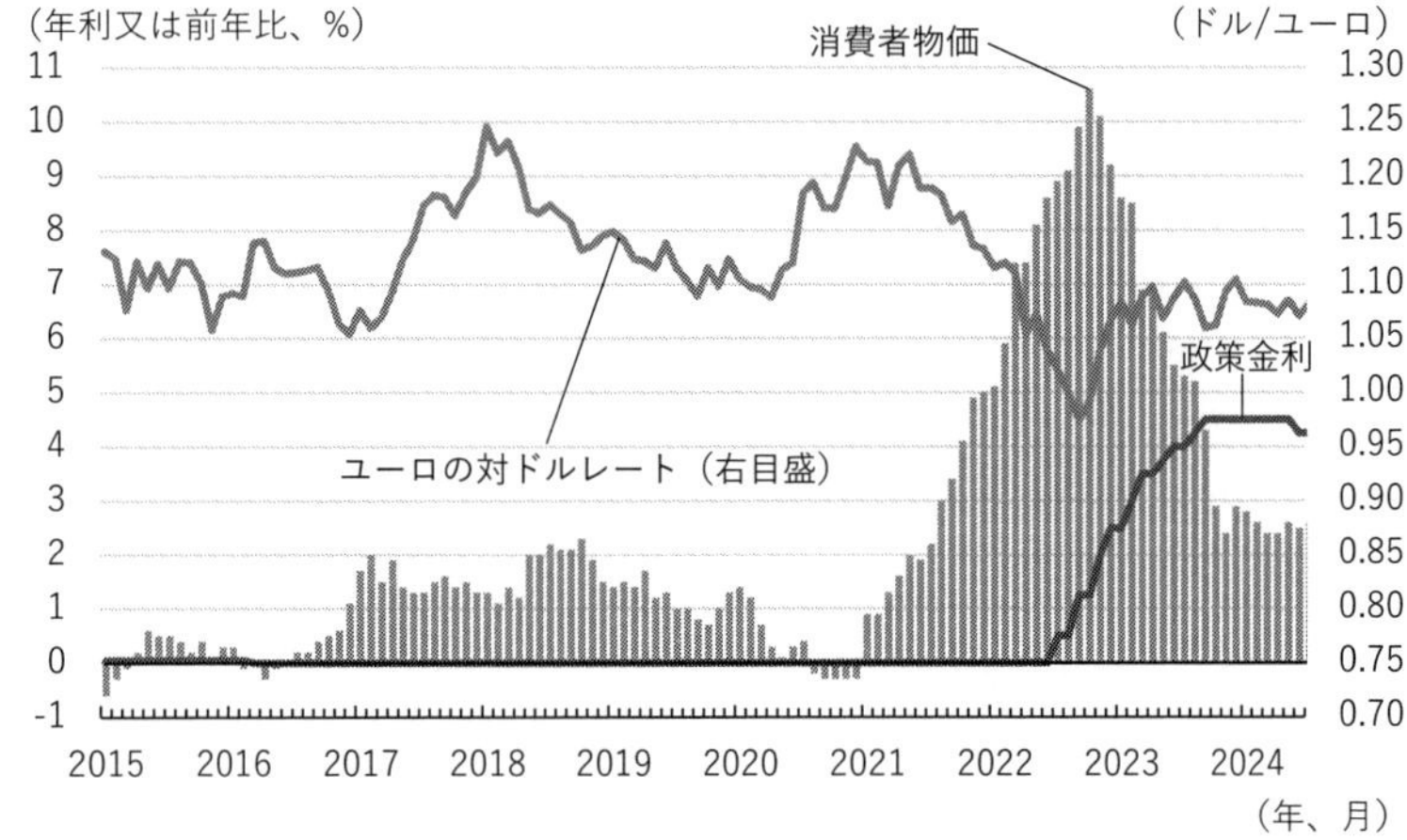

図表終－1　ユーロ相場と物価・金融政策
（出所）欧州連合統計局、欧州中央銀行

に着手した四カ月後の同年七月には、欧州連合（EU）の欧州中央銀行（ECB）も一一年ぶりとなる利上げに着手した。

そのECBも、二パーセントの物価目標を掲げている。一方でEUは、加盟国の間で深刻な信用格差を抱えている。財政が健全なドイツと財政が厳しいギリシャの間には信用力に大きな差があるわけだ。これがECBの追加利上げを阻むと考えられていたが、それでもECBは果敢に金利を引き上げた。その甲斐もあって、二〇二二年に大幅にドル高に振れた通貨ユーロの対米ドル相場は、二三年に入ると持ち直すようになった（図表終－1）。

基軸通貨である米ドルを持つ米国のマクロ経済運営は、米国経済のみならず世界経済の運営に大きな影響を与える。特に金融政策の動向は、世界各国の為替相場の動向に強い影響力を及ぼす。米国が利上げすればドル高になるため、各

図表終－2　円相場と物価・金融政策
（出所）総務省統計局、日本銀行

国の為替レートは下落し、インフレ圧力となる。しかしインフレ圧力を鎮めるために利上げに追随できる国の通貨は、米国との間で金利差が縮小するため相場が持ち直す。

　他方で、日本銀行は、二パーセントの物価目標を掲げておきながら、消費者物価上昇率がその目標を超えても、政策金利を引き上げることがなかった。デフレが長期化していた日本の場合、インフレが持続的なものか見極める必要があるというのが、黒田東彦前日銀総裁が金利を据え置いた理由だった。その結果、米国との間で金利差が拡大し、ドル円レートは一一五円から一五〇円台へと一気に円安に振れることになる。

　日銀は二〇一三年一月の金融政策決定会合で物価目標を導入したが、これは事実上、当時の自民党安倍政権による強い意向が反映されたものだ。通常、物価目標は高インフレを抑えるために定められる。しかし安倍政権が要求した物価目標は、大規模な金融緩和をデフレ脱却の手段として肯定する観点から導入されたものである。そのため黒田総裁は、二二年に入って物価目標が達成されたにもかかわらず、利上げに消極的であり続けた。

日銀が利上げに着手するのは、植田和男新総裁が就任したのちの二〇二四年三月のことだ。それも、▲〇・一から〇・〇〜〇・一パーセントに引き上げるという、極めて小幅なものだった。一方で、FRBとECBは金利を高水準で維持したままだったから、円相場は米ドルとユーロに対して下落が続くことになる（図表終-2）。二四年にはドル円レートは一六〇円台に、ユーロ円レートは一七〇円台まで下落した。

EUも日本も、為替相場の安定性を放棄している。しかし両者の違いは、ECBが物価目標に適った金融政策を、日銀が物価目標から外れた金融政策を営んだことにある。その結果が、米ドルについていけたユーロとついていけなかった日本円の違いとなる。物価目標を掲げておきながらそれに外れた金融政策運営を日銀が営み続けた理由は、利上げによる国債費の膨張に対する懸念や黒田日銀の強いハト派姿勢にあったといえよう。

効果が限定的な資本規制

先進国とは異なり、新興国の中には為替相場の安定性と金融政策の独立性を維持する代わりに、資本移動の自由を制限して為替レートを安定させようとした国も存在する。代表的な例は中国（第3章）だ。中国は二〇一五年の人民元ショック以降、資本規制を強化した。またコロナショック後には不動産バブルが崩壊し、金融緩和を強化する必要にも迫られた。そうした中国が通貨の安定を維持するためには、資本移動を規制せざるをえない。

またトルコも、資本規制の強化を通じてリラ相場の安定を図り、ドル離れ（正確には脱ドル化）を進めようとした（第4章）。具体的には、国内通貨建て預金の保護制度を導入したり、輸出業者に対して外貨建ての売上高の一定割合を中銀に強制売却させたり、企業の外貨資産保有高に応じて貸出を制限する制度を設けたりしてリラ相場の安定とドル離れの進展を図ったわけだが、その効果は限定的だった。

中国とトルコはＩＭＦ八条国（ＩＭＦ協定八条に基づき為替取引の制限を撤廃した国）であるため、本格的な為替管理を実施することはできない。それにトルコの場合、「先進国クラブ」ともいわれる経済協力開発機構（ＯＥＣＤ）にも加盟しており、それも本格的な資本規制の強化を阻む。それに資本規制の強化は、海外からの投資マネーの流入の抑制につながるため、経済成長を鈍化させる。国内貯蓄が不足するトルコの場合、その副作用は甚大だ。

言い換えると、資本規制の強化は基軸通貨を発行する国、つまり覇権国たる米国を頂点とする世界経済体制から距離を置くことに等しい。独自の経済運営に努めて経済が順調に発展するに越したことはないが、それが極めて困難であることはロシアの事実上の前身国家である旧ソ連の経験が雄弁に物語っている。いずれにせよ、中国やトルコの経験が物語るように、資本規制の強化で為替レートを安定させようとしても有効性には限界がある。

望まれることは、やはりルールベースのマクロ経済運営を徹底することにほかならない。物価目標を掲げているなら、中銀はそれに適う金融政策運営に努めるべきである。それがその国の経済の健全性を高め、通貨の安定につながることは、第4章で見てきたメキシコの事例が実証済みだ。そして、皮肉なことに、そうしたルールベースのマクロ経済運営の維持が極めて難しいことも、メキシコの事例はよく物語っている。

米国が覇権国であるということは、米国を頂点とする世界経済体制が構築されているということだ。好むと好まざるとにかかわらず、米国以外の国はその世界経済体制に組み込まれる。中国が覇権国になったらなったで、各国は中国の存在を念頭に、ルールベースのマクロ経済運営に注力する必要がある。そうでなければ、基軸通貨となった中国元と自国通貨の為替レートを安定させることはできない。

黒田日銀は二〇一三年一月に物価目標を導入した。ルールベースの金融政策運営を掲げたわけだが、物価目標が二二年に入って達成されたにもかかわらず、持続的・安定的な物価上昇ではないという評価を理由に、金利を引き上げなかった。その後も物価目標を上回るインフレが続いているにもかかわらず、後継の植田日銀も利上げに慎重である。このような不透明な金融政策運営が続くような国の通貨が売られるのは当然だ。

では円安を理由に日本が資本規制を強化するかというと、それはありえない話となる。そもそも日本は、曲がりなりにも先進国だ。それに近年は、成長戦略の一環として対内直接投資を取り込もうと腐心している。その日本が、資本流入を抑制するような規制を強化できるわけない。健全なマクロ経済運営に努めるとともに、それを通じて円の信用力を高めること以外、日本に残された方法はない。

繰り返しとなるが、どのような通貨が米ドルに代わる新たな基軸通貨になろうと、日本を含めたそれ以外の国々は、ルールベースの健全なマクロ経済運営に注力しなければ、基軸通貨と自国通貨の為替レートを安定させることはできない。そうしなければ強烈な通貨安という国難に見舞われることを、二〇二二年以降の日本経済は体現している。もはや、強い円は消えてしまったといえよう。

構造的な円安に直面する日本

二〇二二年から進んでいる日本の円安は、構造的な性格が強いものだ。つまり日本は、意図的に、政策的に通貨安を選択しているのではなく、通貨安を受け入れざるをえない状況である。通貨を犠牲にしなければ、今の日本経済は成り立たないのだ。そしてこの状況が続く限り、日本経済はじり貧となってゆく。これは基軸通貨が米ドルからその他の通貨に代わろうと変わらない話だ。

なぜ日本は構造的な円安に直面しているといえるのか。最大の理由は、日本経済が長らく低金利を前提に営まれているため、金利の急速な引き上げに耐えることができないことにある。日本の公的債務残高は二〇二〇年のコロナショックで一段と膨張し、名目ＧＤＰ（国内総生産）の二五〇パーセントを超えている（図表終－3）。しかし日銀が金融緩和で低金利環境を維持しているため、国債費は抑制されている。

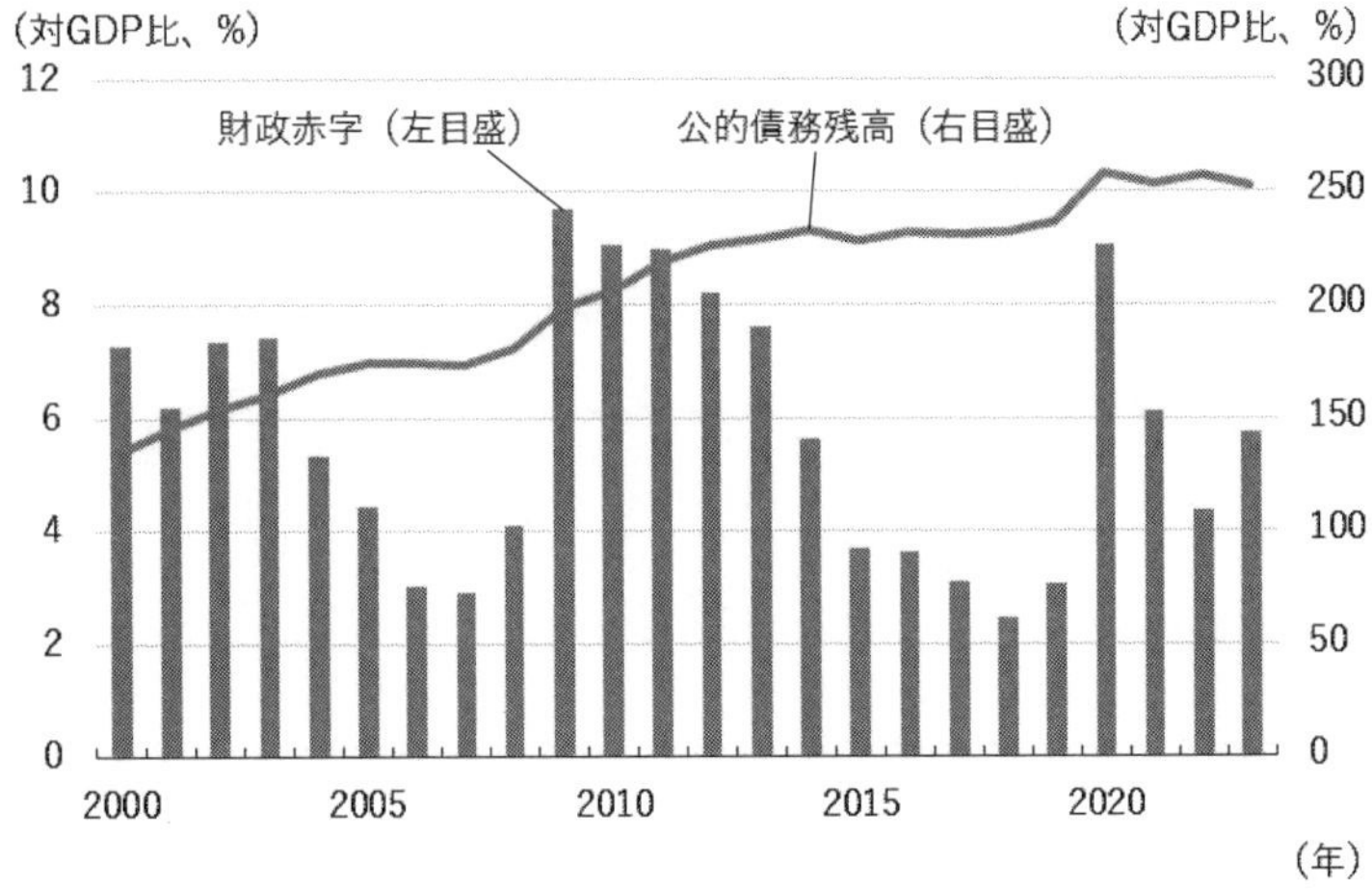

図表終－3　日本の財政状況
(出所) IMF

見方を変えれば、日銀が利上げを行えば、国債費が増加することになる。自民党岸田文雄政権の鈴木俊一財務相の諮問機関、財政制度等審議会が二〇二四年四月四日に開いた分科会で提示された試算によると、仮に長期金利がこれまでよりも一パーセント上昇した場合、二〇三三年度の国債費は八・七兆円増加するようだ。試算結果は前提条件次第で大きく変わるが、日本政府が金利上昇に対して警戒感を強めていることに変わりはない。

かつて日銀審議員を務めた西村清彦東大名誉教授は、金融緩和という痛み止めが常態化している日本経済を「モルヒネ経済」と称したが、黒田日銀による金融緩和は日本経済にとってモルヒネ以上に強い鎮痛剤となった。物価目標を達成した以上、本来なら日銀は利上げするべきだが、それだとモルヒネ以上に強い鎮痛剤に慣らされた日本経済に強いショックがおよぶ。特

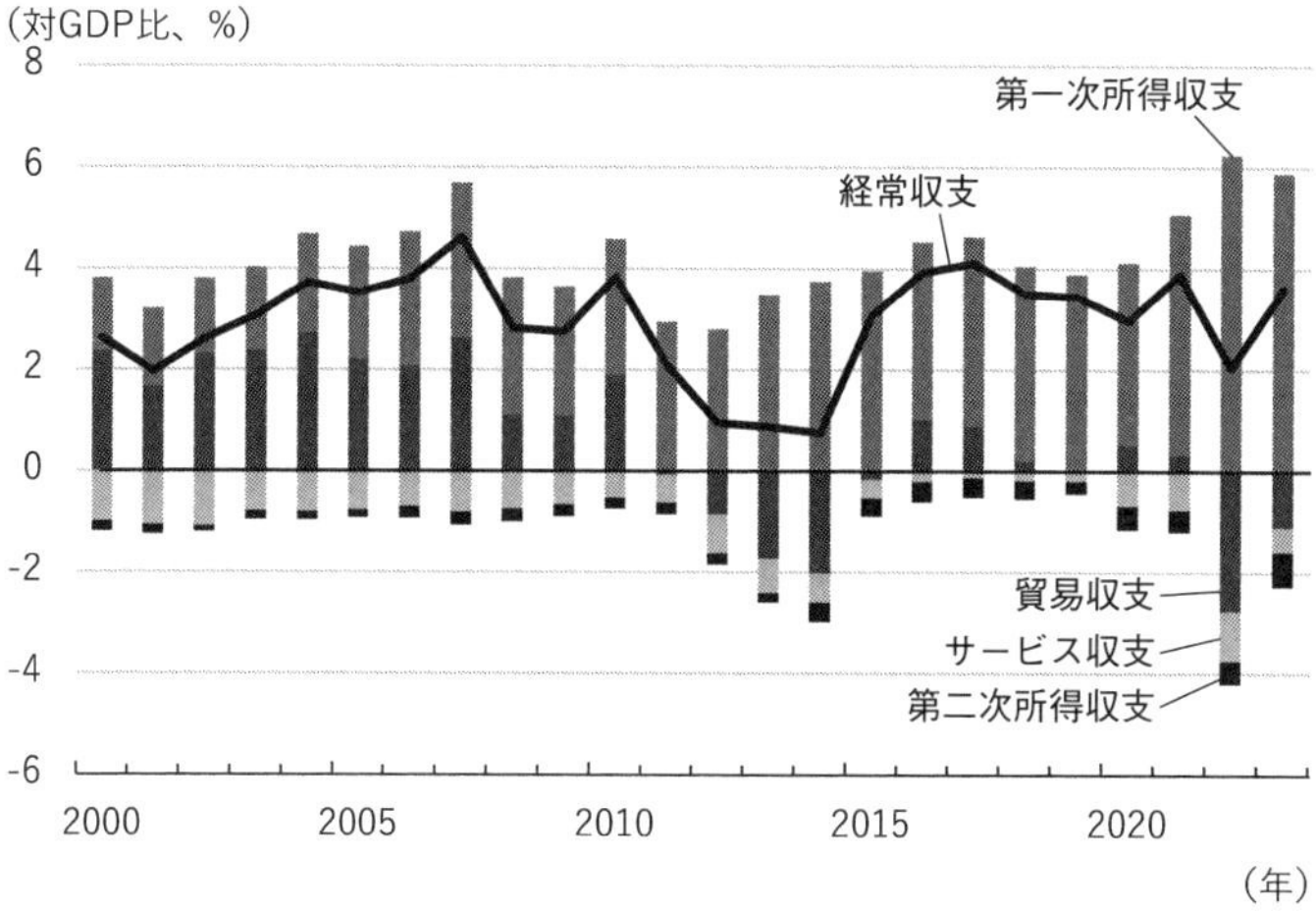

図表終－4　日本の経常収支
（出所）日本銀行、内閣府

に財政は、国債費の増加で火の車となりかねない。

　問題は財政だけではない。日本の家計や企業は、長年にわたる日銀の金融緩和を受けて、低金利環境に慣れ過ぎてしまっている。例えば住宅ローンは低利の変動型が七割にも達しているし、主要行の短期プライムレート（銀行が優良企業向けの短期貸出に適用する最優遇金利）も二〇年以上にわたって一パーセント台にとどまっている。金利上昇に耐えられない家計や企業が続出する可能性があるため、日銀は利上げに慎重となる。

　このように、日本経済はモルヒネ以上に強い鎮痛剤を打たれ続けた結果、低金利環境を前提とした経済と化している。したがって、それを減薬するにしても、慎重を期して臨む必要がある。そのため、二〇二二年以降に生じた急速な円安に際しても、日銀はそれを容認せざるをえなかったのである。つまるところ、日本の円安は、国力の低下を反映した構造的な性格を強く有していると理解すべきである。

また第二の要因として、日本で貿易赤字が常態化したことが挙げられる。確かに日本の経常収支は黒字が大きいが、それは所得収支によるところが大きい（図表終－4）。一方で貿易収支は、製造業の海外展開が進み国内での生産が減ったため、原油価格次第で大幅な赤字を計上するようになった。貿易黒字であれば日本への資金還流が生じ、それが円高圧力となるが、所得黒字は海外で再投資されることがほとんどであるため、円高圧力は高まらない。

加えて、近年ではサービス収支の赤字も増えており、それも円安圧力の一つになっているとの見方がある。特にコロナショック以降は、デジタルサービス収支の赤字拡大が顕著となっている。それに二〇二四年の少額投資非課税制度改正（新ＮＩＳＡ）に伴う家計の海外金融資産購入も円安圧力になっているという指摘もある。いずれにせよ、実需面からも円安圧力が高まっていることは確かだろう。

こうした点からも、日本はすでに構造的な円安に陥っているといえそうだ。ルールベースのマクロ経済運営ができるならまだしも、低金利環境に慣れ過ぎた日本経済にそれが可能かは疑わしい。したがって、日本円は今後も米国の利上げのタイミングで大きく売られることになるだろう。日本が基軸通貨を発行できない以上、この構図は未来永劫にわたって不変である。

円安と近隣窮乏化策

ところで、近隣窮乏化という経済現象を持ち出して、二〇二二年以降の円安を肯定する意見がある。そもそも近隣窮乏化とは、自国の景気浮揚のためのコストを他国に押し付けることを意味する。具体的には、為替レートを意図的に切り下げることで、国産品の海外市場での競争力を向上させる。さらに為替レートの下落で、国産品の競争力は国内市場でも向上することになる。

このように為替レートを切り下げれば産業育成と景気浮揚を図ることができるが、一方で自国にとっての為替レートの切り下げは他国にとっての為替レートの切り上げになるため、自国の産業育成と景気浮揚のコストを他国に押し付けることになる。当然、他国はそうした状況を受け入れるわけがないため、他国も為替レートを切り下げることになる。そうなれば、世界的な為替レートの切り下げ競争が繰り広げられることになる。

同時に、各国が自国市場保護のための輸出制限（例えば輸入関税の引き上げや輸入数量の上限規制）を行うようになる。その結果、貿易はグローバルに縮小し、世界経済は停滞する。一九二〇年代の世界恐慌後、当時の主要国はこの為替レートの切り下げ競争に終始した。しかしそれが貿易の縮小を招いたことから、植民地との間で経済圏（ブロック経済）を形成することになる。そして、これが第二次大戦の遠因となった。

本来なら批判される近隣窮乏化策が図らずとも実現したのだから、この円安は日本経済にとってメリットが大きいというのが、二〇二二年以降の円安を近隣窮乏化に引き寄せて肯定する論者の言い分だ。しかしこの主張には無理がある。第一に、近隣窮乏化策は、世界経済が需要過少（供給超過）でなければ、短期的な景気浮揚につながらない。しかし二〇二二年以降の円安は世界的な需要超過（供給過少）の中で生じた現象であるため、近隣窮乏化が意識される環境ではない。

第二に、貿易収支に見て取れるように、円安が進んだところで、日本はモノの輸出を増やせるような環境にない。円安論者は製造業の国内回帰が進むと主張するが、製造業の設備投資は一〇年単位のスパンを見越して行われるものであり、現実はそう簡単ではない。結局、円安による輸入コストの増大で国内需要が圧迫されるデメリットが上回り、景気は悪化する。それが日本経済の実情だ。

そして第三に、高名な経済史家であるバリー・アイケングリーンが指摘するように、そもそも近隣窮乏化策とは、世界的に金本位制に基づく固定相場制度が導入されていた時代の通貨政策である。当時は先進各国の工業力に今日ほどの差はなく、同時に金融的な動機による通貨の取引も今日に比べればかなり制限されていた。そのため、通貨の切り下げによってある程度の経常収支の改善が見込めた。

とはいえ、先進国間でも工業力に差が出るとともに、サービス輸出が発展した今日では、通貨を切り下げるだけで輸出が増加することは望みにくい。円安が進んでも、日本からGAFAが提供するようなデジタルサービス輸出が増えるわけではない。逆に、ドル高だろうと、各国はGAFAが提供するサービスを輸入する。今日の世界経済の構造と戦前の構造はまるで異なっているわけだ。

リーマンショックの直後、先進各国は金融緩和に努め、結果的に通貨安競争が生じた。そしてこの局面では、世界経済は需要が不足していた。そのため、通貨安による輸出促進はまだ意味があった。しかしコロナショック後は、ロシアショックによるエネルギー情勢の変化や、戦後ベビーブーム世代のリタイアなどを受けて、世界経済は供給過少に転じており、経済の体質を変えている。

繰り返しとなるが、米欧は利上げをするだけの余裕があったため、結果的に通貨高を誘導できた。一方で、日本は利上げをする余裕を持たなかったため、通貨安を放置せざるをえなかった。この間の円安で日本では輸入コストが増大し、国内需要が圧迫されている。このように円安を構造的に受け入れざるをえない日本の現状を近隣窮乏化という言葉で正当化すること自体、かなり無理がある。

2 日本円と株式相場

歴史的円安と日本株

ところで、日本は二〇二二年以降に進んだ急速な円安の局面で、歴史的な株の乱高下を経験することになる。日本の代表的な株価指標である日経平均株価は、長らくバブル絶頂期の一九八九年一二月二九日に記録した終値としての最高値である三万八九一五円八七銭を更新することがで

図表終－5　日経平均株価とドル円レート
（出所）日本銀行、日本経済新聞

きなかった。それが二〇二四年二月二二日の終値で三万九〇九八円六八銭を記録し、史上最高値を三四年ぶりに更新することになった（図表終－5）。

日経平均株価は三月四日に終値で四万円（四〇一〇九円二三銭）を超えた後、相場の短期的な加熱が嫌気され、三万八〇〇〇円台まで値を落とすことになる。しかし七月二日の相場の終値で再び四万円を超えると、以降は急速な上昇が続き、同月一一日には終値で四万二二二四円二銭に達し、ピークに達した。この間、日経平均の急速な上昇をけん引したのは、米株の上昇もさることながら、円相場の急落だった。

二〇二四年初日の円相場は終値で一米ドル＝一四〇円八七銭だった。これがバブル後最高値を更新した二月二二日の終値では、一五〇円五一銭まで円安が進んだ。その後、日経平均が再び上昇気流に乗った七月二日には一六一円四四銭まで円安が進み、翌三日には終値でのこの間の最安値である一六一円六八銭を付けた。このように急速に進んだ円安の裏で、外国人投資家は日本株を積極的に購入したのである。

日本企業は海外売上比率が高いため、円安であれば円建ての企業業績が改善する。そのため円安は、自動車などの輸出関連株を中心に、株価の押し上げ要因となる。また円安であれば、外国人投資家は日本株を割安で購入することができる。こうしたことから、二〇二二年以降に進んだ急速な円安で日経平均株価は急ピッチで上昇することになった。また米国で生じた生成ＡＩブーム（人工知能）も、半導体株などの急上昇につながった。

言い換えると、この歴史的な株高は円安に依存したものだったため、その流れが逆転したら株高が維持できないというぜい弱性を抱えていた。案の定、七月から八月にかけてドル円レートが円高に反転したことで、日経平均株価は急落を余儀なくされる。七月三一日には終値で三万九一〇一円八二銭だった日経平均株価は、三営業日後の八月五日の終値で三万一四五八・四二銭まで暴落、最高値からの下落率は三四パーセントにも達した。

特に、八月五日の日経平均株価は、前日比四四五一円二八銭という過去最大の下げ幅を記録した。この日のドル円レートは取引時間中の最高値で一四一円六八銭を付けており、前日の終値（一四六円五四銭）から一気に五円以上も円高となっていた。しかし取引終盤にかけてドルが買い戻されてドル円相場が一四四円台に戻った結果、翌六日の日経平均株価は終値で三万四六七五円四六銭と、前日から三二一七円四銭も上昇することになった。

その後、日経平均株価は三万八〇〇〇円台まで回復するが、九月にかけて三万五〇〇〇円台まで下落するなど不安定な地合いが続いている。投資家が雇用統計などの経済指標から米国の景気が強いと判断すれば、円が売られて米ドルが買われるとともに、日本の株価も上昇する。一方で、投資家が米国の景気が弱いと判断すれば、米ドルが売られて円が買われるとともに、日本の株価も下落する。その繰り返しである。

八月五日の日経平均株価の大暴落のトリガーを引いたのは日銀だという見方がある。日銀は七月三〇日から三一日にかけて実施した金融政策決定会合で、政策金利である無担保コール翌日物金利の誘導目標を〇～〇・一パーセントから〇・二五パーセントに引き上げるとともに、国債の買入の減額計画を発表した。会合後の会見で植田総裁は、今後も景気や物価の動き次第で追加利上げを行う用意があると述べた。

日銀による追加利上げは市場に織り込まれていたが、日銀にとって不幸だったのは、同時に米国の景気に対する不安感が広がったことにあった。米国の景気が急激に悪化している可能性が意識され、ＦＲＢの利下げが早まるかもしれないと考えた投資家は、円安ドル高を前提とした円キャリートレードのポジションを急激に清算することになった。こうしたことが急速な円高を招き、それに連動して株価が暴落したのである。

このように、日本の株式市場はドル円レートの動向に大きく左右されるようになってしまった。このような日本の株式市場の不安定性もまた、構造的な円安と裏腹の関係にあるといえよう。仮に日銀が、二パーセントという水準の妥当性はさておき、自らが定めた物価目標に即したルールベースの金融政策運営に徹していれば、通貨と株価の乱高下は生じなかったと考えられるためで

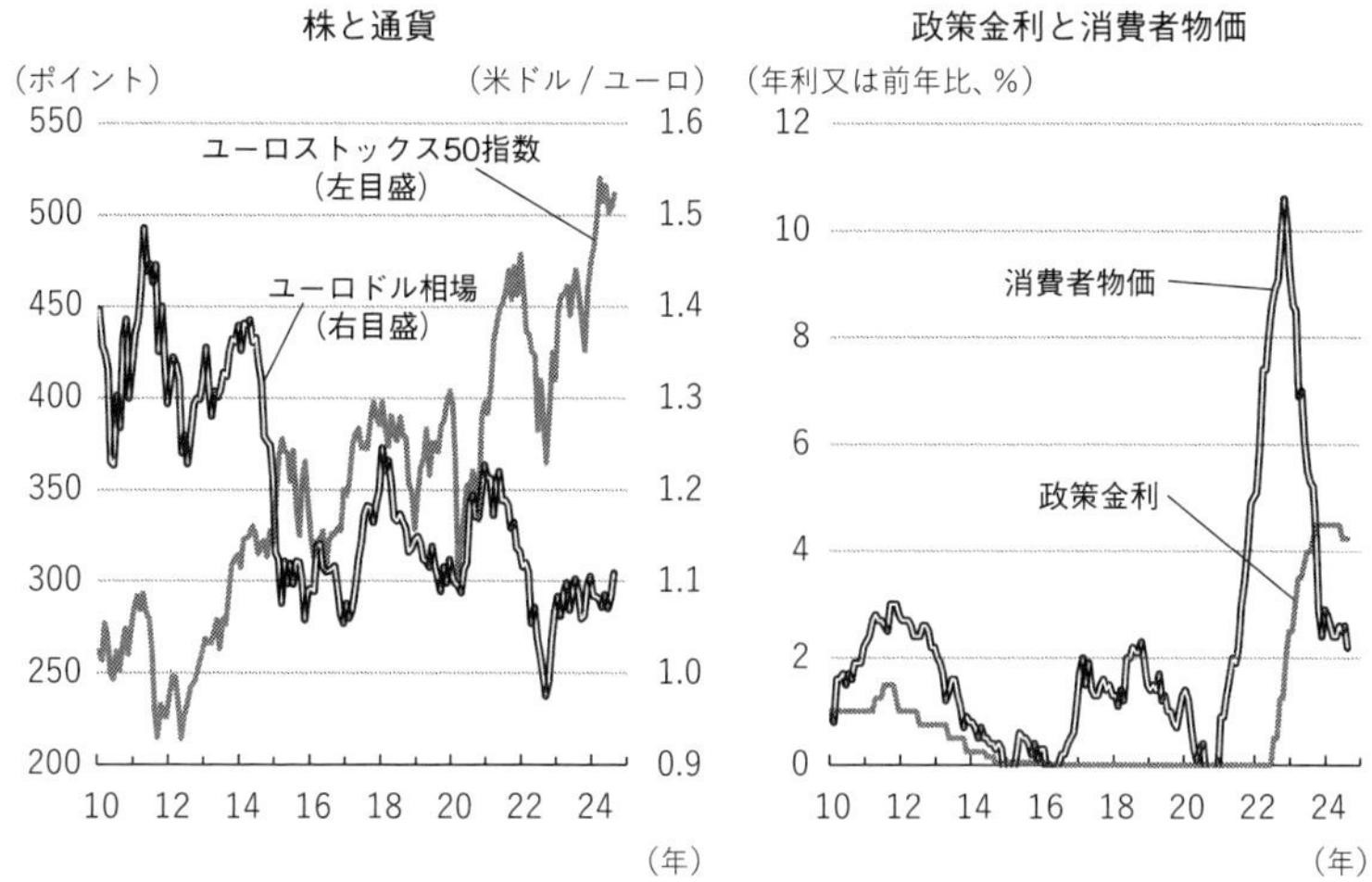

図表終－6　欧州の金融市場と金融政策
（注）消費者物価はユーロ圏（出所）欧州中銀、STOXX、ユーロスタット

ある。

底堅い欧州株との違い

通貨の動向に大きく左右されるようになった日本株と対極的なのが、欧州株である。欧州の代表的な株価指標であるユーロストックス五〇指数は、二〇二〇年二月のコロナショックでＥＣＢが大規模な金融緩和を実施した追い風を受けて、三〇〇ポイント台から五〇〇ポイント近くまで急上昇した（図表終－6）。その後、二二年二月のロシアのウクライナ侵攻（ロシアショック）を受けて、四〇〇ポイントを割り込んだ。

ロシアショックを受けて欧州株が下落した理由は、エネルギーコストの急増を投資家が嫌気したことにあった。パイプラインを経由して輸入してきたロシア産の天然ガスの価格が暴騰したことがトリガーとなり、欧州のエネルギー価格は二〇二二年に急騰した。そしてこのエネルギー価格の急騰が、もともとコロナショック後の景気の急回復を受けて加速していたインフレをさらに加速させ、欧州は歴史的な高インフレを記録することになる。

域内に深刻な信用格差を抱えるＥＣＢは、当初、利上げに慎重な姿勢を示していた。そのためＦＲＢが二〇二二年二月の連邦公開市場委員会（ＦＯＭＣ）で利上げに着手しても、ＥＣＢは利上げを見送っていたが、米欧間の金利差の拡大を受けてユーロ安が進んだこともあり、それから五カ月後の七月の政策理事会で利上げに踏み切ることになる。以降、ＥＣＢはＦＲＢに追随して金利を引き上げたため、ユーロ安が是正されることになった。

二〇二二年七月の政策理事会で政策金利をゼロから〇・二五パーセントに引き上げて以降、ＥＣＢは二三年九月の理事会までに政策金利を四・五パーセントまで引き上げた。ＦＲＢのターミナルレート（利上げ局面での最終的な金利水準）が五・二五～五・五パーセントだったことに比べても、ＥＣＢは相応に果敢な利上げを行ったと評価できるだろう。利上げに伴いユーロ安も是正されたため、株価には逆風が吹いたことになる。

にもかかわらず、欧州株は二〇二三年から二四年にかけて上昇が続き、ドイツの株価指数（ＤＡＸ指数）を中心に過去最高値を更新したのはどうしてだろうか。最大の理由は、高インフレによる企業業績の改善にある。利益は名目値であるから、インフレが進めば利益も増えることになる。ユーロ圏の消費者物価は最悪期である二二年一〇月に前年比で一〇・六パーセントも上昇したが、これだけの高インフレなら利益も急増して当然である。

ただし、高インフレを反映した企業業績の改善は、売上金額の増加が売上数量の減少を補う限りにおいてしか成立しえない。景気が鈍化し、売上金額の増加が売上数量の減少を補うことができなくなれば業績は悪化する。欧州の株高も売上金額の増加に強く依存していたという点では健全性を欠いていたが、注目されることは、二〇二四年以降の欧州株の底堅さにある。つまり、欧州株は日本株のような乱高下を免れている。

その背景には、ユーロ相場の安定がある。ユーロ相場は二〇二三年以降、一ユーロ＝一・一米ドル前後で推移している。これは米欧の金融政策が事実上、連動しているためだ。ECBは二四年六月の政策理事会でロシアショック後に初となる〇・二五パーセントポイントの利下げを行った。またFRBも、九月のFOMCで〇・五〇パーセントの利下げを行っている。ECBもFRBも、追加利下げはインフレとの見合いで慎重な姿勢で臨んでいる。

つまり、ECBがFRBに歩調を合わせて金融政策運営を行ってきたことが、ユーロ相場の安定につながり、それが株価の乱高下を防いでいると理解できる。正確には、ECBは高インフレ抑制のための金融政策運営に徹し、それがFRBの金融政策運営と結果的に連動したため、ユーロ相場が安定していることになる。ECBの金融政策運営は、インフレ目標を達成しても利上げに消極的だった日銀とは対照的だ。

またECBによる利上げ自体が、株式市場の調整圧力を徐々に和らげてきたとも言えるだろう。相場は小刻みな調整を経た方が、下値が堅くなる。言い換えると、山高ければ谷深しという相場格言にもあるように、小刻みな調整を経ずに急騰したような株は、その後の調整が深刻となる。

欧州株の上昇はＥＣＢによる利上げを伴っていたため、適度なガス抜きがされていたことが、相場の底堅さにつながっていると考えられる。

日本の消費者物価（生鮮除く総合）はロシアショック直後の二〇二二年四月に前年比二・一パーセントと、日銀の物価目標を超えた。二三年一月には同四・二パーセントまで伸びが加速、以降も二パーセントの目標を上回り続けている。しかし、日銀が利上げに着手したのは二四年三月の会合までズレ込んだ。仮に日銀が小刻みな利上げに努めていたなら、日経平均株価が千円単位で乱高下するようなボラタイルな動きは回避できただろう。

円に左右される日本株

通貨や株式、債券といった伝統的な金融資産は、その発行体の経済力が強いと評価されれば買われるものだ。実際、日本の個人投資家は、米国経済が強いと考えるからこそ、ドルや米ドル建て株、債券といった金融資産を積極的に購入している。新興国経済が将来的に成長すると予想しているからこそ、上昇が見込まれる新興国通貨建ての投資信託商品を購入するわけである。

他方で、日本株の上昇は円安に依存したものとなっている。円安が進めば、外国人投資家にとって、円建て資産は割安となる。ドル円相場が一米ドル＝一〇〇円だったとして、一億円の円建て資産を買うには一〇〇万ドルが必要となる。しかしドル円相場が一米ドル＝一二〇円に下落すれば、一億円の円建て資産を買うのに必要なドルは八三・三万ドルで済むわけだ。円安であればあるほど、外国人投資家は日本の円建て資産を割安で購入できる。

外国人投資家は日本株の三割を購入していると言われる。そうした投資家の殆どは機関投資家であるが、彼らは現物のみならず先物での取引を通じ、大規模なトレードを行う。外国人投資家は円安の局面で円建て資産を積極的に購入し、円高の局面で資産を売却、利益を本国に送金する。為替差益が加味されることで外国人投資家の利益は膨らむが、日本株は需給が緩むため大幅に下落する。そのため、円高株安という流れが生じる。

もちろん、円高で恩恵を受ける内需株もあるため、話はここまで簡単ではないが、日本株に円高が逆風となる構造が出来上がっていることは確かである。この構造もまた、長年にわたる日銀の金融緩和の産物と言える。米国が利上げを行えば円安が進み、株高が進む。しかし米国が利下げを行い円高となれば、株安が進む。日本が構造的な円安を放置する以上、この構図は将来にわたって続くことになる。

最も懸念されることは、構造的な円安が進み、日本で高インフレが定着した場合、日本国民が資産防衛やインフレヘッジのために株式を積極的に購入する事態に陥ることだ。アルゼンチンやトルコなど、自国通貨の下落に歯止めがかからない国では、資産防衛やインフレヘッジの観点から、国民が株式を積極的に購入する傾向がある。現預金の価値はインフレで目減りするが、株価はインフレに連動するため、価値が保たれるためである。

トルコを例にとると、同国の消費者物価は二〇二一年まで前年比二〇パーセントのテンポで上昇していたが、二二年になると八〇パーセント台まで伸びが急加速した。二一年一二月にリラ相場が暴落したこと（第4章参照）に加えて、ロシアショックの影響でエネルギー価格が急騰したことが、インフレの急加速につながったのである。その後もトルコの消費者物価は、二四年にかけて六〇パーセントのピッチで上昇している。

二〇二一年一月から二三年一二月までに限定すると、この間に通貨リラの対米ドルレートは、一米ドル＝七・四リラから三〇リラまで下落している。一方で、トルコの代表的な株価指標であるイスタンブール一〇〇指数は一五〇〇ポイントから八〇〇〇ポイントまで上昇した。リラ相場の下落率が四〇〇パーセントである一方で、株価の上昇率が五〇〇パーセント程度だから、株は資産防衛やインフレヘッジの手段として有効だったわけだ。

アルゼンチンも同様である。二〇二三年だけで同国の通貨ペソの対ドル相場は、公定レートベースで一米ドル＝一七八・一リラから八〇八・四五リラに下落、約四・五分の一の価値となってしまった。一方で、同国を代表する株価指標であるメルバル指数は二〇万七〇五四ポイントから九十二万九七〇四ポイントまで上昇、上昇率は約四五〇パーセントに達した。このように、通貨の下落率と株価の上昇率がほぼ等しくなっている。

もちろん、トルコのリラやアルゼンチンのペソはソフトカレンシーである。曲がりなりにも国際通貨である円を持つ日本がこのような事態に今すぐ陥ることは考えられない。一方で、このまま日本が構造的な円安を放置するのであるなら、高インフレが定着し、国民が資産防衛やインフレヘッジの観点から日本株を積極的に購入する事態になりかねない。この段階に入ると、外国人投資家も日本の株式市場から徐々に足抜けしているはずだ。

株安を誘うとして円高を目指すことに否定的な意見があるが、円安を前提としたボラタイルな株高の構造を放置しておくこと自体の方が問題は大きい。国民一般にとっては、円安による株高で得る恩恵よりも、物価高で被る損害の方が大きいことは明らかである。日本経済が健全であれば円高であっても株価は上昇するはずだが、それを実現するまでの道のりは長く険しい。

3　基軸通貨と日本経済

世界を左右する米ドルの動き

現在の世界経済体制は、米国を頂点に営まれている。したがって、基軸通貨を持つ米国のマクロ経済運営に世界経済が左右されることは致し方のないことだ。二〇二〇年のコロナショックと二二年のロシアショックを経て、世界経済のグローバル化は確かに後退した。とはいえ、米国を頂点とする世界経済体制から距離を置くことは、その国の経済成長を間違いなく下振れさせる。

経済のグローバル化が後退したとしても、各国の通貨レートは、基軸通貨である米ドルを持つ米国のマクロ経済運営に左右されざるをえない。しかしその国のマクロ経済運営が健全であれば、為替レートの過度な変動は防がれるため、経済に対する悪影響も軽減される。そうした当たり前のことが改めて問われたのが、二〇二二年から二三年にかけてグローバルに進んだ高インフレの局面だったといえるだろう。

欧州の場合、ＥＣＢが利上げを進めることができた。ＥＵでは財政統合が進んでいないが、公的債務の規模は二〇二三年時点で名目ＧＤＰの八一・七パーセントと、二五〇パーセントを超えた日本に比べてはるかに小さい。そのため、ＥＣＢは利上げを断行できたのである。もちろん、ロシアショックに伴う高インフレが直撃したことも、ＥＣＢの利上げにつながった。そしてＥＣＢは、ＦＲＢ発の利上げレースに食らいつくことができた。

その結果、二〇二二年には下落が顕著だったユーロの対ドル相場は、二三年にかけて大きく持ち直す。ＥＵは通貨安による購買力の流出と輸入インフレを和らげることができたわけだ。しかし低金利環境に慣れ過ぎた経済構造を抱える日本は、二二年から二三年にかけてのグローバルな利上げレースに参加することができず、購買力の流出と輸入インフレを放置せざるをえなくなった。

日本だけではない。中国もまた、過剰な住宅ストックの問題など国内に構造調整圧力を抱えているため、米国が仕掛けた利上げレースに参加することができなかった。一方で、通貨の安定にも配慮しなければならないから、人民元の国際化に向けた取り組みにブレーキをかけざるをえなくなっている。中国もまた低金利政策を前提としたマクロ経済運営を続ける限り、今後も生じるだろう米国発の利上げの動きに合流することができない。

究極の固定相場制度と呼ばれるカレンシーボード制（為替レートを固定するとともに通貨発行量を外貨準備高に完全にリンクさせる為替制度）や公式なドル化（法定通貨に米ドルなど信用力がある国際通貨を採用する制度）を実施しない限り、各国の為替レートは米国のマクロ経済運営であり米ドルの動きに大きく左右され続ける。しかし、ルールベースの健全なマクロ経済運営に努めることができれば、その影響は軽減される。

とはいえ、それを堅持することは非常に難しい。メキシコやブラジルといった中南米諸国では、中銀の独立性が政治によって公然と脅かされている。日本でも、日銀法第三条第一項に「日本銀行の通貨及び金融の調節における自主性は、尊重されなければならない」と記されており、日銀の独立性は法律で保障されている。にもかかわらず、実態として日銀の政策運営は、政治の影響を色濃く反映したものとなっている。

ルールベースでのマクロ経済運営を徹底することは、景気や雇用を多少なりとも犠牲にするため、痛みを伴うものだ。しかし平時において、そうした政策運営に努めていないと、結局は危機に対応できなくなる。痛みを負いたくないからといって平時においてもアクセルを踏み込んでばかりいると、アクセルをさらに踏むことはできなくなるし、逆にブレーキをかけることもできなくなる。

いずれにせよ、世界経済は基軸通貨である米ドルに左右される。しかしルールベースのマクロ経済運営を一貫できている国は、その影響を軽減させることができる。それができない国は、日本のようにノーガードで通貨安を受け入れるか、あるいは中国のように資本規制の強化というかたちで米国から距離を置くしか、術はないのである。このことは、基軸通貨が米ドルからどの通貨に代わったところで同じだ。

次の基軸通貨はどの通貨か

米ドルはいつまで基軸通貨なのか。言い換えれば、次の基軸通貨はどの通貨なのか。こればかりは分からない。第二次大戦を経て基軸通貨となって以来、米ドルの性質はおおむね三〇年ごとに変化していると第1章で述べた。この説に則るならば、現在の強い米ドルは二〇〇〇年からの三〇年間の局面（第三期）にある。つまり三〇年から始まる第四期では、米ドルは弱くなる可能性があるということだ。

二〇〇〇年以来の強いドルは、一九七〇年代から二〇〇〇年までの弱いドルの時代（第二期）に、米国経済の体質が改善した結果、もたらされたものだ。つまりこの間に米国がマクロ経済運営を健全化させたことや、モノからサービスへの生産・輸出の転換を済ませたことが、強いドルを復活させたのだ。加えて、二〇一〇年代にシェールオイルの開発に成功し、エネルギー事情を好転させたことも、米ドルの強さにつながったといえよう。

一方で米国のマクロ経済運営は、二〇〇八年九月のリーマンショック以降、とりわけ財政拡張の常態化というかたちで健全性を失っている。現状、米ドルの信用力はそれほど低下していないが、今後も米国のマクロ経済運営が健全性を取り戻せないなら、米ドルの基軸通貨としての信用力は低下するだろう。それに経済・金融制裁の手段として米ドルを利用する動きが加速すれば、新興国を中心にドル離れが進む可能性もある。

そもそも、米国経済の潜在成長率を押し上げてきた人口も、中長期的には減少が回避できない情勢である。こう考えていくと、第四期に当たる二〇三〇年から六〇年までの局面において、米ドルの基軸通貨としての位置づけが揺らがないとも限らない。とはいえ米ドルの位置づけが揺らいだとしても、その時に米ドルに代わることができる通貨を発行できる国が生まれているか、それは分からない。

それに、かつて英ポンドに米ドルが取って代わったように、基軸通貨のバトンタッチは段階的に行われるのだろう。そして、新たに基軸通貨を発行する国には、米国を頂点とする世界経済体制の在り方を受け継ぎつつ、次世代向けに改善していくだけの能力が要求されるだろう。とりわけ金融市場に関しては、その中心がロンドンからニューヨークに移ったときのように、スムーズな機能の引継ぎが要求されるはずだ。

要するに、ロンドンで英ポンドを軸に作られた金融取引の在り方を、ニューヨークが米ドルに組み替えて継承し、発展させたのが現在の金融取引の在り方だ。そしてロンドンも、ニューヨークを補完する金融取引の場として発展し続けている。バトンを渡す方と渡される方の両方が、新たな世界経済体制のルール作りに協力できるような関係でない限り、基軸通貨のスムーズな切替えは実現しないだろう。

そう考えると、米国を頂点とする現在の世界経済体制の在り方を上手く受け継ぐことができる国でないと、米ドルに代わる基軸通貨を発行することはできないということになる。米国を頂点とする現在の世界経済体制は、本を正せば英国を頂点とした世界経済体制を基本としているし、その英国を頂点とした世界経済体制は、スペイン帝国を頂点とする世界経済体制の延長線上にある。

つまるところ、米国を中心とする現在の世界経済体制は、過去の覇権国の先達が築き上げてきた世界経済体制の発展形といえる。米国に代わる覇権国も、また歴史の先達が築き上げてきた世界経済体制を発展的に継承できなければならない。そうした国を選ぶのは歴史の役割であるが、歴史もまた、米国が作り上げた現在の世界経済体制と対峙するような国を新たな覇権国に選ぶことはまずないだろう。

したがって、米国が先達から引き継ぎ発展させてきた現在の世界経済体制の継承者に中国が選ばれる可能性は、限りなくゼロに近いといわざるをえない。資本規制の撤廃すらままならない国の通貨である人民元が、米ドルに代わる新たな基軸通貨になることも、まず考えられない。米ドルに代わる次の基軸通貨は、中国とは別の国から生まれてくるのかもしれない。

円の行く末を展望する

日本円が米ドルの次の基軸通貨に選ばれることは、まずない。逆を言えば、日本経済は、基軸通貨が米ドルだろうと違う通貨だろうと、将来にわたって基軸通貨に従属せざるをえない存在だ。基軸通貨を発行する国が利上げを行っても、日本がルールベースの健全なマクロ経済運営に努めることができれば、円安は自ずと限定的となる。それができなければ、基軸通貨がどう移り変わろうと、日本円の信用力は低下し、その価値は下落する。

日本の健全なマクロ経済運営を阻むもの、それは膨れ上がった公的債務にほかならない。その解消には二つの道がある。一つは、身の丈以上の財政拡張を止めることだ。当然、経済には長期にわたって下振れ圧力がかかるが、それは受け入れざるをえない対価である。かといって、財政拡張を続ければ、日本円は暴落し、耐え切れなくなった経済がハイパーインフレに陥ってしまうことになる。これが二つ目の道だ。

ハイパーインフレになれば、時価で評価される名目GDPは膨張する。一方で公的債務は簿価評価のままだから、一気に圧縮する。しかしこのシナリオだと、国民の生活に強烈な痛みがおよぶことを、戦間期のドイツや、戦後の日本や英国の経験が証明している。こうした展開を回避するためには、遠く長い道のりとなるが、日本は財政拡張を止めて公的債務残高を地道に縮小させていく以外に、方法がないのである。

繰り返しとなるが、日本は基軸通貨を発行できないからこそ、本来なら健全なマクロ経済運営に努めなければならない。そのことから目を背けてきた結果が、二〇二二年以降の急激な円安を産んだわけだ。財政再建に努めることができなければ、今後も日本円は基軸通貨を発行する国のマクロ経済運営に大きく左右されることになる。そして日本円の通貨としての実力も、低下に歯止めがかからなくなる。

参考文献

第1章

バリー・アイケングリーン（小浜裕久監訳）（二〇一二）『とてつもない特権──君臨する基軸通貨ドルの不安』勁草書房

ジェフリー・ガーテン（浅沼信爾・小浜裕久訳）（二〇二二）『ブレトンウッズ体制の終焉──キャンプ・デービッドの3日間』勁草書房

大原美範（一九九五）「国際通貨ペソの系譜」『商経論叢』第三一巻第一号、二一〜三九頁

金森久雄・荒憲治郎・森口親司（二〇〇二）『有斐閣　経済辞典』（第四版）有斐閣

高橋泰藏・増田四郎編（一九八四）『体系　経済学辞典』（第六版）東洋経済新報社

都留重人編（二〇〇二）『岩波小辞典　経済学』岩波書店

伏見岳志（二〇一八）「最初のグローバル通貨──メキシコ製8レアル銀貨の盛衰(1)」『慶應義塾大学日吉紀要　人文科学』第三三号、二一一〜二三七頁

Eichengreen, Barry.（2005）“Global Imbalances and the Lessons of Bretton Woods,” *NBER Working Paper*, No.10497, May 2004.

———, Mehl, Arnaud and Livia Chitu.（2019）*How Global Currencies Work: Past, Present, and Future*, Princeton University Press.

Arslanalp, Serkan, Eichengreen, Barry and Chima Simpson-Bell.（2022）“The Stealth Erosion of Dollar Dominance: Active Diversifiers and the Rise of Nontraditional Reserve Currencies,” *IMF Working Paper*, WP22/58（Mar 2022）.

McCauley, Robert and Ito Hiro.（2018）“A Key Currency View of Global Imbalances,” *BIS Working Papers*, No. 762.

第2章

エフ・ブィストロフ（日本銀行訳）（一九六一）「国際決済におけるルーブル――ソ連外国貿易省機関誌掲載論文」日本銀行『調査月報』（一九六一年七月号）

川内亜希子（二〇二一）「コメコン域内貿易における国際金融制度の形成」ユーラシア研究所『ロシア・ユーラシアの社会』（二〇二一年、第一〇五四号）、五五～七三頁

佐藤清隆・鯉渕賢・伊藤隆敏・清水順子・吉見太洋（二〇二四）「日本企業の為替リスク管理とインボイス通貨選択――2022年度日本企業の海外現地法人に対するアンケート調査結果概要」独立行政法人経済産業研究所『RIETI Discussion Paper Series』24-J-002（二〇二四年一月）

田中壽雄（一九九〇）『ソ連・東欧の金融ペレストロイカ』東洋経済新報社

土田陽介（二〇一六）「ギリシャの銀行危機長期化と政策対応」公益財団法人日本証券経済研究所『証券経済研究』第九五号（二〇一六年九月）、七五～八八頁

――（二〇一九）『ドル化とは何か』ちくま新書、筑摩書房

日本銀行（一九五八）「後進諸国に対するソ連の援助と貿易」日本銀行『調査月報』（一九五八年六月号）

――（一九六八）「コメコンにおける経済協力の現状と問題点」日本銀行『調査月報』（一九六八年一月号）

松澤祐介（二〇二〇）「ヴィシェグラード諸国と欧州通貨統合――ポピュリズム政権下の動向を踏まえて」比較経済体制学会『比較経済研究』第五七巻第二号（二〇二〇年六月）、二五～三六頁

山本健（二〇二一）『ヨーロッパ冷戦史』ちくま新書

横山壽一（一九九一）「ドル信仰・ドル稼ぎ――モスクワでの体験から」金沢大学経済学部地域経済資料室『地域政策研究ニューズレター』第二一号、九頁

Central Intelligence Agency［CIA］.（1984）*A Comparison of Soviet and US Gross National Products 1960–83*.

Eichengreen, Barry.（2005）"Global Imbalances and the Lessons of Bretton Woods," *NBER Working Paper*, No.10497, May 2004.

――, Mehl, Arnaud and Livia Chitu.（2019）*How Global Currencies Work: Past, Present, and Future*, Princeton University Press.

European Central Bank.（2022）*The International Role of the Euro*, June 2022.

第３章

奥田英信・三重野文晴・生島靖久（二〇〇六）『開発金融論』日本評論社

清水聡（二〇一五）「進展する人民元の国際化と今後の展望——資本取引の自由化との関係」株式会社日本総合研究所調査部『ＲＩＭ　環太平洋ビジネス情報』第一五巻五七号、八四～一二三頁

清水順子（二〇一九）「貿易建値通貨としての人民元の国際化——東アジア諸国の通貨体制に与える影響」小川英治編『グローバリゼーションと基軸通貨―ドルへの挑戦』東京大学出版会、第六章所収、一三七～一六二頁

関根栄一（二〇二三）「中国の人民元国際化戦略とデジタル人民元との関係・展望」財務省財務総合政策研究所『フィナンシャル・レビュー』令和五年第三号、一〇七～一四〇頁

IMF [International Monetary Fund].（2023）*Annual Report on Exchange Arrangements and Exchange Restrictions 2022*.

Perez-Saiz, Hector and Longmei Zhang.（2023）"Renminbi Usage in Cross-Border Payments: Regional Patterns and the Role of Swaps Lines and Offshore Clearing Banks," *IMF Working Paper*, WP/23/77（Mar 2023）.

第４章

川本敦・高木秀起（二〇二二）「海外経済の潮流１３９　その時、「自国通貨」は選ばれるのか？——トルコで進む「ドル化」の教訓」財務省『ファイナンス』令和四年四月号

坂口安紀（二〇二〇）「新興国発イノベーション　破綻経済と仮想通貨（ベネズエラ）」アジア経済研究所『ＩＤＥスクエア』

土田陽介（二〇一九）『ドル化とは何か』ちくま新書

日本銀行企画室（二〇〇〇）「諸外国におけるインフレ・ターゲティング」日本銀行『調査論文』（二〇〇〇年六月付）

松井謙一郎（二〇一〇）「メキシコのドル化議論における銀貨並行流通法案の意義」『ラテンアメリカ・カリブ研究』第一七号、一～一二頁

リブラ研究会編（二〇一九）『リブラの正体　ＧＡＦＡは通貨を支配するのか？』日本経済新聞出版

Alvarez,Fernando, David Argente and Diana Van Patten.（2022）"Are Cryptocurrencies Currencies? Bitcoin as Legal

Tender in El Salvador," *NBER Working Paper*, No. 29968.
The Central Bank of the Republic of Turkey.（2023）*Monetary Policy and Liraization Strategy for 2023*.
Cukierman, Alex, Steven B Webb and Bilin Neyapti.（1992）. "Measuring the Independence of Central Banks and Its Effect on Policy Outcomes," *The World Bank Economic Review*, Vol. 6, Issue 3, pp. 353–398.
Jácome, Luis Ignacio and Samuel Pienknagura.（2022）"Central Bank Independence and Inflation in Latin America—Through the Lens of History," *IMF Working Paper*, WP/22/186.
Masson, Paul R. and Pierre-Richard Agenor.（1996）"The Mexican Peso Crisis: Overview and Analysis of Credibility Factors," *IMF Working Paper*, WP/96/6.
Ramirez-Rojas, C. Luis.（1985）"Currency Substitution in Argentina, Mexico, and Uruguay," *IMF Staff Papers*, 32, pp.629–667.
Rodríguez, Victoria, Gabriel Cuadra and Daniel Sámano.（2023）"Inflation Targeting in Mexico: Evolution, Achievements and Policy Lessons," The Bank for International Settlements［*BIS*］*eds.*, *Central Banking in the Americas: Lessons from Two Decades*, pp. 113–128.

第5章

潮田玲子（二〇二四）「カンボジア・バコンが人口の約6割に普及した要因」公益財団法人国際通貨研究所『ＩＩＭＡコメンタリー』（二〇二四年一月二三日付）
高澤美有紀（二〇二〇）「中央銀行デジタル通貨をめぐる議論」国立国会図書館『調査と情報』一一二二号（二〇二〇年一一月一〇日付）
リブラ研究会編（二〇一九）『リブラの正体　ＧＡＦＡは通貨を支配するのか？』日本経済新聞出版

終章

Eichengreen, Barry.（2013）"Currency war or international policy coordination?," *Journal of Policy Modeling*, Vol. 35, Issue.3, pp. 425–433.

あとがき

筆者は民間のシンクタンクで欧州を中心とする海外経済を調査するエコノミストとして働いている。基軸通貨というテーマは極めて壮大であり、その専門家は国際金融論のみならず、経済史に関する膨大な知識を有していなければならない。そうした専門家の方々にとって、本書の内容にはいろいろ不満もあることだろう。一方で、このテーマに関心を持つ読者の方々には、本書はその入門編としての役割を十分に果たすものだと考えている。

本書を書こうと思った動機は二つある。一つは、基軸通貨としての米ドルに対する議論に、危ういものが多いと感じたことだ。いわゆる反米主義者の中には、史実を無視したり、客観性を欠いた議論を展開したりする論者が少なくない。そして、そうした論者の多くが、新たに登場したプレーヤーが既存の秩序を打破することに対して、一方的な期待を寄せている。こうした流れに強い違和感を抱いたことが、本書を執筆する大きな動機となった。

実際、金本位制への回帰を主張する論者には、金本位制が持つ本質的な金融引き締め効果に対する理解に乏しい人が少なくない。また人民元に期待を寄せる論者の多くは、中国の資本規制に関する論点を必ずしも理解していない。そして、エルサルバドルのビットコイン化に対して肯定的な主張を展開する論者は、同国の波乱の歴史を軽視した希望的観測に終始する。こうした論者の期待は基本的に客観性を欠いている。

もう一つは、二〇二二年後半から進んだ急速な円安である。二〇二二年初め、一ドル＝一一五円程度だったドル円レートは、米国による急ピッチの利上げを受けて、半年で一五〇円台にまで下落した。このように急激に進んだ円安は、日本のマクロ経済運営、特に金融政策が実質的にノーガードになってしまったことを彷彿とさせるものだった。このことへの危機感もまた、本書を執筆する大きな動機となった。

米国の利上げが巨大な津波のようなものであるならば、各国の利上げは消波ブロックのようなものかもしれない。消波ブロックを積むことができた国は、米国の利上げに追随できた。しかしノーガードである日本は、消波ブロックを積むことができなかった。その結果生じたのが、巨額の所得流出を伴う急速な円安だった。こうした構造的な円安を近隣窮乏化という概念を持ち出して肯定する意見は、的外れに過ぎる。

ところで、ウクライナとロシアの戦争は、わが国における社会科学の在り方に一石を投じるものだったと言えるだろう。本来なら客観的で事実解明的な分析が先行されるはずが、学会では規範的な分析が先行し、それが民間に広く喧伝された印象は否めない。筆者はエコノミストとして、ロシアとウクライナの経済に関して、統計や理論・法則に基づいた客観的な分析を心掛けてきたが、一方でそうした姿勢を好まない「専門家」も少なからずいたようである。

筆者は、社会科学とは、それが経済学だろうと政治学だろうと、社会学だろうと、何より客観的で事実解明的な分析が優先されるべきであり、そのうえで規範的な分析がなされるべきと考えている。しかし現実には、事実解明的な分析よりも、規範的な分析が先行しているものが少なくない。とりわけ、極端な金融緩和や財政拡張を主張する論者にはそうした傾向が強い。ロシアや中東情勢に関しても同様の傾向がかなり窺われる。

本書は筆者にとって二冊目の単著となる。前作の『ドル化とは何か』（ちくま新書）に続き、必ずしも国際金融論の専門家ではない筆者が通貨をテーマとする書籍を執筆できたのは、筑摩書房の編集者である松田健氏の理解によるところが大きい。また筆者に松田氏を紹介して下さったのは、大学時代の恩師である一橋大学経済学部教授の大月康弘先生である。お二方のご理解とご尽力がなければ、本書が日の目を見ることはなかった。

そもそも本書の執筆に当たっては、清水学先生（元アジア経済研究所、元一橋大学教授）をはじめ、岩崎一郎先生（一橋大学経済研究所）や松澤祐介先生（西武文理大学教授）など、筆者が属する比較経済体制学会、ロシア・東欧学会の諸先生との会話から得た知見が活かされている。そして何より、筆者が勤務する三菱ＵＦＪリサーチ＆コンサルティング調査部の皆さんによるご理解とご協力が大きかった。

また日本経済新聞社、特に国際部の記者の方々とのインタラクションが本書の執筆に際して多分に活かされている。また多くのウェブメディアの編集者の方々にも感謝したい。特にＪＢプレスの篠原匡氏と東洋経済新報社の野村明弘氏には、いつも筆者のジャストアイデアベースのエッセイを多く取り上げて頂いている。そうした場がなければ、本書が結実することはなかった。記して謝意を表したい。

末筆となるが、妻子と両親に本書を捧げたい。

土田陽介

土田陽介　つちだ・ようすけ

一九八一年生まれ。一橋大学経済学部卒業、同大学院経済学研究科博士課程単位取得退学。浜銀総合研究所を経て、現在は三菱UFJリサーチ&コンサルティング調査部副主任研究員。海外マクロ経済調査（主に欧州）を担当。日本大学、関東学院大学などで非常勤講師を務めるほか、学会誌や経済誌への投稿多数。著書『ドル化とは何か』（ちくま新書、二〇一九年）、『コロナ危機とEUの行方（Web日本評論e-book）』（共著、日本評論社、二〇二二年）など。

筑摩選書 0291

基《き》軸《じく》通《つう》貨《か》

ドルと円《えん》のゆくえを問《と》いなおす

二〇二四年一一月一五日　初版第一刷発行

著者　土田《つちだ》陽介《ようすけ》

発行者　増田健史

発行所　株式会社筑摩書房
東京都台東区蔵前二-五-三　郵便番号 一一一-八七五五
電話番号　〇三-五六八七-二六〇一（代表）

装幀者　神田昇和

印刷 製本　中央精版印刷株式会社

ISBN978-4-480-01809-0 C0333

筑摩選書
0213

消費ミニマリズムの倫理と脱資本主義の精神

橋本 努

行き詰まりを見せる資本主義社会。その変革には「脱資本主義の精神」が必要であり、ミニマリズムにはそこへ通じる回路がある。その原理と展望を示した待望の書！

筑摩選書
0225

資本主義・デモクラシー・エコロジー
危機の時代の「突破口」を求めて

千葉 眞

多くの国で自由民主主義の制度が機能不全に陥っていると指摘されている。新自由主義が席巻し、気候危機が深刻化する中で突破口を求めて思索を深めた渾身作！

筑摩選書
0238

雇用か賃金か 日本の選択

首藤若菜

クビか、賃下げか。生産が縮小する時、労使は究極の選択を迫られる。今も日本はクビにしにくい国なのか？国際比較と国内調査から、雇用調整の内実に迫る。

筑摩選書
0269

台湾の半世紀
民主化と台湾化の現場

若林正丈

日中国交正常化で日本が台湾と断交したのと同じ年に研究の道へ進んだ第一人者が、政府要人、台湾人研究者とのエピソードを交えながら激動の台湾史を問い直す。

筑摩選書
0283

アメリカ大統領と大統領図書館

豊田恭子

アメリカ大統領の在任中の記録や資料を収蔵する大統領図書館。現存13館すべてを訪ね、大統領たちの素顔を詳らかにするとともに、アメリカ現代史を俯瞰する。

筑摩選書
0288

日本半導体物語
パイオニアの証言

牧本次生

日本の「ミスター半導体」と呼ばれ、生涯を半導体とともに歩いてきたレジェンド技術者が、内側から見た日本の半導体開発の歴史を語り尽くし、未来を展望する。